땅에서 먹는
하늘밥상

| 이순창 지음 |

Q 쿰란출판사

땅에서 먹는
하늘 밥상

추천사

　오래 전 전통 수도원의 영성을 체험하려고 이집트 알렉산드리아 사막의 '성 마카리우스 수도원'에 잠시 들어갔습니다. 수도사들과 함께 예배도 드리고, 그들의 삶을 함께 체험하고, 많은 얘기를 나누면서 큰 깨달음을 얻었습니다.

　그 가운데서 지금도 잊을 수 없는 것은 수도원의 밥상입니다. 밥상에 올려진 아침 식사는 밀가루를 넓적하게 구운 빵인 '애이쉬'와 강낭콩을 물에 푹 삶아 놓은 '풀'이라는 전통 이집트 음식이었습니다. 조미료를 쓰지 않아 밋밋한 맛 그대로였습니다. 그리고 그 외에 밥상에 올라온 것은 올리브였습니다. 짜게 절인 초록 올리브가 반찬을 대신하고 있었는데 얼마나 짠지 식사를 다 하는 데는 올리브 두 개로 충분했습니다. 이 음식은 아침뿐만 아니라 점심과 저녁에도 똑같았고, 하루는 치즈가 밥상에 올라왔는데 수도원에서 만든 수제 치즈도 소금 덩어리 같았습니다. 그곳의 이름이 '와디 알 나트룬'(소금의 계곡)으로 소금은 충분했고, 더운 날씨 탓에 모든 음식을 짜게 한 것이라고 했습니다.

이런 밥상은 그날뿐만 아니라 수도원에 있는 동안 내내 계속되었습니다. 그런데 오랜 시간이 지난 지금도 그 밥상을 잊을 수 없고, 내 생애 최상의 밥상입니다. 탐하지 않고 절제하는 식사가 최고의 음식이며 감사하는 식사가 최상의 밥상입니다.

중국 진나라의 시황제는 3년 동안 매끼를 다른 음식을 제공받았다고 합니다. 그래서 궁중 요리사들이 각 지역의 음식을 죄다 동원하여 황제에게 바치느라 중국의 음식 종류가 많아졌다고 합니다. 중국의 요리책에 있는 요리 가짓수만 하더라도 삼천 가지가 넘는다고 합니다. 감사하지 못하는 사람들은 무엇을 먹어도 맛이 없고 아무리 화려한 밥상이라도 만족이 없습니다. 감사하며 받는 밥상은 맛이 없을 리가 없습니다.

맛은 크게 말하면 세 가지라고 합니다. 첫째는 화학적 맛으로 신맛, 짠맛, 단맛, 쓴맛 등을 구분하는 맛입니다. 둘째는 물리적 맛으로 식감의 맛을 말하며 달달한 맛, 아삭아삭한 맛, 쫀득한 맛 등입니다. 셋째는 사회적 맛으로 어떤 환경에서 먹느냐, 누구하고 먹느냐 하는 대상에 관한 것을 말합니다. 이 세 가지 맛 가운데 가장 중요한 맛은 사회적 맛이라고 합니다.

　동양에서는 함께 식사를 한다는 것이 그 사람과의 화평과 신뢰와 형제애와 용서를 의미하는 것입니다. 밥상을 나누는 것은 삶을 나누는 것입니다. 정통 유대인들에게 "당신과 저녁 식사를 함께하고 싶다"라는 말은 "당신과 우정을 맺고 싶다"는 말입니다. 그래서 함께 하는 밥상은 기쁨의 자리입니다. 예수님과 함께 하는 하늘 밥상이 최고의 맛이며, 최상의 식사입니다. 반면에 함께 하는 밥상에 초대받지 못하는 것은 벌을 받는 것입니다. 수도원에서는 수도 규칙을 어긴 사람은 공동식사에서 제외되어 혼자 밥을 먹게 하는 벌을 받습니다.
　만나는 신비한 음식입니다. 만나는 일용할 양식입니다. 광야에서 백성들은 매일 아침 신비로움과 경이로움으로 만나를 먹었습니다. 광야의 아침은 하늘이 내리는 하늘 밥상이었습니다. 예수님은 만나를 하나님의 말씀으로 비유하셨습니다. 매일 하늘 말씀으로 차려진 밥상을 받으면 영혼에 갈증이 없고 주림이 없을 것입니다. 우리가 하늘 밥상에 앉을 수 있는 기준은 정결한 예복이며, 이 예복은 하늘나라의 영원한 잔치의 밥상에 함께 할 자격입니다.

부활하신 예수님의 엠마오 밥상은 제자들의 눈이 밝아지며 가슴이 뜨거워지는 하늘 밥상이었습니다. 그 밥상은 예수님을 다시 만나는 자리였습니다. 이순창 목사님의 《땅에서 먹는 하늘 밥상》을 읽노라면 영의 눈이 밝아지며 차가운 가슴도 뜨거워집니다. '하늘 밥상'은 예수님을 만나는 자리입니다. 목사님의 '하늘 밥상'에는 부르심에 대한 응답과 목양에 대한 열정과 한국교회를 사랑하는 마음과 교회의 미래를 예측하는 혜안이 오롯이 녹아 있습니다. 이순창 목사님과 함께 맛있는 밥상의 교제가 있기를 기대하며 '하늘 밥상'에 모두를 초대합니다.

이성희 목사
(연동교회 원로목사, 대한예수교장로회 제101회 총회장)

추천사

　이순창 목사님의 귀한 설교를 담은 《땅에서 먹는 하늘 밥상》 출간을 매우 환영합니다.
　진즉에 책이 나왔을 법한데 연신교회를 비롯한 한국교회를 섬기기에 바쁘셨던 것 같습니다. 저는 목사님을 만난 지 어언 30년의 세월이 흘렀습니다. 한국교회를 위한 사역을 논의하는 계기로 만남이 시작되었지만, 가까이할수록 지역을 초월하여 폭넓은 아량을 가진 따뜻한 목사님을 알게 된 것이 큰 은혜라 하지 않을 수 없습니다. 이 목사님을 직접 접하지 못한 분들은 아마 이 책의 간증 및 설교를 통하여 이 분의 한국교회를 향한 사랑, 헌신, 열정을 조금이라도 느끼는 기회가 되리라 생각됩니다.
　또한 '코로나19' 이전의 일상으로의 복귀를 간절히 원하는 상황 속에서 제105회기 총회도 한국교회의 회복을 이루는 일에 온 힘을 쏟고 있습니다. 그런데 이번에 이 목사님이 펴낸 책에서 포스트코로나를 준비하는 대안 같은 목회철학과 말씀회복, 따뜻한 위로의 메시지를 전하고 있습니다. 그리고 요즘 한국교회는 사회와의 소통이 어느 때보다 절실한데 목사님의 글은 양극단의 이념에 편승하지 않고 통전적 신학으로 사회와의 소통능력을 발전시켜 나가는 묘한 필력이 있습니다.

이 목사님의 설교에는 몇 가지 특징이 있습니다.
첫째, 모든 설교가 복음 중심적입니다. 항상 예수님 중심적으로 귀결하는 '오직 예수'의 정신을 나타내고 있습니다.
둘째, 모든 설교가 현장 중심적입니다. 복음을 쉽게 이해하여 성도님이 삶의 현장에 적용할 수 있도록 하는 것입니다.
셋째, 모든 설교 가운데 지혜로운 유머가 있습니다. 목사님의 유머는 위로와 사랑이 넘치기 때문입니다.

물론 이 설교집에 목사님의 모든 설교가 다 기록되어있지 않고, 또한 글로 요약된 것이라는 한계가 있습니다. 그럼에도 불구하고 이순창 목사님의 살아 있는 생생한 말씀을 문자로나마 접할 수 있다는 것은 다음 세대의 후배들에게도 좋은 영향력을 미치리라 확신합니다.

또한 '코로나19'로 인하여 한국교회가 교회활동이 중단되고 온라인으로 예배를 드리며 설교를 듣는 요즘, 색다르게 아날로그 방식으로 돌아가서 이 책을 펼친다면 서재에 오래 꽂아 둔 책 냄새처럼 너무나 인간적인 이 목사님의 진솔한 삶의 향기 맡을 수 있을 것입니다.

끝으로 이순창 목사님의 연신교회를 위한 섬김, 한국교회와 총회를 사랑하는 마음, 하나님 선교에의 열정을 지지하고 존경합니다. 다시 한 번 더 출간을 기뻐하며, 저와 함께 많은 분이 이순창 목사님을 통한 하늘의 밥상을 맛있게 드시기를 바랍니다.

신정호 목사
(전주 동신교회 위임목사, 대한예수교장로회 제105회 총회장)

서 문

오직 하나님께 영광을 돌립니다.

세월이 흐르고 목회 근무연한이 흐를수록 하나 둘 깨달아지는 것이 있습니다. 그것은 교우 한 분 한 분이 귀하고, 만나는 모든 사람이 보배롭고 감사하다는 것입니다.

뒤돌아보니 모든 것이 하나님의 은혜입니다.
특히 이 세상에 존재하는 많은 일 가운데 목회라고 하는 존귀한 사역을 부족한 종에게 맡겨 주셨다는 사실은 참으로 떨리고 감사할 뿐입니다.

목회자들이 공통으로 하는 말이 있습니다.
목회 연륜이 많아질수록 설교하기 더 힘들어진다는 것입니다. 이는 설교 준비가 힘들다는 말이 아니라 설교다운 설교, 감동적인 설교를 하기가 그만큼 힘들다는 의미일 것입니다. 설교는 하면 할수록 신비하고 오묘한 사역임을 뼈저리게 느끼게 되는 대목입니다.

특히 코로나19로 인하여 오늘 이 시대는 삶의 방향도, 생각도, 목양 사역도 고민하는 시대입니다. 성전 문을 열지 못하고 온라인으로 예배하며 움츠려 있을 때 '이럴수록 한 걸음 더 나아가자' 하는 마음으로 주일마다 증거한 설교를 책으로 출판하려고 준비하면서 보냈습니다. 이뿐 아니라 성전 수리를 하였으며, 새로운 영상 시스템과 LED 조명공사를 하였고, 교우들과 교회학교 학생들에게 응원 유튜브 영상을 만들어 보냈습니다.

생각도 변하고 관점도 바뀌고 우리 생활 모습도 달라져서 영성까지도 변화되는 것이 아니냐는 염려가 되기에 말씀을 더 붙들게 되었습니다. 말씀을 붙들고 살아가면 삶의 방향을 잃지 않고 우왕좌왕하지 않습니다. 어떤 길이 축복의 길이고 불행의 길인지 방황하지 않습니다.

이 어려운 사명의 현장에서 하나님을 두고 '아하!' 하고 무릎을 치며 '나를 깨라! 그래야 산다!'라는 다짐으로 오직 생명이신 예수님의 말씀만 붙들고 살아가고 싶습니다.

그리하여 고린도후서 1장 14절 말씀처럼 주 예수의 날에 자랑이 되고 싶습니다.
 끝으로 이 책의 출판을 맡아주신 쿰란출판사 이형규 장로님과 연신교회 모든 장로님들께 감사드립니다

이순창

차 례

추천사
　이성희 목사(연동교회 원로목사, 대한예수교장로회 제101회 총회장) _ 4
　신정호 목사(전주 동신교회 위임목사, 대한예수교장로회 제105회 총회장) _ 8
서문 _ 11

1부_ 내가 걸어온 길

　부르심, 그 발자취를 회상하며 _ 18

2부_ 설교

1. 모세의 노래 (출 15:1-6) _ 32
2. 하나님의 위로하심 (고후 1:1-7) _ 43
3. 좋은 것으로 주시는 우리 하나님 (마 7:7-12) _ 59
4. 하나님께서 원하시는 것 (신 10:12-15) _ 72
5. 주의 사랑으로 나를 구원하소서 (시 6:1-10) _ 84
6. 나의 달려갈 길 (딤후 4:1-8) _ 96
7. 어려운 가운데서도 감사를 (골 3:12-17) _ 110
8. 개혁 성도의 믿음생활 (갈 2:16-21) _ 124

9. 세례교인의 영적 축복 (마 28:16-20) _ 137
10. 모이는 교회, 흩어지는 교회 (행 11:19-26) _ 149
11. 예수, 곧 생명의 길 (요 12:24-27) _ 162
12. 부끄러운 기독교? (신 8:1-6) _ 175
13. 우리가 사방으로 욱여쌈을 당하여도 (고후 4:7-12) _ 187
14. 감사생활이 곧 축복입니다 (출 23:14-19) _ 197
15. 그리스도 예수의 마음으로 (엡 2:5-11) _ 207
16. 새 언약의 하늘 밥상 (고전 11:23-29) _ 219
17. 나중까지 견디는 성도 (막 13:9-13) _ 226
18. 일곱 금 촛대와 교회 (계 1:16-20) _ 237
19. 더 나은 본향을 향하여 (히 11;13-16) _ 248
20. 기다림 가운데서 희망을 (사 40:3-8) _ 261

3부_ 한국교회를 위한 제언

회복이 필요한 한국교회 _ 272
갈등과 대립을 넘어, '화해와 회복'을
지향하는 교육목회 _ 290

1부
내가 걸어온 길

부르심, 그 발자취를 회상하며

"평안의 복음이 준비한 것으로 신을 신고"(엡 6:15).

저는 농부의 아들로 태어났습니다. 제가 태어난 곳은 경상북도 최북단, 예천 성평동입니다. 전형적인 농촌 시골 마을입니다. 사방이 온통 산으로 둘러싸여 있어 도회지와는 상당히 거리가 먼 곳이었습니다. 저는 아버님 이명달(李明達), 어머님 박수희(朴壽姬) 사이에 태어났습니다. 부모님 슬하에는 모두 6남 3녀가 있었는데, 그 가운데 저는 일곱 번째입니다. 일곱은 행운의 숫자라고도 하지요. 더더구나 목사인 저에게는 일곱이라는 숫자가 시사하는 바가 큽니다.

그 당시 우리나라는 여전히 유교적 영향이 강했습니다. 거기에 샤머니즘이 가미되다 보니 무당이 굿을 하는 것을 심심찮게 볼 수 있었습니다. 저희 집안도 예외는 아니었습니다. 지금 생각해 보니 우리 가족은 아파서 병원에 간 적이 없었던 것 같습니다. 누가 아프기라도 하면 무당을 불러 굿을 하거나 절에 가서 절을 했습니다. 무속신앙을 만병통치로 여겼기 때문입니다.

대다수 가정이 그러했듯이 명절이나 기일이 되면 꼬박꼬박 제사를 지냈습니다. 제사 때가 다가오면 제사상에 올릴 음식을 장만하느라 어른들은 분주해집니다. 부엌과 마당에서는 평소엔 맛볼 수 없는 기름진 음식들이 맛난 냄새를 풍겼습니다. 그러나 제사가 끝나기 전에는 그 누구도 그 음식들을 먹을 수 없었습니다. 명절에는 오전 시간에, 기일에는 늦은 저녁에 제사를 지냈습니다. 그러다 보니 자정이 거의 다 되어서야 밥을 먹을 때가 종종 있었습니다. 푸짐한 반찬에 밥 먹을 생각에 꾸벅꾸벅 졸면서도 제사가 끝나기만을 고대했었지요.

마을에는 약 170가구가 있었습니다. 그 가운데 제 또래의 동갑내기는 29명이었습니다. 모두 유천초등학교를 다녔습니다. 그러나 초등학교를 졸업한 후 중학교에 진학한 사람은 저를 포함하여 단 5명뿐이었습니다. 5명 가운데 여학생도 1명 있었습니다.

제가 입학한 대창중학교는 예천군 예천읍 읍내에 있었습니다. 집에서 무려 7km나 떨어져 있었기 때문에 부득이 유학하게 되었습니다.

부모님은 읍내에 방을 하나 얻어 주셨습니다. 그리고 먹을 양식과 찬거리, 책상과 책꽂이 등을 소달구지로 실어다 주셨습니다. 열네 살이란 나이에 자취 생활을 시작하게 되었습니다. 스스로 밥을 지어 먹으며 학교에 다녀야 했습니다. 더는 어머님이 지어 주신 밥을 먹을 수 없게 된 것입니다.

따뜻한 집을 떠나 혼자 생활을 해야 한다는 것이 너무도 낯설었습니다. 당장 밥을 해야 하는데 쌀을 몇 번이나 씻어야 하는지, 밥물은 얼마나 부어야 하는지 아는 것이 하나도 없었습니다. 다행히 옆방에는 자취 생활을 하면서 회사에 다니는 누나가 있었습니다. 그 누나는 내게 밥 짓는 법, 연탄불 가는 법 등을 상세히 가르쳐 주었습니다.

자취 생활이 어느 정도 익숙해질 무렵, 중학교를 졸업하고 고등학교에 진학하게 되었습니다. 친구들 대다수가 공립고등학교에 진학했습니다. 그러나 저는 명문 사립인 대창고등학교에 진학했습니다. 이 학교는 아버님과 친형님(삼성그룹 CEO 이수창 사장)의 모교이기도 했습니다. 그 당시 저의 꿈은 사범학교에 가서 학교 선생님이 되거나 육군사관학교에 입학하여 직업 군인이 되는 것이었습니다.

고등학교 때, 제 짝은 홍승태라는 친구였습니다. 승태는 학생회장이었고, 그리스도인이었습니다. 저는 승태와 짝이 된 것이 여러모로 기뻤습니다. 여러 가지 이유가 있었지만 한 가지 예를 든다면, 승태는 밥 먹기 전에 늘 기도를 했습니다. 그때를 기회 삼아 저는 반찬을 몰래 먹곤 했습니다. 그때 저는 하나님을 알지 못했기 때문에, 기도하는 짝을 그런 식으로 놀리는 것이 즐거웠습니다. 승태는 훗날 합동 측 교회의 장로가 되었습니다.

고등학교에 다니면서 저는 체력연마에 힘을 기울였습니다. 교사가 되든, 직업 군인이 되든 일단 몸이 강건해야 했기 때문입니다. 그래서 유도부에 들어갔습니다. 또 저는 음악에도 관심이 많았습니다. 그래서 밴드부에도 가입해서 트롬본을 연주했습니다. 이렇듯 고등학교 생활은 나름 재미도 있고 보람찼습니다.

그런데 제게 인생의 전환점이 도래했습니다. 고등학교 2학년 봄방학 때 복음을 영접하게 된 것입니다. 제게 복음을 전해 주신 분은 고향에 있는 권정국 전도사님이었습니다. 권 전도사님은 제게 복음만 전한 것이 아니라 저의 멘토가 되어 주셨습니다.

권 전도사님은 저의 영적 성장을 위해 여러 가지 책을 추천해 주셨습니다. 그 가운데 하나가 《실록 한국기독교 100년》(박완 저, 1979년 성서교재간행사에서 총 6권으로 출간, 1991년 12권으로 출간)이었습니다.

이 책을 읽으면서 저는 토마스 선교사와 김익두 목사님의 삶에 큰 감동을 받았습니다. 토마스 선교사는 우리나라에 온 개신교 최초의 선교사입니다. 그리고 대동강변에서 개신교 최초로 순교를 했습니다. 토마스 선교사는 그의 목을 베기 위해 칼을 든 자를 위해 기도했습니다. '안악골의 호랑이'라는 별명을 지닌 김익두 목사님은 복음을 영접한 후 깡패 생활을 접고 새사람이 되었습니다. 그리고 한국교회사에서 가장 능력 있는 부흥사 가운데 한 사람이 되었습니다.

저는 이 두 사람의 이야기를 읽으면서 큰 도전을 받았습니다. '복음이란 것이 도대체 무엇인가? 복음이 무엇이기에 죽음도 두려워하지 않는가? 복음이 무엇이기에 사람을 이렇게 완전히 바꾸어 놓는가?'

그리고 이때 저의 꿈도 바뀌었습니다. 한국교회를 이끄는 목사가 되기로 결단했습니다. 그러자 권 전도사님은 신학교를 소개해 주시면서 이 학교는 최고의 신학교라고 말씀하셨습니다.

그 학교는 바로 경안성서신학원으로 1920년 4월 10일, 미국 선교사인 인노절(Roger Earl Winn)과 권찬영(J.V.Crother)이 경북 안동시에 설립한 신학교입니다. 그 후 저는 영남신학교에서 공부했습니다. 영남신학교는 1903년 5월 1일 미국 선교사 안의와(James Edward Adams)가 설립했습니다. 영남신학교는 '하나님 사랑, 이웃 사랑'이라는 교육이념으로 전인적인 기독교 지도자 양성을 목표로 하는 학교입니다. 저는 이곳에서 균형 잡힌 학문과 목회를 배웠습니다. 또 서울 광진구 광장동에 있는 장로회신학대학(PUTS)에서 목연 과정을 마쳤습니다. 이곳에서는 경건의 훈련과 학문의 연마, 그리고 복음의 실천을 배웠습니다. 그리고 1983년 3월 9일, 제113회 경안노회에서 목사 안수를 받았습니다.

신학공부를 하는 동안 저는 전도사 사역을 했습니다. 주로 어린이 사역과 청소년 사역을 했는데, 어린이 사역에서는 율동 강사로도 활약했습니다. 그리고 여름성경학교 강사를 하면서 나름 명성을 얻었습니다. 바로 이 시기에 경북 안동에 있는 경안여자중학교 교장선생님으로부터 교목을 제안받았습니다. 저는 이 제안을 하나님의 부르심으로 여기고 신학교를 졸업하자마자 1981년 경안여자중학교 교목으로 부임했습니다.

경안여자중학교는 학년별로 11개 학급이 있었고, 한 학급당 학생 수는 70여 명으로 전교생은 약 2,300명 정도였습니다. 저는 이곳에서 6년 동안 청소년들에게 복음을 전하였습니다. 어찌나 열정적으로 교목 생활을 했던지, 학생들의 뒤통수만 봐도 이름을 알 정도였습니다. 그러다 보니 그리스도인이 아닌 교사들까지도 복음 전도를 도왔습니다.

그다음 하나님께서는 저를 영주에 있는 동산여자중·고등학교 교목으로 부르셨습니다. 이곳에서도 저는 다음 세대의 주역인 청소년들을 대상으로 복음을 전했습니다. 7년간 이어진 교목 사역을 하면서 청소년들의 영혼 구원을 향한 저의 열정은 식을 줄을 몰랐습니다.

교목으로서가 아니더라도 학원 선교를 지속해서 하기 위해서 교사 자격증이 필요했습니다. 그래서 저는 다시금 학력고사에 응시했습니다. 그리고 4년제 국립대학교인 안동대학교 성악과에 입학했습니다. 안동대학교에 다니면서 4년 내내 장학금을 받았고, 우등생으로 졸업했습니다. 졸업과 동시에 저는 드디어 교육부 2급 정교사 자격증을 소지하게 되었습니다. 그 당시 48명의 졸업생 가운데 12명만 교사자격증을 취득했습니다. 저는 전공을 살려 음악교사로서 학원 선교를 계속하겠다는 꿈을 꾸었습니다.

그런데 하나님은 전혀 생각지 못한 곳으로 저를 부르셨습니다. 서울 은평구 불광동에 있는 연신교회로부터 담임목사 청빙 제안을 받았습니다(연신교회는 평안북도 선천, 의주, 신의주, 정주에서 남하하신 분들이 중심된 교회로 평북노회에 속해 있습니다. 평북노회는 북한 선교를 위해서 비전을 가지고 기도하고 있습니다). 제가 부임할 당시 교인 수는 200여 명이었습니다. 그 무렵 홍신균 목사님께서 70세로 은퇴를 하시게 되자 장로님들이 저를 청빙하신 것입니다. 결국, 저는 연신교회의 담임목사로 가게 되었습니다. 이 당시 제 나이 불과 서른세 살이었습니다.

저는 연신교회에서 장로님들과 하나가 되어 즐겁게 목회를 했습니다. 연신교회를 섬기면서 교회의 배려로 목회와 학업을 계속 병행하였습니다. 교회의 도움으로 서강대학교 대학원 상담심리학을 공부하였는데, 이것은 제가 석사학위를 얻기 위해서가 아니라 성도들에게 상담하려고, 남을 도우려고 한 공부였습니다. 그곳에서 요즘 유행하는 MBTI 성격유형검사도 제1기로 배우게 되었습니다. 되돌아보니 상담심리 공부는 사람들을 이해하고 섬기는 데 큰 도움이 되었습니다.

저는 장로회신학대학교의 공동 학위 과정인 맥코믹 신학(McCormick Theological Seminary) 목회학 박사과정을 하게 되었습니다(맥코믹 신학대학원은 장로회신학대학교와 학술, 교육, 연구 교류협약(MOU)이 체결되어 있습니다). 200년 가까운 역사를 가진 미국 장로교 신학교인 맥코믹의 우수한 교수진과 교육내용을 활용하여 목회에 필요한 내용을 수학하였습니다. 저는 하나님의 은혜로 목회학 박사학위를 취득했습니다.

그 이후 명지대학교 사회복지대학원 사회복지학도 공부했는데, 이는 목회와 실로암 시각장애인 사회복지법인을 섬기는 데 큰 도움이 되었습니다. 일련의 음악, 상담, 사회복지 공부는 저를 만드는 과정이었습니다. 이 배움은 목회에 밑거름이 되었습니다.

그래서 저는 늘 말합니다. "목사가 교회를 키웠다고 흔히 말하지만, 저의 경우는 교회가 목사를 키웠습니다." 특히 연신교회의 장로님들이 저를 한국교회의 지도자로 키우셨습니다. 저는 연신교회에서 32년간 목회를 해오면서 실수를 많이 했습니다. 그러나 그때마다 장로님들은 타이르기도 하시고, 감싸 주기도 하시고, 묻어 주시기도 했습니다. 오늘날의 제가 있게 된 것은 그분들의 사랑과 섬김 때문입니다. 연신교회 역시 지역을 열심히 섬겼습니다. 교회가 지역을 섬기면 사람들은 절로 모여들기 마련입니다. 연신교회는 계속해서 부흥하게 되었습니다. 그래서 연신교회가 땅 13필지를 매입하여 큰 성전을 건축하였고 등록 교인 3,000명으로 성장한 것 모두가 하나님의 은혜라고 고백하지 않을 수 없습니다.

선교에 있어서 1990년도부터 농촌교회와 시각장애인을 돕기 시작하였습니다. 특히 인도네시아 이필환 선교사를 후원하고, 현지인 지도자 우또모(Utomo)가 한국에서 교회음악, 신학의 학위를 받을 수 있도록 지원하였습니다. 그 외에도 외국인 신학생 서너 명이 지도자로 길러지는 데 힘을 기울였습니다. 연신교회 바자회에서 나온 기금으로 후원하여 신학생 200명을 교육하도록 하였습니다. 연신교회는 선교 영역을 확장하여 일본, 중국, 인도네시아, 필리핀, 캐나다 원주민들을 선교하였습니다.

저는 1983년 경안노회의 목사 안수를 시작으로, 1988년에는 제73회 총회 첫 총대가 되었습니다. 제73회 총회는 소망교회에서 회집되었으며, 그해 목사 안수 연령이 27세에서 30세로 통과되었습니다. 그리고 제91회 대한예수교장로회 총회(총회장 이광선 목사님) 때 부서기, 제93회 총회(총회장 김삼환 목사님) 때 부서기, 그리고 제94회 총회(총회장 지용수 목사님) 때 서기가 되었습니다. 이제 돌이켜보니 제가 총회를 섬긴 것이 아니라 총회가 저를 길러낸 것이라는 생각이 듭니다.

평북노회는 연신교회에 부임한 이후 계속 몸담고 있는 노회입니다. 평북노회는 1912년 이래 지나간 역사적 흔적을 지니고 있으며, 1919년 3·1 독립운동을 한 기독교인 16명 중의 5명이 평북노회 출신입니다. 총회를 사랑하는 마음으로 총회 고시부, 평신도 지도위원회, 총회 화해조정위원장, 정책 및 기구개혁위원장으로 섬겼습니다. 연신교회, 평북노회, 총회는 제 삶의 여정 가운데 보배로운 섬김 대상입니다.

우리 집안은 불신 가정이었기에 저는 집안에서 골칫덩이였으나 이제 하나님의 은혜로 복음의 복덩이가 되었습니다. 이제는 가족 모두 예수 믿는 그리스도인의 가정이 되었습니다. 신학교 다닐 때 제일 부러웠던 것은 아버지가 목사님이거나 어머니가 권사님인 신앙의 집안에서 자란 사람이었습니다. 그래서 신앙의 집안에서 자란 배우자를 반려자로 맞이하였습니다. 아내 김은희 사모의 집안은, 아버님 5형제 중에 한 분이 목사님이고 네 분이 장로님이십니다. 장모님은 안동선교의 아버지라 불리는 권찬영 선교사님으로부터 유아세례를 받았습니다.

누군가가 저에게 목사직이 아니라면 무엇을 하고 싶으냐고 묻는다면, 저는 죽었다가 깨어나도 목사 한다고 대답할 것입니다. 새벽을 통하여 성도들에게 축복의 통로로 쓰임을 받은 것이 너무나 기쁘고, 날마다 생명의 말씀을 전하는 것이 진정 행복하기 때문입니다. 그래서 동서남북 어디든 부흥회에서 말씀 전하는 것을 마다하지 않았습니다. 어디든지 부르는 곳이면 "평안의 복음이 준비한 것으로 신을 신고"(엡 6:15)라는 말씀에 따라 하나님과 사람을 화목하게 하는 복음을 전했습니다. 저는 날마다 웃고 재미있는 행복한 목회를 지향하며, 목회자는 하나님의 은혜를 따라 행복한 목회 길을 만들어 가는 사람이라고 생각합니다.

목사가 설교하는 것, 심방하는 것, 당회를 운영하는 것 등 할 일은 많지만, 이 모든 것은 하나님이 역사하시는 것을 믿으며 맡겨야 한다고 생각합니다. 목회는 하나님의 전능하신 손길을 의지하지 않으면 지쳐 쓰러집니다. 자신이 혼자 길을 만들어 간다면 얼마나 외로운 투쟁입니까? 그러나 하나님께서 먼저 아시고 죄인을 먼저 사랑하시고 보호하시며 이끌어 주신다는 것을 알기에 어떤 인생의 길도 두렵지 않은 것입니다. 저는 연신교회가 저를 키웠고, 평북노회가 저를 감싸 주는 넉넉한 품이었다고 고백합니다. 이 모든 빚진 것을 방지일 목사님의 좌우명 "닳아 없어질지언정 녹슬지 않겠다"라는 말씀을 따라, 죽는 그날까지 부족하지만 힘을 다하여 한국교회와 후배들을 끌어안으며 가고 싶습니다.

특히 지금은 한국교회가 다시 일어나야 할 때입니다. 한국사회가 교회에 대한 신뢰를 잃을 대로 잃었기 때문입니다. 또 한국교회는 정체기를 맞은 지 오래입니다. 무엇보다 목사들의 부족함도 크다고 생각합니다. 물론 저도 포함됩니다. 따라서 목사들은 더 큰 섬김과 포용으로 이 사회를, 이 나라를 끌어안아야 합니다. 이를 위해 목사들은 바닥까지 낮아져야 합니다. 그리고 말씀으로 재무장해야 합니다. 우리 기독교는 말씀의 종교이고, 말씀에서 힘과 생명을 얻기 때문입니다. 제가 살아온 것도 말씀이었고, 앞으로 한국교회가 살 길도 말씀이기에 오직 말씀이신 예수님 앞에 엎드립니다.

2부
설교

1. 모세의 노래

 **출애굽기 15:1-6**

¹이때에 모세와 이스라엘 자손이 이 노래로 여호와께 노래하니 일렀으되 내가 여호와를 찬송하리니 그는 높고 영화로우심이요 말과 그 탄 자를 바다에 던지셨음이로다 ²여호와는 나의 힘이요 노래시며 나의 구원이시로다 그는 나의 하나님이시니 내가 그를 찬송할 것이요 내 아버지의 하나님이시니 내가 그를 높이리로다 ³여호와는 용사시니 여호와는 그의 이름이시로다 ⁴그가 바로의 병거와 그의 군대를 바다에 던지시니 최고의 지휘관들이 홍해에 잠겼고 ⁵깊은 물이 그들을 덮으니 그들이 돌처럼 깊음 속에 가라앉았도다 ⁶여호와여 주의 오른손이 권능으로 영광을 나타내시니이다 여호와여 주의 오른손이 원수를 부수시니이다

지난 날을 돌이켜 생각해 보면, 참으로 한국 역사와 교회 그리고 사랑을 주었던 주변의 지인들에게 감사한 일이 많습니다. 그래서 어제의 감사를 되새길 때, 현재와 미래의 삶을 더 힘 있게 살도록 북

돋아 주는 효과가 있습니다. 이 시간 우리가 잠시 타임머신을 타고 가듯이 과거로 돌아가서, 과거의 시점에서 오늘을 돌아보면 좋겠습니다.

지금으로부터 약 135년 전, 국세가 기울어 가는 조선에 복음을 들고 이 땅에 오신 분들이 있었습니다. 당시 조선은 자력으로는 무엇 하나 해볼 힘도 없고, 여력도 없었습니다. 그때 캄캄한 밤하늘에 별 하나가 어두움을 밝히듯이, 선교사들이 복음을 들고 이 어두운 땅에 오셔서 바로 그러한 역할을 하였습니다. 우리나라를 위해 오신 선교사들은 지금까지 약 4,500명이 됩니다. 그분들이 오셔서 교회와 학교를 곳곳에 세우고, 그분들의 헌신으로 근대 의료체계를 도입하고 병원을 세워 대한민국 발전에 밑거름이 되어 주셨습니다.

그들은 어떠한 희망도 바랄 수 없는 절망 속에 있는 우리에게 생명 되신 예수님을 전해 주신 것입니다. 그들이 우리에게 베푼 아름다운 헌신이 오늘날 우리에게 큰 혜택이 되고 있으니 얼마나 감사한 일입니까? 선교사들이 우리나라에 복음을 전해 준 것을 감사드리며, 하나님께 찬양과 영광을 돌립니다.

당시 우리나라의 상황은 암울하기 짝이 없었습니다. 글을 읽을 줄 아는 여성은 극소수였습니다. 선교사들은 고국에서의 안락함을 버리고 이 땅에 오셔서 질병을 치료해 주며, 글을 가르쳐 주고, 복음을 전해 주었습니다. 그들은 이곳을 타향이 아닌, 자신들의 고향 땅으로 여기며 축복의 땅으로 믿고 뼈마저도 대한민국 땅에 묻었습니다.

지금 서울 마포구 합정동에 있는 양화진외국인선교사묘원에는 총

417명, 15개국에서 온 사람들이 안장되어 있습니다. 그들은 예수님의 이름을 증거하면서 복음 들고 왔던 외국인 선교사를 비롯한 그의 가족 145명입니다. 양화진묘원을 방문해서 그들의 숭고한 숨결과 남긴 발자취 등 각각 사연을 알게 되면, 여러분은 자연스럽게 숙연해지고 눈물이 그렁그렁 맺힐 것입니다. 그들은 자신의 삶을 송두리째 제2의 고국에 바쳤고, 예수님 재림할 날을 기다리고 있습니다.

양화진외국인선교사묘원

양화진외국인선교사묘원에는 선교사들의 자녀들 묘가 있습니다. 그들의 자녀 65명이 안장되어 있는데, 태어난 지 1년 이내에 사망한 경우가 대부분입니다. 한 예로 저다인(J.L. Jerdine) 선교사의 아들은 1915년 11월 19일에 출생하여 단 하루 만에 하나님 품에 안겼습니다. 그런데도 그들은 자녀 죽음의 슬픔을 넘어 낯선 이국땅인 한국에 복음을 심어 주었습니다. 그 선교사님들의 사역이 우리의 생명을 살려 주었고, 그 선교사님들의 헌신이 대한민국에 밝은 빛이 되었습니다.

이러한 그들의 헌신과 은혜를 생각해 보면 우리나라는 감사할 것뿐입니다. 우리는 아무것도 짜증 낼 게 없습니다. 우리는 과거 몇 가지 잘못한 것 가지고 서로 물고뜯을 시간이 없습니다. 그저 감사밖에 우리가 할 일이 없습니다. 나 같은 죄인이 구원받고, 나 같은 죄인이 성령 받고, 나 같은 죄인이 하나님의 자녀가 된 것, 얼마나 복되고 감사한 일입니까? 이 모든 것이 하나님의 은혜로 비롯된 것입니다.

이제 이스라엘의 역사를 봅시다.

출애굽기 14장과 15장에서 하나님의 놀라운 구원역사를 보여줍니다. 출애굽의 역사는 얼마나 감격스러운 말씀인지 모릅니다. 출애굽기 14장 31절에 "이스라엘이 여호와께서 애굽 사람들에게 행하신 그 큰 능력을 보았으므로 백성이 여호와를 경외하며 여호와와 그의 종 모세를 믿었더라"라고 합니다.

이스라엘 백성은 스스로 홍해를 건널 수 없었습니다. 그런데 하나님께서 저 홍해를 열어서 250만 명이 넘는 이스라엘 사람들을 구원해 주셨습니다. 아마 그때 겁이 많은 사람이 있었더라면, 물이 벽을 이루고 있었는데, 그 물이 확 올까 봐 옴짝달싹 못했을 수도 있습니다. 또는 호기심 많은 사람이 있었더라면, 물의 높이와 깊이와 속도를 재느라고 건너가지 못하고, 신기해서 거기에 앉아 있었을 수도 있습니다. 그런데 믿음의 선진들, 모세와 이스라엘 백성들은 이 홍해를 건너갔습니다.

그 감사의 노래를 보면 하나님께서 애굽의 군대들도 부숴 버리고, 말을 탄 자도 넘어뜨려 버리고, 원수들을 다 무너뜨리셨다고 합니다. 출애굽기 15장 6절에 "여호와여 주의 오른손이 권능으로 영광을 나타내시니이다 여호와여 주의 오른손이 원수를 부수시니이다"라고 노래합니다. 여호와의 오른손이 원수를 부수었다고 합니다.

부수어버렸다는 말은 구약성경에 두 번 나오는데, 사사기 10장과 출애굽기 15장입니다. 여기서 '부수었다'는 단어는 어떤 것을 가지고 완전히 갈아서 가루를 만들었다는 것입니다. 다시 말하면 형체를 완전히 없애 버렸다는 뜻입니다. 하나님은 우리의 저주를 모두 부숴 버리고 우리에게 생명과 승리를 주신 줄로 믿습니다. 예수님 이름 때문에 우리를 이 세상의 저주에서 벗어나게 하사 생명의 역사로 세워주신 줄로 믿습니다. 하나님께서 우리를 구원하여서 죄인 된 모습을 형체도 없이 사라지게 하시고 의인으로 만들어 주신 줄로 믿습니다.

우리가 신바람이 날 수밖에 없는 이유는 바로 이 예수님 때문입니다. 우리의 행위 때문에 구원을 받은 것이 아닙니다. 우리의 믿음 때문에 구원을 받은 것입니다. 내가 잘했기 때문이 아닙니다. 오직 하나님의 은혜입니다.

하나님의 은혜에 감사하게 되면 하나님께서 또 우리에게 무엇을 선물로 주십니까? 사명을 주십니다. 이 사명이라고 하는 것은 내가 하고 싶다고 하고, 하기 싫다고 안 하는 게 아닙니다. 사명은 하나님께서 구원받은 백성들에게 주신 것이기 때문에 감사함으로 받으면 능력이 되고, 감사함으로 순종하면 기적과 축복이 넘쳐납니다.

마태복음 4장 19절을 보면 예수님께서 제자들을 부르십니다. "말씀하시되 나를 따라오라 내가 너희를 사람을 낚는 어부가 되게 하리라"라고 하십니다. 어부들은 평생 고기를 잡아야 살고, 바다가 삶의 터전이 됩니다. 그래서 그들은 거기에서 나는 수확물 가지고 살아도 평생 살아갈 수 있습니다. 그런데 우리 하나님께서 어부를 불러내시니까 고기를 낚는 어부의 인생이 달라졌습니다. 그들이 고기를 낚는 어부에서 사람을 낚는 어부의 사명을 받게 되었습니다.

우리가 예수님 안에서 존재의 의미를 깨달으며 살아가는 게 얼마나 큰 행복입니까? 사람이 은혜를 받으면 가치가 달라져서 고기를 낚는 어부에서 사람을 낚는 어부가 됩니다. 예수님의 사랑이 가슴 속에 완전히 와 닿아 구원의 기쁨을 주체할 수 없습니다. 우리의 심령 속에 예수님만 있으면 희망이 넘쳐납니다. 사명으로 인하여 예수님만 있으면 용기가 생기고, 예수님만 있으면 감사 찬송이 저절로 납니다.

요한복음 11장 41절 말씀, "돌을 옮겨 놓으니 예수께서 눈을 들어 우러러 보시고 이르시되 아버지여 내 말을 들으신 것을 감사하나이다"에서 예수님은 하나님께 감사하고 있습니다. 지금 마르다와 마리아는 오라버니 나사로의 죽음으로 어찌할 바 모르는 초주검 상태입니다. 그들의 오라버니는 무덤에 들어가 있습니다. 절망입니다. 정말로 희망이라고는 전혀 없습니다. 그런데 예수님께서 나사로의 무덤 앞에 와서 하나님께 감사 기도를 드립니다. 그런데 감사의 기도가 무엇을 만들었어요? 바로 기적을 만들었습니다. 감사의 기도로 죽은 나사로가 살아나게 되었습니다.

혹시 여러분의 꿈이 나사로의 무덤에 들어가 있는 것처럼 갇혀 있습니까? 우리가 감사하면 무덤도 열리고, 저주도 끝나고, 막힌 것이 열릴 줄로 믿습니다. 그저 감사할 수 있을 때, 그것이 얼마나 큰 축복인지 모릅니다.

미국 역사에서 청교도들을 보십시오. 그들이 어떻게 예수님을 믿고 저 대서양을 건너 미국으로 갔습니까? 배의 크기는 180톤 되는 작은 배입니다. 거기에 102명이 승선해서 그 미지의 땅을 향하여 나아갑니다.

어쩌면 그 사람들이 권력자가 핍박할 때, 그냥 복종하면서 거기에서 대충 살 수도 있었을 것입니다. 그러나 여러분이 아시는 대로 마르틴 루터의 종교개혁 이후에 개혁파들은 '오직 믿음, 오직 은혜, 오직 성경으로'라는 기치를 내걸고 로마 가톨릭의 부패에 대항하여 참 그리스도인들로 살고자 합니다. 그들 중에 어떤 이들은 프랑스로 가고, 스코틀랜드로 가고, 영국으로 가지 않았습니까? 서구 기독교 역사에서 보면, 그들 중에 프랑스에서 그 뜨거운 열정으로 예수를 믿었던 개혁파를 위그노(Huguenot)라고 합니다. 그들 중에 영국으로 간 사람을 청교도(Puritan)라고 부르고, 스코틀랜드로 간 사람을 장로교도(Presbyterian)라고 말합니다.

청교도들은 예배가 소중하고 예수님을 더 잘 믿고 더 기도하고 싶어서 종교의 자유를 찾아 메이플라워 호에 몸을 실었습니다. 사실 그들은 몸만 배에 실은 것이 아니라 꿈도 실었습니다.

드디어 예수님과 함께 미국 땅 플리머스에 도착하였습니다. 그런데

66일에 걸친 항해 중에 많은 사람이 이 세상을 떠났습니다. 미국 땅에 도착해서도 그해 겨울에 절반 이상이 사망하였습니다. 여정 가운데 함께 먹고 자던 사람이 세상을 떠났는데, 무슨 감사가 있겠습니까? 플리머스에 새롭게 도착한 그들에게 무슨 땅이 있겠습니까? 무슨 가축이 있겠습니까? 그들은 인디언들의 도움을 받아서 옥수수를 뿌리고 그곳에서 열매를 거두고서 감사예배를 드렸습니다.

재현된 메이플라워호

많아서 감사한 것이 아니었습니다. 그들은 넘쳐서 감사한 것이 아니었습니다. 살아 있는 것이 감사했습니다. 모든 조건이 채워져서 감사한 것이 아니었습니다. 예수님 때문에 감사했고, 신앙생활 마음껏 할 수 있고 예수님 이름을 마음껏 부를 수 있고 예수님 이름을 신나게 부를 수 있어서 그들은 감사했던 것입니다.

데살로니가전서 5장 16-18절을 보면, "항상 기뻐하라 쉬지 말고 기도하라 범사에 감사하라 이것이 그리스도 예수 안에서 너희를 향하신 하나님의 뜻이니라"고 말씀합니다. 이것이 하나님께서 주신 뜻, 그리스도 예수 안에서 주신 뜻이라고 합니다.

저는 요즘 이 말씀을 묵상하면서 반대로 생각해 봤습니다. "항상 기뻐하라"의 반대로 "항상 슬퍼하라" 하면, 어찌 살아가겠습니까? 지옥이 아니겠습니까? "범사에 감사하라"의 정반대로 "범사에 짜증 내라. 범사에 원망해라. 범사에 불평해라" 하면, 어찌 살아갈 수 있겠습니까? "쉬지 말고 기도하라"의 반대로 기도하지 않고 원망하면서 살면 어떻게 되겠습니까? 우리의 삶 속에서 항상 원망하고 항상 불평하고 항상 짜증 내면, 이것은 사탄이 주는 뜻이라고 생각할 수 있습니다.

그러므로 우리에게 예수님이 함께하신다는 것은 복 중의 복입니다. 여러분, 예수님을 구주로 믿는 것이 복입니다. 오늘 우리에게 교회를 주시는 하나님, 교회를 바라볼 수 있는 것 자체가 복입니다. 우리에게 교회가 없으면 무슨 행복이 있겠습니까? 우리가 신앙생활을 잘하는 것이 더할 나위 없는 행복입니다.

내가 마음껏 신앙생활을 하고, 이제 내가 잘되는 것보다는 우리 아이들이 잘되면 좋겠다는 생각이 듭니다. 자녀가 잘되는 것이 복이에요. 우리가 보통 '성공, 성공' 그러는데, 무엇이 성공입니까? 성공은 자기 아버지보다 더 잘되면 성공입니다. 자기 아버지보다 더 훌륭하고, 자기 아버지보다 돈 더 잘 벌고, 자기 아버지보다 세상에서 누리는 것이 많으면 그것이 성공 아니겠습니까?

여러분의 자녀가 이런 성공적인 삶을 살아갈 수 있기를 축복합니다. 여러분의 자녀가 여러분보다 예수님을 더 잘 믿을 수 있기를 축복합니다. 이것이 우리의 소망입니다. 예수님을 잘 믿는 것, 이것이 소망입니다. 이제 나이가 들고 보니까 돈도 아무것도 아니고 명예도 별 거 아닙니다. 예수님 잘 믿는 것, 나보다 아이들이 잘되는 것, 신앙생활 잘하는 것이 감사이고 행복입니다.

해마다 연말이 되면 교회에서 자치기관의 총회를 합니다. 네가 회장 해라, 총무 해라 등 권유를 하게 됩니다. 그런데 "못해요, 못해요" 한다면, 그런 사람들을 '모태(못해) 신앙자'라고 하는 것입니다. 이것은 우스갯소리지만, 교회 신앙인 중에 참 중요한 사람이 모태 신앙인입니다. 또한, 교회에서 무슨 직분을 맡기려고 할 때, 마누라한테 물어보는 사람은 '마태 신앙자'라고 한답니다. 우리의 자세를 하나님의 말씀에 비추어 볼 때에, 못한다고 하는 사람은 감사하는 사람이 아닙니다. "하나님, 이 교회의 십자가를 지려고 하는데, 힘들지만 제가 져 보겠습니다. 사람들이 협조하지 않는다 하더라도 주님께서 주신 능력으로 감당 못 하겠습니까? 제게 힘을 주시옵소서!" 하고 순종하는 자가 되시기 바랍니다.

주신 사명을 집어 던져 버리면 모세가 던진 지팡이가 뱀이 되듯이 자신의 평안이 무너집니다. 존경하는 우리 교회 안수집사님, 권사님, 그리고 사랑하는 여전도회원 여러분, 하나님께서는 이 감사의 고백이 있는 성도에게 새로운 사명을 주십니다. 그런데 사명을 감사함으로 받으면 능력이 됩니다. 사명을 감사함으로 받으면 축복이 됩니다. 그것 피해서 다른 곳 가서 잘한다고 하는 사람이 있습니다. 그러나 나중에 예레미야의 고백처럼 터진 웅덩이에 물을 붓는 것과 같은 꼴이 될 수 있습니다. 앞에서는 남는 것이 있는데, 뒤에서는 다 빠져나가 버립니다. 하나님께서 복을 안 주시는 것이 아니라 복을 안 받는 것이고, 축복을 안 주시는 게 아니라 축복을 안 받는 것입니다.

그러므로 주어진 일에 감사가 있다면 사명의 순종도 해야 합니다. 우리에게 감사가 있으면 하나님께 영광 찬송을 올려 드려야 합니다.

사랑하는 성도 여러분, 힘들고 어려우십니까? 감사하면 하나님께서는 그 감사의 현장을 기적으로 바꾸십니다. 찰스 해돈 스펄전(Charles Haddon Spurgeon)은 이런 말을 했습니다. "불행할 때 감사하면 불행이 끝나고, 형통할 때 감사하면 형통이 연장된다." 여러분, 그러니까 감사합시다. 그런데도 감사합시다. 그럴수록 감사합시다. 그것까지도 감사합시다. 여러분, 감사가 우리 몸 속에 가득해서 그 자체가 하나님께 영광이 되고, 수증기가 올라가면 비가 되어 내려오듯이 감사의 고백이 올라가면 축복이 내려올 줄로 믿습니다. 교회를 주신 하나님, 감사합니다.

우리는 모세의 노래 속에서 감사의 노래를 되새겨 봅니다. 지난 과거 어렵고 힘들게 우리가 숨죽이며 살아왔지만, 생각해 보면 감사한 것뿐입니다. 청교도들이 플리머스에 도착해서 많은 수확 때문에 감사한 게 아닙니다. 살아 있는 것에 감사하고, 예수님을 잘 믿을 수 있는 것에 대해서 감사했습니다. 그들이 주님이 함께하신 것에 대해서 감사했듯이 내 속에 내주하시고 역사하시는 성령의 인도를 따라서 선택하시고 불러 주신 주님께 감사 찬송 올려드리며, 주의 영광 한량없이 감사하는 저와 여러분 될 수 있기를 우리 주님 이름으로 축복합니다.

2. 하나님의 위로하심

 **고린도후서 1:1-7**

¹하나님의 뜻으로 말미암아 그리스도 예수의 사도 된 바울과 형제 디모데는 고린도에 있는 하나님의 교회와 또 온 아가야에 있는 모든 성도에게 ²하나님 우리 아버지와 주 예수 그리스도로부터 은혜와 평강이 있기를 원하노라 ³찬송하리로다 그는 우리 주 예수 그리스도의 하나님이시요 자비의 아버지시요 모든 위로의 하나님이시며 ⁴우리의 모든 환난 중에서 우리를 위로하사 우리로 하여금 하나님께 받는 위로로써 모든 환난 중에 있는 자들을 능히 위로하게 하시는 이시로다 ⁵그리스도의 고난이 우리에게 넘친 것같이 우리가 받는 위로도 그리스도로 말미암아 넘치는도다 ⁶우리가 환난 당하는 것도 너희가 위로와 구원을 받게 하려는 것이요 우리가 위로를 받는 것도 너희가 위로를 받게 하려는 것이니 이 위로가 너희 속에 역사하여 우리가 받는 것 같은 고난을 너희도 견디게 하느니라 ⁷너희를 위한 우리의 소망이 견고함은 너희가 고난에 참여하는 자가 된 것같이 위로에도 그러할 줄을 앎이라

우리가 살기 좋은 시대에 사는 것 같지만, 참으로 어려운 시대에 살아갑니다. 모두가 사느라고 열심히 달려 뭔가 얻을 줄 알았는데, 생각해 보면 얻은 것보다 잃은 것이 더 많습니다. 또한, 무엇인가 채워진 것 같은데, 마음 한편에는 허전한 것이 더 많습니다.

요즘 엄마들은 아이들 기르는 것이 마치 전쟁과 같아 한국전쟁보다 더 한 것처럼 느낀다고 합니다. 청소년들을 기르는 부모들은 십대들을 양육하며 겪는 고통이 세계 2차 대전보다 더 심하다고 합니다. 요즘 청소년들은 가정에서 온라인으로 수업을 합니다. 그런데 직장 다니는 부모들은 자녀들을 도와주지 못합니다. 그래서 속상해합니다. 부모들은 혹여나 자식들이 미래에 아무것도 안 될까 봐 노심초사하며 아등바등합니다.

여러분 자신도 열심히 나름 달려왔습니다. 뭔가를 이루기 위하여 자신을 향하여 충성했습니다. 그런데도 뭔가 이룬 것이 없다고 느껴집니다.

나는 열심히 충성하고, 공부하고, 내 삶을 닦아 왔는데, 이렇게 열심히 살아온 나를 누가 평가하느냐? 다른 사람들이 이러쿵저러쿵 평가합니다. 타인들이 저 사람은 성공했다, 저 사람은 안됐다, 저 사람은 괜찮다, 저 사람은 능력자라는 둥 별별 평판을 다 합니다. 함부로 나를 판단하는 것을 들으면 속상합니다. 왜 사람들은 자신이 아닌 다른 사람들을 이렇게 평가하기를 좋아하는 걸까요. 다른 사람이 나를 평가할 때, 내가 보는 나와의 간격이 멀어질 때 그것이 고통, 아픔, 허전함, 외로움이 됩니다.

우리가 각자 이 세상을 아파하면서도 달려왔고, 몰두하면서 살아왔습니다. 하지만 우리의 내면을 들여다보면, 한편 속절없이 쓰러진 삶인 듯합니다. 사도행전 27장의 유라굴로 광풍 앞에서 배에 탄 사람들이 맥을 못 추는 장면이 생각납니다. 아시아 해변 각처로 가려고 하는 사람 276명이 알렉산드리아 배에 탔습니다. 그러나 그들이 광풍 앞에 어찌하지 못하고 화물과 배만 아니라 생명에도 큰 타격과 손해를 입을 상황에 처한 것입니다.

코로나19가 발병했을 때 우리는 속히 지나갈 줄 알고 포스트(Post) 코로나, 코로나 이후를 준비한다고 했습니다. 그다음에는 도저히 없어지지 않으니 위드(With) 코로나, 함께 살아가는 코로나로 불렀습니다. 최근에 와서는 인(In) 코로나, 코로나 안에서 살아간다는 말을 사용합니다.

우리는 코로나19에 대해 어떻게 반응하면서 살아가야 합니까? 코로나19로 인하여 한없이 무너지고 지쳐 있는 우리의 삶들을 이대로 던져 둘 수는 없습니다. 그렇다고 이 세상에서 가장 귀한 존재인 우리가 세상을 원망하며 살아갈 수도 없습니다. 옛날 대중가요처럼 "가련다. 떠나련다. 어린 아들 손을 잡고~" 이런 노래를 부르고 떠날 수는 없지 않습니까? 우리는 현실 속에 살아야 하고, 현실과 함께 살아가야 하고, 현실을 헤쳐가며 살아야 합니다.

그러나 인간으로서는 한계가 있습니다. 그러다 보니까 한숨도 나고, 지쳐서 자기의 생명을 함부로 하는 일들이 간혹 생겨납니다. 통계에 의하면 조금 내려가기는 했지만, 최근에 와서 다시 오름세를 보이는 것이 무엇입니까? 바로 자살률입니다. 우리나라에서 지금도 하루에 38명이 자살을 합니다. 일 년에 13,670명이 자살을 합니다. 적은 숫자가 아닙니다. 교인 수 13,000명이면 얼마나 큰 교회가 되겠습니까? 그 많은 생명이 스스로 목숨을 끊습니다. 이것은 인간이 한계에 왔다는 것을 말해 줍니다.

예수님을 믿는 사람은 죽을 생각 하면 절대 안 됩니다. 어떠한 순간이라도 살 생각을 하셔야 합니다. 하나님 앞에서 미래를 생각하며 살아야 합니다. 죽을 힘이 있으면 그 힘을 돌려서 살 힘을 더 크게 할 수 있습니다. 자살은 지옥행입니다. 자살을 꿈꿔서도 안 됩니다. 남의 자살에 대해서 동조해서도 안 됩니다. 자살은 명백한 살인 행위입니다.

우리 시대에는 교복을 입은 학생들을 매우 부러워했습니다. 여고생의 경우, 단발했으면 1학년, 두 갈래로 묶었으면 2학년, 머리를 땋으면 3학년이었습니다.

그런데 요즘 고등학생 중 학업을 중단하고 다른 길로 가는 학생이 24,000명이 넘습니다. 물론 자퇴를 한 학생 가운데는 정규학업이 아닌 검정고시를 치르는 이들도 있습니다. 또는 어떤 학생들은 해외로 유학 갈 수도 있습니다. 다른 경우는 자신의 재능을 살려 자기 나름의 삶을 가꾸어 갈 수도 있습니다.

그러나 이 숫자는 무엇을 말합니까? 대부분 학교생활이 재미가 없다는 것입니다. 그들은 학교에 자기 인생을 맡길 수 없다는 것입니다. 그들이 학교생활에서 뭔지 모르게 마음에 만족이 없다는 것입니다.

감기 중에 '마음의 감기'라고 하는 우울증이 있습니다. 우울증도 일찍 병원 가서 약을 드시면 감기약처럼 한 알만 먹으면 되는데, 이 우울증을 그대로 놔두면 자꾸만 갈수록 심각해지는 것입니다. 여러분, 믿음이 없어서 우울증 온다고 함부로 말하면 안 됩니다. 기도 안 해서 우울증 왔다고 정죄하면 안 됩니다. 인간은 그저 연약한 존재입니다. 우리나라에 우울증 환자가 남녀 합쳐서 약 68만 명이라고 합니다. 우울증을 겪는 사람이 우리 가족일 수도 있습니다. 친지일 수도 있습니다. 우리의 엄마일 수도, 우리의 장모님일 수도 있습니다.

여러분, 은평구 전체의 인구가 약 50만 명인 것을 감안하면 68만 명은 정말 엄청난 숫자입니다. 이렇게 많은 사람들이 우울증으로 고생하는 것은 무엇을 말해 줍니까? 인간은 연약하다는 거예요. 인간은 부족하다는 거예요. 한계가 있다는 것입니다.

우리 사람은 흙으로 만들어졌기 때문에 부실합니다. 인간은 모자랍니다. 창세기 3장 19절에 인간의 연약함에 대해서 말씀합니다.

> "네가 흙으로 돌아갈 때까지 얼굴에 땀을 흘려야 먹을 것을 먹으리니 네가 그것에서 취함을 입었음이라 너는 흙이니 흙으로 돌아갈 것이니라 하시니라."

여러분, 어쩔 수 없습니다. 우리 인간은 약합니다. 이렇게 약한 존재이기 때문에 부서지기 쉽고, 깨지기 쉽고, 넘어지기 쉬운 것이 우리입니다.

이렇게 약한 우리가 살아가려면, 어떤 소망을 붙들어야 합니까? 믿음밖에 없습니다. 연약한 인간이 살아가기 위해서는 이렇게 쓰러지고 넘어지고 있는 순간에 뭔가 견고한 것을 붙들어야 합니다. 연약한 인간을 변하지 않는 영원함으로 인도하는 이름은 바로 우리 구주 예수 그리스도입니다.

어려움 속에서도 예수님을 붙들고 살아난 사람 중에 롱펠로(Henry W. Longfellow)라는 분이 있습니다. 그는 스물네 살 때 사랑하는 아내와 행복한 가정을 이루었습니다. 그런데 아내가 첫아기를 출산하면서 하늘나라로 가버립니다. 그는 아내를 잃은 슬픔에 애통하며 힘들게 살아갑니다. 롱펠로는 미국 사람으로 중고등학교 선생님이었고, 외국어를 8개나 하는 사람이었습니다. 그래서 그는 단테의 《신곡》(Divine Comedy)을 번역한 최고의 번역가이기도 합니다. 그는 아픈 가슴을 가지고 "에반젤린"(Evangeline)이라는 서사시를 씁니다. 이 시가 유명하고 인기 있는 작품이 되었습니다.

그가 한 10년 후 두 번째 아내를 맞이합니다. 아내와 행복하게 살아가는데, 어느 날 머리를 꾸미는 고데기에 불꽃이 튀면서 드레스에 불이 붙어 화상을 입게 되었습니다. 이 사건으로 인해 또 부인이 세상을 떠나 버립니다. 슬픔 속에서 눈물을 흘리며 지내던 그가 이렇게 인생을 살 수는 없다고 생각합니다. 그는 다시 지팡이를 잡고 일어서듯이 예수님을 붙듭니다. 그리고 "인생찬가"(A psalm of life)를 노래합니다. 그는 믿음으로 깊은 슬픔을 찬란한 슬픔으로 바꾼 것입니다.

여러분, 누구나 다 어렵습니다. 그런데 어렵다고 해서 그 어려움 속에다가 자기 무덤을 만들어 집어넣을 수는 없지 않습니까? 고인돌 밑에다가 시체를 넣듯이 어려움 속에 나를 집어넣을 수는 없지 않습니까? 내 생명은 고귀합니다. 내 인생은 소중합니다. 이 소중한 내 인생. 롱펠로가 사랑하는 아내들을 잃고 슬픔의 나날들, 정말 깊은 슬픔 속에 있었지만, 주님으로 인하여 찬란한 슬픔으로 만들어 갔듯이 우리가 믿음으로 새로운 길을 간다면 얼마나 좋겠습니까?

헤럴드 러셀(Herold Russell)의 이야기를 들어보셨습니까? 그는 영화 "우리 생애의 최고의 해"(The Best Years of Our lives)의 실제 주인공입니다.

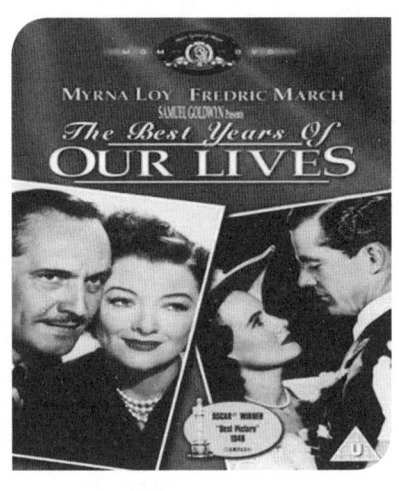

그는 세계 2차 대전 때, 공수 부대원으로 전투에 참여했다가 폭탄에 맞아서 두 팔을 다 잃었습니다. 갑자기 건강한 청년이 두 팔을 잃어버리고, 슬픔과 좌절 속에서 지내게 됩니다. 불구가 된 그는 낙심하고 좌절하면서 하나님 앞에 기도합니다. "하나님, 저는 쓸모없는 사람입니다. 나는 쓸모없는 사람입니다. 하나님, 이제 저는 쓸 데도 없는 고깃덩어리로만 남게 되었습니다…" 그런데 하나님께서 원망의 기도를 하는 그의 귀에 분명히 들려주셨습니다. "그래도 잃은 것보다 얻은 것이 많지 않으냐."

러셀이 가만히 생각해 보니까 자기에게는 아직 생명이 있고, 두 눈이 있고, 두 귀가 있고, 두 발이 있습니다. 정말 잃은 것보다 얻은 것이 아직도 많았습니다.

그는 "나에게 생명이 있는 것 감사합니다. 두 팔은 잃었지만 두 다리는 있으니까 감사합니다. 하나님, 두 팔은 잃었지만 두 눈이 있으니까 감사합니다. 하나님, 두 팔은 잃었지만 두 귀에 귓구멍이 있으니까 감사합니다" 하면서 감사를 찾기 시작했습니다. 그는 잃어버린 것을 계산하지 않고 남아 있는 것을 하나님께 감사하자고 결단한 것입니다.

생각을 바꾼 그는 의사에게 부탁해서 의수를 만들었습니다. 두 팔 대신 의수를 기계로 붙여서 그걸로 타이프를 연습합니다. 남아 있는 것을 계산하자. 다시 그는 인생에 새로운 스토리를 써 내려가게 됩니다.

자기가 지내온 삶을 정리하여 책을 냈는데, 이것이 대박이 난 것입니다. 그리고 영화에서 자신이 직접 주연과 연출을 맡아서 사람들에게 많은 감동을 주었습니다.

여러분이 잃어버린 것을 계산하기 전에 남아 있는 것을 하나님께 감사하며 남은 것을 사용할 때, 잃은 것의 열 배보다 더 많은 보상을 받을 것입니다. 성도 여러분, 잃어버린 것 가지고 고민하지 마십시오. 여러분에게 남아 있는 것을 감사하십시오. 그러면 하나님께서 열 배, 백 배의 복을 더하여 주실 줄로 믿습니다. 그러면서 모든 영광, 모든 감사를 하나님께 올려드릴 수 있기를 원합니다.

여러분, 믿음 갖기를 원합니다. 믿음은 살리는 것입니다. 믿음은 살아가게 하는 것입니다. 믿음은 생명을 더하여 주는 것입니다. 믿음은 우리에게 능력을 더하여 주는 것입니다. 믿음에는 구원이 있습니다. 믿음에는 희망이 있습니다. 믿음에는 소망이 있습니다. 여러분, 믿음은 살리는 영을 우리에게 더하여 주기 때문입니다. 우리 모두를 살리는 것은 믿음 하나뿐입니다. 일부분을 살리는 게 아니라 완전히 살려 줍니다. 한 사람을 살려 주는 것이 아닙니다. 요한복음 3장 16절, "하나님이 세상을 이처럼 사랑하사 독생자를 주셨으니 이는 그를 믿는 자마다 멸망하지 않고 영생을 얻게 하려 하심이라"라는 말씀이 있습니다. 우리 모두를 살려 주실 줄로 믿습니다.

고린도전후서에 보석 같은 하나님의 귀한 말씀이 많이 있습니다. 사실 '고린도'라는 단어는 좋은 뜻이 아닙니다. '고린도'라는 말 속에는 사치하다, 방탕하다라는 뜻이 있습니다. 이런 고린도 도시에 바울이 가서 복음을 전해서 교회가 세워지고 성장하게 됩니다. 그런데 고린도 교회에 여러 가지 문제가 발생합니다. 바울파, 아볼로파, 게바파, 그리스도파로 편 가르기를 하고, 거기에 부활의 문제와 성찬의 문제와 결혼 문제 등이 있었습니다. 이런저런 문제로 인해서 고린도 교회가 홍역을 치릅니다.

고린도 위치를 지도를 통해서 보면, 이 고린도는 아테네 가까이에 있는 도시입니다. 고린도는 세상적으로 음란하고 부유한 도시이다 보니 죄악으로, 범죄로 얼룩졌습니다. 여기 사람들이 살아가면서 아픔을 겪는 것입니다. 바울이 고린도 교회의 문제를 어떻게 잘 해결할 수 있을까를 고민하며 편지를 씁니다. 아픔을 겪는 고린도 성도들에게 하나님께서 바울을 통해서 위로의 말씀을 더하여 주시는 것입니다.

오늘 본문의 주제는 '위로의 서신'입니다. 고린도후서 1장 1-10절까지 읽으면 제일 많이 나오는 단어가 있습니다. 그 단어가 바로 '위로'라는 단어입니다. 여기에 열 번 나옵니다. 바울 서신에서 위로라는 단어가 이렇게 계속 나오는 본문은 여기뿐입니다. 위로의 뜻은 성도들의 잘못을 책망하는 것이 아니라 곁으로 부르는 것을 말합니다.

탕자의 이야기를 봅시다. 탕자가 아버지 뜻을 거스르고 집을 나갔습니다. 탕자가 나갈 때 물질을 가지고 나갔습니다. 아버지의 마음에 고통을 주고 나갔습니다. 그는 희망을 품고 뭔가 자신이 될 줄 알고 아버지의 뜻을 저버리고 나갔습니다. 그가 나가서 투자했는데, 완전히 폭삭 망해서 다 날려 버렸습니다. 갈 길이 없는 것입니다. 그래도 탕자는 아버지가 받아줄 것이라고 생각했습니다. 그래서 그는 아버지를 생각하고 돌이켜서 아버지 집으로 돌아온 것입니다. 그가 아버지 집으로 돌아왔더니 아버지가 달려 나와서 탕자를 안아줍니다. 여기에서 보면 탕자가 분명히 잘못했는데도 그를 곁으로 불러 준다는 것입니다. 그래서 위로라고 하는 단어는 따뜻한 말이나 행동으로 위로해 주고, 괴로움을 덜어 주거나 슬픔을 달래 주는 것입니다.

신약성경에 '위로'라는 단어가 109번 정도 나옵니다. 이 위로라는 말은 잘못했지만 불러주는 것을 말합니다. 이 잘못을 오늘 본문에서 환난이라는 단어로 사용하고 있습니다. 환난이라고 하는 단어가 헬라어로 보면 여러 개가 나옵니다. 예를 들어서 글을 몰라서 답답하다, 기억에 남지 않는다, 돈이 없어서 고생하는 것 등이 환난에 해당합니다. 이웃 나라가 전쟁을 일으켜서 고생하는 것도 환난입니다.

그런데 오늘 본문에 나오는 이 환난이라고 하는 것은 정신적인 것도 아니고 영적인 것도 아니고, 육체적인 것입니다. 지금 고린도 교회가 육체적으로 겪는 어려움이 있습니다. 육체적 어려움을 겪고 있는 그들을 하나님께서 불러 주시는 것을 말하고 있습니다.

여러분, 마크 하나를 보여드리겠습니다. 세계보건기구(WHO) 그림 가운데를 한번 보십시오. 저게 뭘까요? 장대입니다. 그다음에 그 장대에 뭐가 있습니까? 뱀입니다. 세계보건기구, UN 산하의 세계보건기구가 왜 이러한 상징을 사용했을까요?

이것은 민수기 21장에 나오는 말씀에 근거한 것입니다. 이 마크가 어디서 왔느냐? 이스라엘 백성이 애굽에서 나와서 광야생활을 하다가 마지막으로 간 데가 어디냐 하면, 가데스 바네아입니다. 이제 가나안 땅으로 들어가야 합니다. 그런데 질러가는 지름길이 있습니다. 이 지름길은 자기 나라 땅이 아니고 에돔 땅입니다. 에돔이라고 하는 나라를 통과하면 그냥 직선으로 갈 수 있는 코스입니다.

이스라엘 백성들이 에돔 왕에게 협조를 구했습니다. 우리가 당신네의 땅, 토지를 밟고 지나갈 테니까 허락해 주십시오. 지나가다가 포도밭이 있어도 포도 한 알 따지 않겠습니다. 밀밭이 있어도 밀 이삭 하나 꺾지 않겠습니다. 보리밭이 있어도 밟지 않겠습니다. 우리 250만 명이 지나가는 길 좀 빌려 주십시오. 그 길 이름은 왕의 길, 즉 킹스 하이웨이(King's Highway)입니다. 이 길을 좀 빌려주십시오.

그런데 에돔 왕이 이웃 나라 250만 명이 지나가라고 자기 나라 땅 길을 열어 주겠습니까? 우리 땅에 중국 사람이 다 지나간다고 하면 빌려 주겠습니까? 에돔 왕이 "노"(No) 거절해 버린 거예요. 이러다 보니까 이스라엘 백성은 질러가는 에돔 땅으로 가지 못하고 빙빙 굽이치는 낙동강 물, 또 한강 물처럼 빙빙 돌아가는 거예요. 돌아가다 보니까 얼마나 지치고 힘들겠습니까?

그래서 백성들이 모세를 원망하고, 하나님을 원망하는 것입니다. 원망하는데, 웬일입니까? 어디서 나왔는지 뱀이 나타나서 원망하는 사람마다 물었습니다. 뱀에게 물린 사람들이 다 죽어가고 쓰러져 갔습니다. 모세가 하나님께 기도했더니 "모세야, 네가 구리로 뱀을 만들어라. 그리고 장대에 높이 달아라. 이것을 쳐다보는 사람은 산다고 전하라"고 했습니다. 모세가 백성을 살리는 길이 있기에 이것이 복음이었습니다. 그는 구리로 뱀을 만들어 장대에 높이 달고 뱀에 물려 죽어가는 이들, 뱀에 물려 쓰러지는 이들, 뱀에 물려 상처 속에 있는 이들에게 장대에 매단 구리 뱀을 쳐다보라고 했습니다. 장대에 있는 놋뱀을 쳐다보십시오. 쓰러져 죽어가고 아파하던 그들이 쳐다보는 거예요. 쳐다보는 사람마다 다 나았습니다. 그러나 끝까지 쳐다보지 않은 사람은 다 죽었습니다. 이것이 WHO 세계보건기구 마크와 관련된 말씀입니다.

요한복음에 모세가 광야에서 뱀을 든 것과 같이 인자도 들려야 하리라고 하면서 예수님을 상징하는 말씀을 합니다. 여러분, 이것이 하나님의 음성이요, 하나님의 구원의 표시인 줄로 믿습니다.

우리 모두가 고통 속에 있습니다. 지금 우리 모두가 어려움 속에 있습니다. 금방 지나갈 줄 알았던 이 코로나로 인해 사람들이 서로 원망하고, 서로 욕하면서 저주를 퍼붓고 있습니다. 확진자 그분들, 얼마나 불쌍합니까? 정말 불쌍한 그분들이 지금 아우성치고 있습니다. 모든 책임은 남에게만 있고, 자기 책임은 하나도 없다고 하면 서로서로 상처받습니다. 그러다 보니까 확진자가 치료받아도 아픔 속에 있고, 어디를 가도 불안하고, 가족이 와도 만날 수도 없고, 물건을 만지고 싶어도 장갑 끼고 만져야 하고, 속상합니다.

여러분, 이렇게 광야에서 뱀을 드는 시대처럼, 팬데믹으로 인하여 모두가 땅을 보는 이 시대에 우리는 하늘을 바라봐야 할 줄로 믿습니다. 주님의 십자가를 보면 살길이 있을 줄로 믿습니다. 믿음을 가지면 생명을 얻게 될 줄로 믿습니다. 예수 그리스도를 바라보는 그곳에 구원의 역사가 있을 줄로 믿습니다.

하나님께로 돌아오라는 신호입니다. 하나님께 돌아오면 사는 것입니다. 모세 시대에도 이런 전염병이 있었잖습니까? 하나님 바라볼 때 살았습니다. 우리 온 백성과 온 정부의 위정자들이 여호와 하나님을 바라볼 수 있기를 축복합니다. 요즘 얼마나 아픈 시대에 살아가는지, 뉴스만 보면 분통이 터집니다. 이런 시대에 원망하고, 남을 저주하고, 책임을 돌릴 것이 아니라 우리가 하나님을 바라보면 살길이 있을 줄로 믿습니다. 믿음을 바라는 곳에 생명이 있을 줄로 믿습니다. 구원이 있을 줄로 믿습니다.

여러분, 혹시 이남현이란 성악가를 아시나요? 그는 바퀴 달린 성악가, 옛날 말로 발통 달린 성악가라 불립니다. 이분은 키가 192cm 되는 건장한 분으로, 최고의 성악가로 꿈을 키우고 있었습니다. 그가 어느 날 수영장에서 다이빙 연습을 했습니다.

그런데 그가 다이빙을 하다가 그만 시멘트벽에 부딪혔습니다. 그 사고로 목과 척추가 부러지고, 인생의 모든 꿈도 함께 부러져 버렸습니다. 그는 장애인이 되어 노래도 할 수 없어 하나님을 향하여 원망했습니다. 하나님, 하필이면 왜 저입니까? 세상에 악하게 사는 사람이 다쳐야지 선하게 사는 내가 왜 다쳐야 합니까? 하나님 앞에 원망하고 매달렸습니다. 그는 정말로 호흡하기도 어려웠습니다. 성악을 하려면 복식호흡을 해야 하는데, 복식호흡이 안 되는 것입니다. 그는 꿈을 완전히 잃어버렸습니다.

그는 완전히 희망을 잃어버렸습니다. 그때 그가 조용하게 입술을 벌리고, 작게 말을 합니다. "하나님, 살려 주십시오. 하나님, 도와주십시오. 지난날 제 방법으로 살아왔는데, 하나님 방법으로 살겠습니다." 그때부터 그는 주의 십자가 붙들고 기도하면서 이 고난의 현장 속에서도 자기 살길을 찾아 주님과 더불어 오늘도 동행하고 있다는 것입니다.

성도 여러분, 우리가 여러 아픔과 고통 속에 살아가지만, 말씀으로 위로받기를 원합니다. 성령께서 여러분을 위로해 주시기를 원합니다. 예배를 통하여 새 힘을 얻으시기를 주님 이름으로 축복합니다. 이제 오늘 고린도후서 1장 3절 말씀을 보시고 하나님 앞에 기도의 제목으로 삼아 보시겠습니까?

"찬송하리로다 그는 우리 주 예수 그리스도의 하나님이시요 자비의 아버지시요 모든 위로의 하나님이시며."

아멘. 주님은 우리와 함께하시고, 하나님은 우리의 위로의 하나님이시고, 주님은 자비의 주님이신 줄로 믿습니다. 연약한 우리가 십자가에서 피 흘리신 예수 붙들면 생명을 얻습니다. 우리를 위하여 장대에 달린 예수 그리스도를 바라만 보면 구원이 있을 줄로 믿습니다. 힘들어도 예수님만을 붙들고 살아가야 할 줄로 믿습니다. 어려워도 믿음 하나는 지키고 살아가야 할 줄로 믿습니다. 눈물 나도 주님과 함께 살아간다면 눈물이 변하여 보배가 되고, 전날의 한숨이 변하여 노래가 될 줄로 믿습니다.

위로의 주님과 함께 또 한 주간도 승리하시기를 우리 주님의 이름으로 축복합니다.

3. 좋은 것으로 주시는 우리 하나님

 **마태복음 7:7-12**

⁷구하라 그리하면 너희에게 주실 것이요 찾으라 그리하면 찾아낼 것이요 문을 두드리라 그리하면 너희에게 열릴 것이니 ⁸구하는 이마다 받을 것이요 찾는 이는 찾아낼 것이요 두드리는 이에게는 열릴 것이니라 ⁹너희 중에 누가 아들이 떡을 달라 하는데 돌을 주며 ¹⁰생선을 달라 하는데 뱀을 줄 사람이 있겠느냐 ¹¹너희가 악한 자라도 좋은 것으로 자식에게 줄 줄 알거든 하물며 하늘에 계신 너희 아버지께서 구하는 자에게 좋은 것으로 주시지 않겠느냐 ¹²그러므로 무엇이든지 남에게 대접을 받고자 하는 대로 너희도 남을 대접하라 이것이 율법이요 선지자니라

예수님을 믿고 신앙생활 하는 분들이 참 행복했으면 하는 것이 담임목사의 소원입니다. 온 교우들이 행복하기를 축복합니다. 그런데 우리는 '행복'과 '행운'을 자꾸만 헷갈릴 때가 있습니다. 행복은 쾌락도 아니고, 요행도 아닙니다. 행운이 우리에게 주어지는 것이라면, 행

복은 만들어 가는 것 아니겠습니까? 어린 시절 책갈피 속에 넣으려고 찾아다니던 네 잎 클로버가 있습니다. 왜 그렇게 네 잎 클로버를 찾았는지 몰라요. 네 잎 클로버의 꽃말이 무엇입니까? 그 꽃말은 '행운'입니다. 그런데 우리 주변에 많고 많은 것이 무엇입니까? 세 잎 클로버입니다. 세 잎 클로버의 꽃말은 무엇입니까? 그것은 '행복'입니다. 지금 생각해 보면 행복을 두고 행운을 찾아 다녔던 것이 얼마나 어리석었는지 모르겠습니다.

영국 BBC 방송에서 소개된 '리즈 호가드(Liz Hoggard)의 행복 십계명'이라는 것이 있습니다. 제가 지금 행복 십계명을 소개할 텐데, 여러분의 삶을 한번 대입시켜 자신은 몇 점 정도인지 점수를 매겨 보십시오. 한 문제당 10점입니다. 그러면 열 문제를 제시하겠습니다.

첫째, 운동을 하라. 사람이 행복해지는 첫 번째 조건은 운동하라는 것입니다. 북한산을 함께 걸어도 되고, 자전거를 함께 타도 됩니다. 집에서 줄넘기 또는 피트니스센터에서 헬스를 한다고 하면 일주일에 3일 정도 30분 이상만 운동하면 행복해집니다.

둘째, 좋았던 일을 떠올려 보라. 옛날에 그것이 참 좋았는데, 또는 그때 그것을 먹었을 때 너무 좋았다는 긍정적 기억을 되새기는 것입니다. 과거에 나빴던 것, 비난과 비평의 말보다는 그 사람들 때문에, 그리고 그 일 때문에 좋았었다고 하면서, 좋은 일을 자꾸 연상하여 떠올려 보는 것입니다. 그래서 하루를 마무리할 때마다 감사해야 할 일 다섯 가지를 생각하라고 합니다.

셋째, 대화를 나누라. 매주 온전히 한 시간 배우사나 가장 친한 친구들과 대화를 나누라고 합니다. 사람이 서로 만나서 말을 많이 할수록 좋은 것입니다. 친구와 전화로 또는 만나서 실컷 이야기를 나눕니다. 사람들이 대화를 나누는 것이 삶의 행복에 있어서 중요합니다.

넷째, 식물을 가꾸라. 아주 작은 화분도 괜찮습니다. 그 대신 죽이지는 말고, 살려 주셔야 합니다. 식물을 집에서 작은 것 하나라도 길러서 사랑해 주고 가꾸어 줍니다. 식물에 물을 주고 대화를 하는 과정이 행복의 조건에 들어간다는 것입니다.

다섯째, TV 보는 시간을 반으로 줄이라.

여섯째, 미소를 지으라. 적어도 하루에 한 번은 낯선 사람에게 미소를 짓거나 인사를 하라고 합니다. 미소 중에 제일 아름다운 미소가 있습니다. 할아버지가 아기를 안고 어르고 달랠 때, 할머니가 아기를 안고 까꿍 할 때 아름답습니다. 아버지가 여덟 개의 치아가 나오도록 아기를 보며 까꿍 하면 눈도 웃고 입도 웃고 마음도 웃으니까 멋집니다. 어머니가 미소를 짓는 모습은 말할 것도 없습니다. 그 미소에는 사랑이 담겨 있기 때문입니다. 사랑하는 대상뿐만 아니라 낯선 이에게도 사랑의 미소를 짓는 것입니다.

일곱째, 친구에게 전화하라. 오랫동안 소원했던 친구나 지인들에게 연락해서 만날 약속을 합니다. 친구하고 전화하는 내용은 별 영양가가 없습니다. 그냥 말만 나열하지 그 속에 실속 있게 챙길 게 별로 없습니다. 그래도 친구와 허물없이 대화하는 것은 인생을 행복하게 합니다.

여덟째, 하루에 한 번은 유쾌하게 웃으라. 교회 와서 자꾸 웃으셔야 합니다. 요즘 성도들이 은혜를 막 받아야 하는데, 지혜로워서 은혜를 안 받으려고 합니다. 은혜 받으면 봉사해야 하거든요. 그러니까 은혜 안 받고 봉사 안 하려고 용을 쓰는 것입니다. 이러다 보니까 잘 웃지 않으려고 합니다. 다른 사람은 호탕하게 웃는데, 혼자 거룩하게 "주여!" 하고 앉아 있습니다. 그럴 필요 없습니다. 하루에 한 번 정도는 유쾌하게 빵 터지는 웃음을 터뜨리십시오.

아홉째, 매일 자신에게 작은 선물을 하라. 그리고 그 선물을 즐기는 시간을 가지라. 내가 나를 향하여 좋은 것을 선물하는 것입니다. 예를 들면, 우리 권사님들 싱크대 앞에서 바쁘다고 그냥 큰 그릇에다 밥, 국, 된장, 김치 말아서 개죽 먹듯이 하지 말고, 식탁에 놓고 우아하게 먹는 것입니다. 나는 귀한 사람이기 때문입니다. 나는 하나님의 걸작품입니다. 그러므로 숟가락으로 잘 떠서 하나님의 걸작품에 먹여 주는 것입니다. 머리 염색도 좋은 것으로 자신을 가꾸어 예쁘게 선물을 하는 거예요. 이게 자기를 귀하게 여기는 행동이 될 수 있습니다. 나이에 상관하지 말고 자기에게 선물을 하며 가꾸어 가는 것입니다.

열째, 매일 누군가에게 친절을 베풀라. 운전할 때도 양보하고, 주차할 때도 상대방을 느긋하게 기다립니다. 먼저 가십시오. 양보하면 멋있잖아요. 타인에게 빵빵거리며 위협하는 것보다는 느긋하게 기다리며 먼저 가라고 합니다. 언제 어디서나 누구에게나 친절을 베푸는 것입니다.

열 가지를 말씀드렸는데, 여러분은 몇 개나 해당되나요? 한 개를 10점으로 하면 여러분은 몇 점쯤 될까요? 70점? 80점? 100점? 여러분 나름 자신의 행복을 어떻게 만들어 가고 있는지 생각하게 될 것입니다.

여러분, 어떻습니까? 우리가 이 세상에서 가지고 있는 이런 조건으로 인해서 행복해집니다. 행복하기 위해 이것만 해도 인생살이에 매우 활력소가 되고, 재미가 있습니다. 그런데 은혜 받고 예수님을 믿는 우리는 이 조건 가지고는 모든 행복요소가 있다고 말할 수 없습니다. 하나님의 솜씨로, 하나님 성령의 은혜로 창조된 우리는 하나님과 교통해야 합니다. 우리는 은혜 생활할 때 은혜가 되는 것이지, 예수님 없이 참된 행복을 누릴 수 없습니다. 예수님 때문에 행복한 것이지, 행복의 조건 때문에 행복한 것이 아닙니다. 행복은 시간과 공간의 문제가 아닌 것 같습니다. 여러분, 초막이나 궁궐이나 내 주 예수 모신 곳이 어디입니까? 그 어디나 하늘나라가 되는 것입니다.

요한계시록을 묵상하면서, 사도 요한이 어떻게 그런 상황에서 에베소 교회, 서머나 교회, 버가모 교회, 두아디라 교회, 사데 교회, 빌라델비아 교회, 라오디게아 교회에 편지를 썼을까? 어떻게 이런 영적 능력과 힘을 가지고 있었을까? 그런 생각을 했습니다. 사도 요한을 볼 때, 영적 능력은 환경에 좌우되는 것이 아닌 것이 분명합니다.

당시 도미티아누스 황제는 정치범이나 종교 지도자 중에 반역자로 여기는 사람들, 즉 자기 입맛에 맞지 않는 사람들을 다 밧모 섬에 보냈습니다. 그곳에 사도 요한이 유배를 당한 것입니다. 2,000년 전의 밧모 섬을 상상해 보십시오. 밧모 섬은 에베소에서부터 약 90km 떨어진 곳인데 집도 없고 배도 없는 완전히 험악한 섬입니다. 화성암으로 이루어져서 걸어 다니면 발이 그냥 찢어질 정도로 험한 악산이어서 그곳에 들어가면 죽어서나 나오는 곳이었습니다.

사도 요한이 그처럼 험한 섬에 들어가서 갖은 고생과 고문과 어려움 속에서 어떻게 하나님의 영적 평강을 그렇게 살 수 있었을까요? 요한에게 땅 위의 좋은 조건은 아무것도 없었습니다. 그는 살아가는 게 아니라 그냥 하루하루를 견디는 것이었습니다. 이 땅의 삶에 무슨 낙이 있었겠습니까? 행복의 조건이 없었습니다. 그런 그에게 땅의 것이 막히니까 하늘 길이 열리게 되었고, 육의 것이 제한되니까 영적인 것이 자유로움을 얻게 되었습니다. 이 세상에 제한적인 것이 십자가를 통하여서 하늘 길을 열게 되었습니다. 그는 하늘을 보게 되고, 십자가 예수를 통하여서 능력을 체험하게 된 것입니다.

이 말씀 속에서 사도 요한이야말로 진짜 행복한 사람인 것을 발견하게 됩니다. 이 땅 위에서 자기에게 선물하거나 꽃을 가꾸어서 느끼는 그런 차원과는 비교할 수 없는 행복이라는 것입니다. 이것을 보면 하나님 앞에 선택받고, 하나님 앞에 사랑받고, 하나님의 섭리 속에 살아가는 우리는 정말 주님과 함께할 때 행복합니다. 예수님의 영이 임할 때 능력이 있고, 주의 십자가 보혈이 내게 와서 닿을 때 치유가 있고, 능력이 있고, 기쁨이 넘쳐날 줄로 믿습니다.

성도 여러분, 예수님의 생애를 한 번 살펴보십시오. 신약성경을 보면, 많은 구절에서 "예수께서 이르시되", 또 "예수께서 말씀하시기를" 이렇게 나옵니다. 그런데 "예수께서 이르시되" 하면서 예수님께서 우리를 기도의 자리로 인도하여 몰고 가는 것을 보게 됩니다. 예수님의 공생애를 분석하면 3의 1 정도가 기도하는 자리로 우리를 인도해 주시는 것을 봅니다.

예수님 자신이 기도하셨습니다. 그는 40일의 기도, 변화산상의 기도, 겟세마네 동산의 기도 등 기도로써 살아오셨습니다. 주님께서는 우리에게 이런 영적 은혜와 평강을 주신 뒤에 계속 우리가 예수님처럼 기도로 구하고 두드리고 찾기를 원하고 계시는 것입니다.

여러분, 구하는 것이 있으면 어떻게 해야 할까요? 우리가 입술을 통해서 해야 합니다. "입을 넓게 열라"는 예레미야의 말씀처럼 소리 내어 기도하고 입을 넓게 열어서 구해야 합니다. 또 성경말씀을 보면 찾으라고 하지 않습니까? 찾으려면 어떻게 해야 하겠습니까? 찾기 위해서 우리에게 필요한 것이 있다면 발걸음을 옮겨 가는 것 아니겠습니까? 내가 찾아다니는 봉사, 내가 걸어 다니면서 부르짖는 주님 찬양, 걸어 다니면서 주의 성전을 찾아오는 것. 이렇게 주님 앞에 찾는 것이 바로 기도고, 이렇게 발걸음으로 옮겨 가서 여호와 하나님 앞에 나아가는 것이 기도인 줄로 믿습니다. 두드리라. 무엇으로 두드립니까? 손으로 두드려야 할 것 아닙니까? 그러면 두드릴 그곳이 나와 거리가 떨어져 있으면 안 됩니다. 여기에 두드리라고 하는 것은 가까이 찾아와서, 더 가까이 와서 두드리라는 것입니다.

주님께서는 나와 함께하기를 원하십니다. 왜냐하면 우리는 그의 자녀이기 때문입니다. 주님은 우리와의 간격을 없애고, 보다 가까이하기를 원하십니다. 하나님이 우리를 선택하시고, 우리를 자녀로 삼으셨기 때문입니다.

여러분, 자녀가 해달라고 조르고 부탁해서 들어줄 때가 있지만 부탁하지 않아도 잘해 줄 때가 있습니다. 우리 교회 권사님들도 남편이 밥해달라고 하면 가서 알아서 드시라고 그럽니다. 그런데 아들이 해달라고 하고, 딸이 해달라고 하면 따뜻한 밥을 해줍니다. 참 신기합니다. 남편은 고등어 머리 쪽 주는데, 아들 딸은 고등어 가운데 토막을 주는 거예요.

여러분, 왜 그렇습니까? 엄마는 자식을 낳았기 때문에 알아서 주고, 자녀가 조르지 않아도 주고, 챙겨서 주고, 욕 얻어먹으면서도 주고, 다시는 주나 봐라 하면서도 자녀에게 주는 것입니다. 왜 그렇습니까? 자신이 낳은 자녀이기 때문입니다.

하나님께서 우리를 얼마나 사랑해 주시는가? 로마서 4장 13절에 "아브라함이나 그 후손에게 세상의 상속자가 되리라고 하신 언약은 율법으로 말미암은 것이 아니요 오직 믿음의 의로 말미암은 것이니라"라고 합니다. 믿음 하나 가지고 있다고 우리에게 상속을 주신 것입니다. 주 예수님께서 우리에게 상속의 복을 더하여 주신 것입니다. 내가 무슨 노력을 했겠습니까? 내가 무슨 수고를 했겠습니까? 우리 하나님께서 이런 은혜를 우리에게 주신 줄로 믿습니다.

그뿐만 아니라 로마서 5장 1절에 "그러므로 우리가 믿음으로 의롭다 하심을 받았으니 우리 주 예수 그리스도로 말미암아 하나님과 화평을 누리자"라고 했습니다. 여기서 화평은 내 편에서 손을 내민 것도 있지만 사실은 주님 편에서 내게 손을 내미신 것입니다. 예수님께서 십자가에서 운명하실 때 휘장이 찢어졌습니다. 휘장이 위에서부터 아래로 찢어진 것은 하나님과 우리 사이의 화평이 예수 그리스도로 말미암아 이루어진 것을 상징합니다. 하나님이 우리에게 손을 먼저 내미셔서 우리를 화평케 해주시는 것입니다.

성도 여러분, 여러분이 자녀들과 싸우면 보통 손을 누가 먼저 내밀까요? 부모가 먼저 내밀지 않습니까? 자녀가 연락 안 와서 속상하지만 그래도 나중에 전화해서 할 말이 없으니까 "밥 먹었냐?" 합니다. 그동안에 섭섭한 것 많아도 며칠 지나서 전화해서 "별일 없냐? 너 언제 올래? 학교 안 가냐?" 이렇게 묻습니다. 왜냐하면 화평의 관계를 갖고자 하는 것입니다. 우리가 곁길로 가고 우리가 선을 긋고 담을 쌓으면 주님이 더 아파하십니다. 주님이 우리와 함께 화평을 누리자고 주님이 손을 내밀어 주신다는 것입니다.

우리 하나님은 우리의 연약함을 아십니다. 그래서 로마서 8장 14-15절에 "무릇 하나님의 영으로 인도함을 받는 사람은 곧 하나님의 아들이라 너희는 다시 무서워하는 종의 영을 받지 아니하고 양자의 영을 받았으므로 우리가 아빠 아버지라고 부르짖느니라"고 합니다. 아빠 아버지라고 부르짖을 수 있는 것, 죄인 된 우리에게는 이것보다 더 큰 복이 어디에 있겠습니까?

집을 나갔던 탕자가 돌아왔을 때 아버지라고 부를 수 있는 것만 해도 얼마나 감사하겠습니까? 《홍길동전》처럼 아비를 아비라 부르지 못하고, 형을 형이라 부르지 못하는 이런 게 아니잖아요. 우리가 정말 죄인 되었을 때 십자가에서 죽으시고, 우리에게 의를 이루어 주신 주님께서 우리가 아빠 아버지라고 부르짖도록 길을 열어 주셨습니다. 우리가 하나님의 영의 인도를 받아 나아가게 되었으니, 이게 얼마나 감사합니까?

때로 우리가 부끄럽습니다. 내가 지은 죄 때문에, 그리고 때로 연약해서 주님 앞에 못 나아가는 것입니다. 우리가 하나님 앞에 염치가 없고 부끄러워서 못 나아가는데, 하나님께서 우리에게 주신 말씀 로마서 8장 26-27절의 "이와 같이 성령도 우리의 연약함을 도우시나니 우리는 마땅히 기도할 바를 알지 못하나 오직 성령이 말할 수 없는 탄식으로 우리를 위하여 친히 간구하시느니라 마음을 살피시는 이가 성령의 생각을 아시나니 이는 성령이 하나님의 뜻대로 성도를 위하여 간구하심이니라"라는 말씀을 의지합니다.

우리가 부끄럽고 연약한 것을 아시고 성령으로 하여금 우리를 돕게 해주시고, 기도하게 해주셔서 변함없이 확실한 자녀로 삼아주셨습니다.

로마서 8장 30절에 "또 미리 정하신 그들을 또한 부르시고 부르신 그들을 또한 의롭다 하시고 의롭다 하신 그들을 또한 영화롭게 하셨느니라"고 하셨습니다. 이렇게 해서 정하시고 부르시고 의롭게 하시고 영화롭게 완전한 성도로 만들어 주신 하나님, 그 하나님께서 오늘 우리에게 뭐라 말씀해 주십니까? 구하라는 것입니다. 하나님 앞에 나아와서 찾으라는 것입니다. 그리고 두드리라고 말씀해 주시는 것입니다.

성도 여러분, 우리에게는 땅의 조건에 따른 문제가 아니라 영적인 문제가 중요한 것입니다.

창세기에 얍복 강가에서의 야곱 기도가 나옵니다. 창세기 32장 21-25절에 "그 예물은 그에 앞서 보내고 그는 무리 가운데서 밤을 지내다가 밤에 일어나 두 아내와 두 여종과 열한 아들을 인도하여 얍복 나루를 건널새 그들을 인도하여 시내를 건너가게 하며 그의 소유도 건너가게 하고 야곱은 홀로 남았더니 어떤 사람이 날이 새도록 야곱과 씨름하다가 자기가 야곱을 이기지 못함을 보고 그가 야곱의 허벅지 관절을 치매 야곱의 허벅지 관절이 그 사람과 씨름할 때에 어긋났더라"라고 합니다.

말씀에 보면 야곱이 홀로 남았다고 합니다. 사실 야곱이 지금 홀로 남을 형편이 못 됩니다. 왜냐하면 종이 여러 명 있고, 자녀가 13명이나 있습니다. 또 레아, 라헬, 빌하, 실바도 있습니다. 거기에다가 소와 양 등 얼마나 많은 것이 있습니까? 오늘날에 있어서 그냥 살아갈 만한 모든 조건을 다 가지고 있는 사람입니다. 그런데 야곱이 절대 고독의 자리에 가는 것입니다.

그는 고독했고, 견디기 힘들었습니다. 가족이 있고, 물질이 풍족하고 재산이 있었지만 그를 위로해 줄 수가 없었습니다.

어쩌면 이러한 야곱의 상황이 오늘의 시대상과 같습니다. 우리에게는 승용차도 있습니다. 옛날에 걸어 다니고, 자전거를 탈 때와 비교해 보면 승용차가 얼마나 고맙고 운전할 때마다 눈물 나고 귀한 것 아니겠습니까? 여러분, 집이 있습니다. 다른 사람 집과 비교하니까 못나서 그렇지 얼마나 좋은 집들입니까? 추운 겨울에도 따뜻한 온돌,

뜨거운 여름에도 얼음을 먹을 수 있는 좋은 냉장고를 가지고 살아가고 있습니다. 이 세상에 모든 조건을 가지고 살아가고 있습니다. 그런데 우리는 이런 사회 속에서 고독합니다. 외로워합니다. 나 혼자 한계를 가지고 살아갑니다.

이런 우리에게 하나님은 구하기를 원하시는 것입니다. 찾기를 원하시고, 두드리기를 원하십니다. 주님은 오늘도 내 곁에 오셔서 대화하기를 원하시고, 만나 주기를 원하시고, 아바 아버지로 부르면서 우리에게 위로의 영을 더하여 주시기를 원하시는 주님이십니다. 주님 편에서 우리에게 오셨으니 우리가 다가서서 구하면 될 줄로 믿습니다. 두드리면 될 줄로 믿습니다. 영성이 문제입니다. 하나님 앞에 십자가 은혜를 통해서 성령의 충만을 우리가 덧입어야 합니다.

물론 우리가 기도하지만, 기도해서 다 안 되는 것도 있습니다. 일본의 우치무라 간조가 이런 말을 했습니다. "하나님, 내 평생 드린 기도 가운데에 응답해 주지 않은 것도 감사합니다. 제가 많이 구했지만, 하나님, 응답해 주지 않았던 것도 감사합니다." 만약 내가 구하는 대로 하나님이 다 주셨다면 내 앞에 사람들이 존재했겠습니까?

하나님, 구하는 것을 거절해 주신 것도 감사합니다. 때때로 우리가 기도해도 내 방법대로 안 될 때가 많습니다. 내 방법대로 된다고 다 좋은 것이 아닙니다. 여러분, 안 되는 그 속에 나에게 주실 하나님의 은혜와 응답이 담겨 있는 줄로 믿습니다. 이것을 어떻게 압니까? 구할 때 알고, 두드릴 때 알고, 찾을 때 알게 될 줄로 믿습니다. 이제 저와 여러분은 하나님께 맡길 수 있기를 축복합니다.

오늘날 우리에게 팬데믹으로 인하여 고난과 방황과 허탈함이 있시만, 여기에서 우리는 주저앉아 있을 수 없습니다. 남만 원망하고, 세상을 탓할 수는 없습니다. 다른 사람들을 비판하고 있을 수는 없습니다. 내 영은 하나님 앞에 내가 서야 하기 때문입니다. 내가 하나님의 이름을 불러야 할 줄로 믿습니다. 선택된 백성인 우리가 주님의 이름을 부르면서 나아가야 할 줄로 믿습니다.

이 교회의 미래는 내가 책임져야겠다는 마음, 하나님의 나라를 위하여 내가 앞장서야겠다는 믿음을 가질 수 있기를 축복합니다. 가정에서 예배하는 것도 교회를 세우는 일입니다. 사탄 원수는 이 팬데믹으로 인해서 교회가 안 되고, 덜 모이는 것에 대해서 노래할지 모릅니다. 그러나 성령의 사람은 그렇지 않습니다.

하나님, 모이는 교회에서도 예배하는데, 흩어지는 교회도 예배하게 하시니 감사합니다. 교인이 덜 모이는 것이 아니라 가정 가정마다 교회를 세워 가니 감사합니다. 교회가 더 많아지니까 감사합니다. 가정에서도 예배하니 감사합니다. 흩어져서도 예배하니 감사합니다. 여러분, 보는 관점이 달라집니다. 세상 사람들은 이렇게 저렇게 핍박하면 교회 숫자가 출석률이 줄어드니까 매우 좋아할지 모르지만, 성령의 역사는 가정교회를 회복시키고, 가정교회를 세워 주시고, 가정교회를 통하여 하나님의 나라를 이루어 갈 줄로 믿습니다.

우리 모두 기도하고, 구하면서 두드리면서 성령의 인도를 받아 하나님의 교회를 세워 가는 저와 여러분이 될 수 있기를 우리 주님 이름으로 축복합니다.

4. 하나님께서 원하시는 것

 **신명기 10:12-15**

¹²이스라엘아 네 하나님 여호와께서 네게 요구하시는 것이 무엇이냐 곧 네 하나님 여호와를 경외하여 그의 모든 도를 행하고 그를 사랑하며 마음을 다하고 뜻을 다하여 네 하나님 여호와를 섬기고 ¹³내가 오늘 네 행복을 위하여 네게 명하는 여호와의 명령과 규례를 지킬 것이 아니냐 ¹⁴하늘과 모든 하늘의 하늘과 땅과 그 위의 만물은 본래 네 하나님 여호와께 속한 것이로되 ¹⁵여호와께서 오직 네 조상들을 기뻐하시고 그들을 사랑하사 그들의 후손인 너희를 만민 중에서 택하셨음이 오늘과 같으니라

'사랑'이라는 두 글자는 다양한 의미가 있습니다. 사랑이라는 헬라어 단어에는 아가페(ἀγάπη)와 에로스(Ἔρως)가 있습니다. 이 두 단어는 우리나라 말로는 사랑이라 번역되지만, 그 의미와 특징은 아주 다릅니다.

에로스라는 것은 육체적인 사랑입니다. 즉 자신의 육체적인 욕구

를 만족시키려는 감정 또는 충동이라고 하겠습니다. 신약시대에 있었던 여러 가지 용어 중에서 성경 안에 에로스라고 하는 말은 한 번도 쓰이지 않았습니다.

그렇다면 헬라시대에 에로스라고 하는 것은 무엇인가요? 자기만족, 모든 것이 내 중심으로 돌아가야 하는 사람을 에고이스트라고 합니다. 그 속에는 남에 대한 배려가 없습니다. 그저 내 마음에 맞아야 합니다. 모든 것이 자기 속에서 만족스럽고 시원함을 줄 때, 남들이 알아줄 때 되는 사랑을 말합니다. 우리가 쓰는 에로티시즘이라는 말은 연애의 신이라고 하는 그리스 신화에서 쓰인 단어인데, 이것 역시 에로스에서 온 말입니다.

에로스는 사랑은 사랑인데, 다른 사람보다 자기만족을 추구하는 자기중심적인 사랑입니다. 이것은 내가 중심이 된 사건만 중요하고, 남의 중심 사건은 사건이 될 수 없는 거예요. 내 사건만 사건이 되는 거예요. 그래서 신앙생활을 하면서도 자기 관점에서만 생각하는 사랑이 있는데, 이것을 에로스적 신앙생활이라 하겠습니다.

두 번째는 아가페 사랑입니다. 성경에 나오는 아름다운 하나님의 마음입니다. 성경이 우리에게 가르쳐 주고자 하는 사랑입니다. 아가페라는 것은 한 개인이 어떤 대상의 가치를 인식하고 이해하며, 그를 존경하고 경이롭게 여기며, 진심으로 중요하게 여기는 것을 말합니다. 즉 존재 가치에 대한 사랑을 말합니다. 나라고 하는 초점은 없어지고 상대를 향하여 자신을 드리는 것을 말합니다. 성경에서 예수님의 사랑을 표현할 때도 쓰지만 오늘날 나 자신은 뒷전에 밀쳐놓고 상대를 향하여 주는 사랑을 말합니다.

　제가 어린 시절에 들은 이야기입니다. 너무 가난한 집에서 어머니는 아이를 학교에 보내고 싶었습니다. 집안 형편상 등록금을 낼 수 없어서 어머니가 돈을 마련하고자 한 방법을 선택했습니다. 어머니가 머리에 항상 수건을 쓰고 다닙니다. 왜 머리에 수건을 쓰고 다녔겠습니까? 어머니가 자신의 긴 머리카락을 잘라 팔아서 아이의 등록금을 대준 것입니다. 저의 어린 시절에 우리 마을에서 있었던 일입니다. 요즘에는 어머니의 머리카락을 무엇에 쓰겠습니까? 그러나 제가 어릴 때는 어머니 머리카락을 보고 엄마 머리 왜 안 빠지냐고 했습니다. 그거 빠진 거 모아서 엿을 바꿔 먹었습니다. 그때만 해도 긴 머리카락이 모이면 돈이 되는 시대였습니다.

　그 어머니는 자식 공부를 위해서 자기 사랑은 내려놓았던 것입니다. 그 모든 초점이 자식에게 있었던 것입니다. 나에 대한 생각, 내 관점에 대해서는 생각하지 않고, 너의 관점에서 생각하는 것입니다.

　중국 산시성에서 2년 전에 있었던 일입니다. 산골 마을에 사는 열두 살 난 허진링이란 소녀가 도시에 돈을 벌러 간 엄마가 너무 보고 싶었습니다. 그런데 엄마를 만날 수가 없었습니다. 그런데 그 소녀가 그 동네 제일 부잣집에서 스마트폰을 가지고 영상통화를 하는 것을 보았습니다. 소녀는 엄마가 너무 보고 싶고 영상통화라도 하고 싶은데 돈이 없었습니다. 소녀는 자기 머리를 엉덩이까지 내려오도록 길러서 그것을 잘라서 팔았습니다. 엄마 목소리를 듣고 엄마 모습을 보려고 자신의 머리카락을 팔았습니다. 300위안, 한국 돈으로 하면 약

5만 원 정도 됩니다.

　이것을 가지고 스마트폰을 사서 어머니와 눈물 나는 문자를 보내고 눈물 나는 통화를 하였습니다. 이것은 중국인 13억의 마음에 감동을 준 이야기입니다. 허진링이 어머니 사랑이 너무너무 그리워서 그 머리를 다 잘라서 팔아버린 마음은 자기를 향한 것이 아닙니다. 이 사랑은 상대방을 생각하는 것입니다.

　여러분, 신앙이라고 하는 것이 그렇습니다. 자기 중심, 모든 조건을 가지고 나의 욕구를 충족시켜 나가던 사람이 이제는 예수 그리스도로 인하여 하나님 마음, 하나님 욕구, 하나님 초점, 하나님께서 좋아하시는 관점에다 나를 올려놓는 행위를 믿음이라고 표현합니다.

　우리는 이 일을 아름답게 실천한 실례로 니고데모 같은 사람을 들 수 있습니다. 니고데모는 산헤드린 공의회 회원이었습니다. 우리나라로 말하자면 국회의원입니다. 이분은 뭔지 모르게 채워지지 않는 마음의 허전함, 심령 속에 답답함이 있었습니다. 그에게는 높은 지위가 있었습니다. 명예도 있었습니다. 그런데 뭔지 모르게 채워지지 않는 것 때문에 허덕이다가 예수님을 만나고 싶었습니다. 그런데 그가 예수님을 만나러 가려고 하니, 자기 지위, 체면, 다른 사람들의 눈길이 신경 쓰였습니다. 그래서 낮시간을 피하여 밤에 예수님을 찾아갑니다.

　선생님, 제가 답답합니다. 어떻게 해야겠습니까? 예수님께서 거듭나야 한다고 말씀하셨을 때 니고데모는 거듭나는 것을 이해하지 못했습니다. 인간의 윤리적인 행위나 제도적인 문제를 확 뒤집어서 어떻게 하면 될까요? 아니면 어머니 뱃속에 들어갔다 나와야 할까요? 그가 이렇게 갈피를 못 잡을 때 예수님은 사람이 물과 성령으로 거듭나야 한다고 말씀하셨습니다.

예수님이 말씀하신 것이 무엇입니까? 새로운 창조적인 의미와 새 생명을 부여해 주는 것입니다. 요한복음 5장 24절에 "내가 진실로 진실로 너희에게 이르노니 내 말을 듣고 또 나 보내신 이를 믿는 자는 영생을 얻었고 심판에 이르지 아니하나니 사망에서 생명으로 옮겼느니라"라고 말씀하셨습니다. 바로 중생, 거듭남입니다. 어떤 제도를 바꾸는 행위가 아니라 예수 중심으로 심령 자체가 바뀌는 것입니다.

이 땅에 있는 자기의 가치관 속에서 예수님의 생명 쪽으로 바뀌는 것입니다. 예수님의 생명을 간직하여 내가 예수 안에, 예수가 내 안에 있는 이 삶이 아가페적인 사랑입니다. 니고데모는 에로스적인 자리에 있다가 아가페적인 삶으로 옮겨 가면서부터 인생에 새로운 가치관을 찾게 됩니다.

구약에 나오는 인물 중에 아브라함을 들 수 있습니다. 아브라함은 75세에 고향 땅을 떠납니다. 사람이 고향을 떠난다는 게 참 어렵습니다. 나이가 들수록 고향을 그리워할 뿐이지 고향을 떠난다는 게 얼마나 어려운지 모릅니다. 그런데 그는 고향을 떠났습니다.

또 아브라함이 백 세에 아들 하나를 얻었습니다. 그에게 그 아들이 얼마나 소중하겠습니까? 이런 아들을 하나님께서 아브라함에게 제물로 바치라고 하십니다. 이때 제물로 바치라는 것은 번제로 드리는 것을 의미하는데, 번제의 중심은 짐승의 앞다리와 뒷다리의 각을 뜨는 것을 말합니다. 아들을 번제물로 바쳐야 하는 아버지의 마음. 그래도 그를 데리고 사흘 길을 걸어서 모리아 산으로 올라갑니다. 그리고 아브라함은 이삭을 바치려고 칼을 듭니다.

그때 하나님은 "이제야 네가 하나님을 경외하는 줄을 아노라"(창 22:12)라고 아브라함을 인정하십니다. 경외라고 하는 말은 성경 전체에서 171번 나오는데, 거의 구약성경에서 160번 가까이(구약 158회, 신약 13회) 나오는 단어입니다. 경외란 인간의 머리와 지식에서 나올 수 없는, 하나님에게 속한 살아 있는 언어입니다.

아브라함이 백 세에 얻은 아들을 데리고 올라간 그 자체가 얼마나 간장이 녹아내리고 뼈가 녹아내리는 시간이겠습니까? 그는 하나님의 명령에 따라서 아들을 제물로 바치려고 칼을 뽑은 것입니다. 이때 내려치려고 할 때 잠깐! 아브라함아 멈추어라, 이제야 네가 나를 경외하는 줄 알겠다는 말씀을 들었습니다.

지금 아브라함은 수십 년 동안, 75세에 떠나와서 백 세에 얻은 아들, 그리고 아들 열일곱 살 될 때까지 그 세월이 얼마나 많이 흘렀습니까? 그때까지 하나님을 잘 섬겨 왔단 말입니다. 열심히 따라 왔단 말입니다. 열심히 신앙생활을 잘했는데, 아들을 드리려고 할 때, 즉 완전한 주권양도에 이르러 이제야 네가 나를 경외하는 줄 알았다는 인정을 받습니다.

하나님을 경외하는 가장 아름다운 모델은 예수님이십니다. 예수님은 하늘 영광 보좌를 버리시고 이 땅에 오셔서 하늘의 뜻을 이루기 위하여 당신을 제물로 드립니다. 하나님은 그리스도의 십자가를 통해 성령으로 우리의 지식과 머리를 깨뜨리시고, 그 빈자리에서 그리스도의 경외하심을 그 삶을 통해 우리에게 가르치고 드러내셨습니다. 이삭이 제물로 바쳐지듯이 이것을 가리켜 경외라고 합니다.

아브라함의 의로움, 다른 여러 가지 세상의 조건이 아니라 하나님 중심으로 에로스적인 자리에서 아가페적인 하나님 자리로 옮겨갈 때 하나님께서 경외라고 하는 단어를 인정해 주시고, 오늘 Q마크, KS마크가 달리듯이 믿음의 인증 마크를 달아 주신 것입니다.

하나님은 오늘 우리에게 신명기를 통해서 가르쳐 주십니다. 신명기는 믿음생활을 하는 초보 신앙자들에게 복 받는 비결을 가르쳐 주는데, 신명기 10장 12절에 "이스라엘아 네 하나님 여호와께서 네게 요구하시는 것이 무엇이냐 곧 네 하나님 여호와를 경외하여 그의 모든 도를 행하고 그를 사랑하며 마음을 다하고 뜻을 다하여 네 하나님 여호와를 섬기고"라고 합니다. 여기서 도는 율법을 말합니다. 율법을 따라가고, 그를 사랑하고, 마음을 다하고 뜻을 다하여 여호와 하나님을 섬기라 이런 말씀입니다. 오늘 우리가 하나님을 섬길 때 뉴스에 의해서 신앙이 흔들리고, 다른 사람의 말에 의해서 신앙이 흔들리고, 사람들의 비난에 우리가 흔들리는 때가 참 많습니다. 그런데 하나님께서는 우리가 이 사명 따라 살기를 원하시는 것입니다.

성경에 등장하는 요나를 예로 들어보겠습니다. 요나서를 보면, 하나님이 요나를 부르십니다. 우리가 보통 요나가 니느웨로 가야 하는데 다시스로 가버렸다고만 기억합니다.

사실 요나는 이 사명을 받기 전에 일찍 부름을 받았습니다. 열왕기하 14장 25절을 보면 이미 그는 가드헤벨이라는 곳에서 선지자 활동을 하고 있었습니다. 열심히 선지자 생활, 다시 말하면 직분자 생활을 하고 있었단 말입니다. 그런데 하나님께서 "요나야, 네가 니느웨로 가거라"라고 말씀하셨습니다. 요나는 "하나님, 저는 거기에 가기 싫습니다"라고 반응했습니다. 그리고 욥바 항구에 가서 마침 만난 배를 타고 그냥 항해하다가 풍랑을 만나게 되었습니다. 배에 있는 사람들이 이 재앙의 원인이 누구에게 있는가 제비를 뽑으니 바로 요나였습니다. 그래서 그는 바다에 던져지고, 큰 고기 배 속에 들어가서 온갖 고생을 하는 것입니다.

요나는 딴 길로 가다가 지금 낭패를 만나서 큰 고기 배 속에 있습니다. 여기에서 우리는 놀라운 것을 발견합니다. 요나 2장 7절에 "내 영혼이 내 속에서 피곤할 때에 내가 여호와를 생각하였더니 내 기도가 주께 이르렀사오며 주의 성전에 미쳤나이다"라는 고백을 고기 배 속에서 하고 있습니다. 지금 요나가 생각해야 할 것은 빨리 뛰쳐나가는 것입니다. 빨리 살려 달라고 해야 합니다. 빨리 구원해 달라고 해야 하는데, 그 속에서 이제 자기의 영적 삶을 회복하면서, 새로 거듭나는 삶을 살면서 "내 기도가 주께 이르렀사오며 주의 성전에 미쳤나이다"라고 합니다. 지금 사느냐 죽느냐인데, 마음의 고백이 어디에 가 있느냐? 성전에 가 있는 것입니다.

요나 2장 9절에 "나는 감사하는 목소리로 주께 제사를 드리며 나의 서원을 주께 갚겠나이다 구원은 여호와께 속하였나이다"라고 합니다. 지금 꼼짝할 수 없는 사면초가이고, 독 안에 든 쥐처럼 큰 고기 배 속에서 사느냐 죽느냐의 기로에 처해 있습니다. 그런데 고기 배 속에서 하나님 앞에 나아가, 에로스적인 삶에서 아가페적인 삶으로 옮겨 가면서 이 말씀 속에서 종말론적인 심판의 메시지를 받아들이는 것입니다.

종말론적인 심판의 메시지를 니느웨 사람들에게 증거해야 하는 사명을 받습니다. 이 말씀을 받아서 내가 밖에서 역사하시는 하나님을 바라보고 나아가는 것이고, 또 하나는 하나님이 구원하실 때는 이방인도 구원해 주신다는 사실을 믿게 되는 것입니다. 더 나아가서 북왕국 이스라엘에도 회개가 필요하다는 것입니다. 회개의 시기가 왔고 회개하면 산다는 경고의 메시지를 전하고 있습니다.

저는 여기서 놀라웠습니다. 우리는 사건에 어려움이 오고 개인적인 어려움이 올 때 '골치 아프다, 기도 좀 쉬어야지. 복잡하다, 교회도 좀 쉬어야지. 사면초가로 힘들 때 나 교회 잠깐 쉬어야지' 그러는데 요나는 고기 배 속에서 사느냐 죽느냐 하는데 성전을 그리워하고, 기도하고 있고, 이방인도 구원해야 하고, 자기도 하나님 앞에 심판받을까 봐 거기에서 하나님의 이름을 부르며 매달리는 것입니다.

우리는 이 시대에 많고 많은 유혹을 받습니다. 내가 꼭 교회 가야 하는가? 회사에서도 교회 다니면 미워하는데, 교회 갔다가 혹시나 어려움 당하면 어떡할까? 이렇게 하면서 하나님의 요구를 뒷전에 두고 내 요구를 앞에 두면서 에로스적인 자리로 가서 멈추어 있고, 앉아 있을 때가 참 많습니다.

성경은 우리에게 너희는 먼저 그의 나라와 그의 의를 구하라고 하십니다. 하나님이 나를 사랑하면서 내가 섬기기를 원하십니다. 성경 안에서 섬긴다고 하는 단어가 약 390번쯤 나옵니다.

우리가 예수님을 믿으면 바쁘지요. 교회 오려고 막 화장하고 준비하고 해서 승용차 시동 거는 자리까지 내려와서 빠뜨린 게 있어요. 마스크. 다시, 또 마스크 가지러 올라가 마스크 가지고 와서 시동 걸고 나오려고 하니까, 또 하나 빠뜨렸어. 핸드폰, 또 잊어버렸어. 이러다 보니까 예수 믿고 신앙생활 하는 것이 바쁩니다. 또 만나야 하지, 레슨 가야 하지, 사람하고 만나 커피 마셔야 하지, 밥 먹으러 가야 하지. 우리가 하는 일이 얼마나 많은지 모릅니다. 교회 신앙생활 하다 보면 바쁩니다. 여기도 갔다 저기도 갔다 합니다.

하나님의 교회에 분주하게 다닐 때 먼지가 일어납니다. 먼지가 일어나도록 다니는 것이 바로 섬김입니다. 신구약 성경에 390번 나오는 이 섬긴다고 하는 말은 에로스에서 하나님 쪽으로, 아가페 쪽으로 가다 보니까 바쁜 것입니다. 그러다 보니 거기에서 먼지가 일어나는 것을 가리켜서 섬긴다고 말합니다.

그러면 오늘 이 말씀 신명기를 통해서 하나님이 원하시는 것이 딱 3가지가 나오는데, 그게 무엇인가요? 하나님을 경외하는 것이고, 하나님을 사랑하는 것이고, 또 하나는 하나님을 섬기는 행위입니다. 이렇게 하는 자에게 하나님께서 복을 부어 주신다는 약속이 오늘의 말씀입니다.

그러면 오늘 우리에게 주시는 복이 무엇입니까? 누가복음 15장 탕자의 비유에서 볼 수 있습니다. 탕자가 나가서 모든 것을 날려 버려서 빈손이 되었습니다. 아버지 집으로 돌아오는데, 이제 아들의 자격은 완전히 끝장났는데도 아버지는 그를 아들로 안아 주었고, 가락지를 끼워 주었고, 새 신발을 신기고 새 옷을 입히고, 그리고 송아지를 잡아 잔치를 베풀었습니다. 아들이 모든 것을 잃어버렸으나 아들의 자리를 회복하게 되었습니다.

여러분, 탕자가 아버지의 것을 다 가지고 가서 다 날려 버렸는데 아버지의 유산을 또 받았을까요, 못 받았을까요? 여러분이 아버지라면 주실까, 안 주실까요? 그동안에 또 아버지가 모아놓은 재산을 이 아들에게도 주었을 것입니다. 왜 그렇습니까? 아들은 아버지의 분신이기 때문입니다. 이것이 그리스도의 사랑입니다.

우리가 때로는 시험 환난에 빠져서 교회를 멈출 때가 있고, 이런 환경적인 조건 때문에 교회를 쉬었고, 어떤 때는 싸움하고, 어떤 때는 분규와 다툼 때문에 교회를 쉬었습니다. 그러다가 다시 교회로 가면 하나님이 나를 벌주지 않을까? 여러분, 천만의 말씀, 그렇지 않아요. 하나님은 그래도 끌어 안아 주시고, 그런 성도도 사랑해 주시고, 그런 성도도 복을 주시고, 그런 성도들에게도 유업을 주실 줄로 믿습니다.

하나님이 원하시는 것이 무엇입니까? 하나님의 마음을 아는 것입니다. 여러분, 초점, 하나님의 마음에 관점이 어디에 있느냐? 하나님이 우리를 향하여 어떤 관점을 가지고 계시는가? 사랑하기를 원하고, 경외하기를 원하고, 섬기기를 원할 줄로 믿습니다.

저나 여러분, 어렵다는 이때 힘들어도 하나님 잘 섬기기를 축복합니다. 여러 가지 시험 환난이 있고, 온갖 매스컴에서 기독교에 대한 비하 발언이라든지 이런 여러 가지 평가가 있을지라도 내 구주 예수님만을 사랑할 수 있기를 축복합니다. 오직 그리스도께서 십자가에서 이루신 구원의 완성된 길을 바라보며, 누구든지 나를 따라오려거든 자기를 부인하고 자기 십자가 지고 따라오라 하셨으니 우리가 가는 길은 십자가 지는 길인 줄로 믿습니다. 왜냐하면 이 땅이 끝이 아니라 천국이 있기 때문입니다.

육의 생명이 아닙니다. 영의 생명이 있기 때문입니다. 이 땅으로 끝나는 것이 아니라 천국에서의 영원한 삶이 있기에 한 번 죽는 것은 사람에게 정한 것이요 그 후에는 심판이 있어서 영생의 자리에 우리는 이르러야 하겠기에 하나님께서 원하시는 마음을 오늘도 한 가지, 두 가지, 세 가지 헤아리면서 주님 원하시는 수준에 이르는 저와 여러분의 삶이 되기를 우리 주님의 이름으로 축복합니다.

5. 주의 사랑으로 나를 구원하소서

 **시편 6:1-10**

¹여호와여 주의 분노로 나를 책망하지 마시오며 주의 진노로 나를 징계하지 마옵소서 ²여호와여 내가 수척하였사오니 내게 은혜를 베푸소서 여호와여 나의 뼈가 떨리오니 나를 고치소서 ³나의 영혼도 매우 떨리나이다 여호와여 어느 때까지니이까 ⁴여호와여 돌아와 나의 영혼을 건지시며 주의 사랑으로 나를 구원하소서 ⁵사망 중에서는 주를 기억하는 일이 없사오니 스올에서 주께 감사할 자 누구리이까 ⁶내가 탄식함으로 피곤하여 밤마다 눈물로 내 침상을 띄우며 내 요를 적시나이다 ⁷내 눈이 근심으로 말미암아 쇠하며 내 모든 대적으로 말미암아 어두워졌나이다 ⁸악을 행하는 너희는 다 나를 떠나라 여호와께서 내 울음 소리를 들으셨도다 ⁹여호와께서 내 간구를 들으셨음이여 여호와께서 내 기도를 받으시리로다 ¹⁰내 모든 원수들이 부끄러움을 당하고 심히 떨어 갑자기 부끄러워 물러가리로다

모든 것이 하나님의 은혜입니다. 우리나라는 불과 100년 전만 해도 매우 가난했습니다. 아니, 50-60년 전만 해도 우리 삶은 그리 넉넉하지 않았습니다. 우리에게 베푸신 하나님의 복이 한량없음을 고백합니다. 우리나라에 하나님께서 복에 복을 더하여 주셔서, 우리는 잘사는 나라에 살게 되었습니다. 사람들이 '한강의 기적'이라고 말하지만, 사실은 하나님께서 주신 복이었습니다. 하나님의 축복 속에 우리나라 대한민국이 이렇게 좋은 나라가 되어서 KTX, 비행기, 승용차 등 세상의 어느 나라보다도 최고의 품질을 자랑하는 기술을 갖추었습니다.

이렇게 좋은 나라 대한민국이 되었으면 늘 하나님 앞에 나와서 영광의 찬양을 올려드려야 할 것입니다. 그러나 우리 민족이 요즘 와서 염려와 걱정과 구겨진 마음을 가지고 한숨과 걱정 속에 살아가고 있는 현실입니다.

여러분, 100년 전만 해도 세계 여러 나라와 비교해 보면 하위에 있던 우리가 이제는 경제적으로 얼마나 부강한 나라가 되었습니까? 세계에서 우리나라가 미국과 중국과 일본에 이어서 잘사는 나라 10위에까지 올라갔습니다. 참으로 대단한 복이요, 대단한 자리입니다. 거기에다가 IMF 선정 국가 중에서 모든 것을 종합해 보면 10대 나라에 들어가는 대한민국은 이제 보통 나라가 아닙니다.

하나님께서 이렇게 우리 민족에게 복을 주신 것은 선교사들이 복음을 증거하고, 믿음의 선진들이 새벽에 예배하고, 배곯고 정말 힘들어도 여름성경학교 뒷바라지하고, 교회를 지켜온 덕분이 아닌가 생각

됩니다. 이것만이 아닙니다. 군사력까지도 대한민국이 앞서 가는 나라가 되어서 세계에서 군사력 6위를 자랑하고 있습니다. 미국과 러시아와 중국에 이어서 대한민국이 여섯 번째라는 것입니다.

성도 여러분, 경제력과 군사력이 이만하면 세계적인 순위에 드는데 그러면 늘 행복해야 하잖아요? 그런데 행복하지 않아요. 세계 여러 나라의 행복 만족도 조사에 의하면 우리나라가 61등입니다. 1등이 핀란드입니다. 유럽에 있는 나라들이 그 상위권에 있고, 우리나라 대한민국은 이렇게 좋은 나라인데도 행복하다, 정말 나는 행복하다고 고백하는 행복 만족도가 하위권입니다.

그것뿐만 아니라 마음 아픈 일은 자살률 순위입니다. 우리나라 자살률은 OECD 국가 중에서 몇 년째 1등을 하고 있는지 모릅니다. 대한민국의 2년 전 자살자는 매일매일 38명이 자기의 생명을 끊었습니다. 극단적인 선택을 한 것입니다. 여러분, 자살은 죄악입니다. 자살은 절대 해서는 안 됩니다. 하나님께서 십계명을 주셔서 살인하지 말라고 하셨습니다. 자살은 자기가 자기를 살인하는 것입니다. 하나님의 말씀을 거역하는 일이고, 하나님께서 싫어하시는 죄악된 일입니다. 자살은 지옥행입니다.

이런 현실 속에서 코로나19로 인하여 "우리 다음 달에 만나자, 두 달 뒤에 만나자" 했는데 아직 못 만나고 있고, 몇 달이 지나버렸는지 모릅니다. 자녀들이 집에 오려고 하는 것도 다음 주에 오라고 하다가 벌써 12주를 미루고, 내년에 와야 하지 않을까 합니다. 가족끼리의 만남도 이제는 뜸해진 상황입니다.

이웃과의 관계에 있어서 저 사람은 왜 잘 살아야 하느냐 또는 나는 왜 못 살아야 하느냐를 비교합니다. 저 사람이 잘사는데 내가 이룬 것은 무엇인가 하면서, 자신은 들러리만 선 게 아닌가 하는 자괴감을 느낍니다. 그러면서 자기가 자기를 바라보면서 학대하고 있습니다. 그뿐만 아니라 이데올로기의 차이로 의해서 자신의 속마음을 말하고 싶지만 말을 못합니다. 저 사람 눈치, 이 사람 눈치 때문에 속에서는 부글부글 끓으면서도 미움을 쌓아 갑니다. 이건 아닌데 하면서 어쩌면 점점 데워지는 물속에 들어가는 개구리처럼, 점점 뜨거움도 모르고 멸망도 모르고 사는 우리의 죄악성이 때로는 눈물 나기도 하고, 한탄스럽기도 합니다.

그리고 이 세상에서 잘돼야 할 자녀들이 남의 자녀보다 뒤떨어졌다고 생각할 때 부모님은 안달하게 됩니다. 동성애와 같은 사회 문제만 봐도 걱정입니다. 여성과 여성이 결혼해서 부부가 된다. 말이 됩니까? 남성과 남성이 만나서 결혼하는 것이 정상입니까? 하나님도 싫어하고 죄악이라고 말하지만, 솔직히 여러분 부모님도 싫어하는 일입니다. 남자와 남자의 결혼은 있을 수 없는 일입니다. 그런데 어떤 사람이 법안을 만들어 국회에 올리고, 이것이 국회에서 통과만 되어 버리면 우리 조국 대한민국이 어찌 되겠습니까? 눈물 흘리지 않을 수 없습니다. 기도하지 않을 수 없습니다. 이 민족의 미래가 어떻게 되어가는지 탄식이 흘러나옵니다. 국회에서 소수의 인권을 보호하는 것은 당연하지만 동성의 결혼을 합법화하는 것은 아니지 않습니까? 하나님께 죄를 범하는 행위이고, 인간의 존엄성을 스스로 파괴하는 행위가 아니겠습니까?

오늘 이러한 안타까운 현실 속에서 자기의 속을 시원하게 드러내 놓지 못합니다. 어디 가서 부르짖고 싶지만 소리칠 수 없습니다. 어디 가서 막 이야기하고 싶지만 이 사람 저 사람 눈치 보면서 속앓이하면서 보내는 그리스도인들이 있습니다. 하나님 앞에 믿음으로 잘 살아야 하고, 예수 잘 믿어야 하겠다고 말하지만, 돌아보면 세상에 한 발, 교회에 한 발을 디디고 있습니다. 어느 날 나를 살펴보면 주님께 절반 가 있고 세상에 절반 가 있는, 이 일도 저 일도 이루지 못한 채 종교인으로 살아가는 모습입니다. 이런 내 모습이 어떤 때는 처량하고, 어떤 때는 불쌍하고, 어떤 때는 얄밉기도 합니다.

여러분, 그렇다면 우리 자신을 이대로 내버려 둘 수는 없습니다. 하나님 앞에 바로 서야 합니다. 하나님께서 인정해 주시는 방향으로 가야 합니다. 그것이 축복으로 나아가게 되는 길인 줄로 믿습니다. 세상의 것은 아무것도 아닙니다. 보잘것없습니다. 아무리 좋은 명함을 가지고 와서 내놓아도 불과 5년이 지나면 그 명함도 다 부끄러운 하나의 종잇조각이 되어 버립니다. 땅 위에 있는 직업, 땅 위에 있는 것, 낮아도 괜찮습니다. 예수님을 잘 믿으면 되는 거예요. 하나님 앞에 인정받으면 되는 거예요. 신앙생활 잘하면 될 줄로 믿습니다.

하나님 앞에 인정받는 그 사람, 그 모델이 다윗이 아닌가 생각해 봅니다. 다윗은 영성이 깊은 사람입니다. 다윗은 하나님과 가장 가까운 관계를 맺으려고 애를 쓴 사람입니다. 윤리적 행위로 보면 부끄러운 일도 있지만 그래도 돌아서서 하나님 앞에 매달리는 그의 삶은 영성 깊은 것이었습니다.

　오늘 시편 6편은 다윗이 하나님 앞에 절규하면서 뼈가 녹도록 눈물을 흘려서 요를 적셔가면서 노래한 시편입니다. 그는 악기를 가지고 하나님 앞에 찬양하였는데, 다윗이 사용한 악기를 스미닛(Sheminith)이라고 합니다. 스미닛이라고 하는 말은 여덟 번째라는 뜻입니다. 8개의 현이 있어서 줄을 긁어서 하나님께 소리를 올려드립니다. 그 올려드리는 기도가 찬양도 됩니다.

　한편, 하나님 앞에 자신이 죄인이라는 고백도 담겨 있습니다. 내 속에 오셔서 좌정하시고, 나를 다스려 주시옵소서. 그런 고통 중에 그 고백을 저 줄에다 담아서 하나님께 올려드렸습니다. 절규하면서 스미닛에 맞추어 하나님께 영광을 올려드리고 있습니다. 무겁고 힘든 인생의 삶을 저 줄에다가 담아서 하나님께 올려드리고 있습니다. 저 소리 속에다 기도의 제목을 담아서 영성 깊은 기도를 하나님 앞에 올려드리는 것이 시편 6편의 말씀입니다.

　여러분, 다윗은 날아가는 새도 떨어뜨릴 지위와 권력이 있었지만 다 내려놓고 오직 하나님만 붙들고 하나님 앞에 매달리는 절규의 모습을 찾아볼 수 있습니다. 그중에 시편 6편 2절에 "여호와여 내가 수척하였사오니 내게 은혜를 베푸소서 여호와여 나의 뼈가 떨리오니 나를 고치소서"라고 합니다. 하나님 앞에 매달리면서 뼈가 떨리는 것을 고백하고 있습니다. 그것뿐입니까? 시편 6편 6절에 "내가 탄식함으로 피곤하여 밤마다 눈물로 내 침상을 띄우며 내 요를 적시나이다"라고 합니다. 어쨌든 하나님께 가까이 다가서고 있습니다.

또한, 시편 32편 4절에 "주의 손이 주야로 나를 누르시오니 내 진액이 빠져서 여름 가뭄에 마름같이 되었나이다"라고 고백합니다. 다윗이 메마른 자기의 심령을 하나님 앞에 내놓고 절규하며, 하나님 앞에 사랑을 구하고, 은혜를 구하는 아름다운 모습이 우리에게 얼마나 감동이 되는지 모릅니다.

시편 38편 3절에 "주의 진노로 말미암아 내 살에 성한 곳이 없사오며 나의 죄로 말미암아 내 뼈에 평안함이 없나이다"라고 합니다. 여기에 보면, 나의 죄로 말미암아 내 뼈에 평안함이 없다고 고백합니다. 시편 38편 10절에 "내 심장이 뛰고 내 기력이 쇠하여 내 눈의 빛도 나를 떠났나이다"라고 합니다. 자신의 눈 빛깔, 눈의 힘, 눈의 활력소마저 사라져 버렸다고 고백하고 있습니다.

마지막으로 시편 102편 5절에 "나의 탄식 소리로 말미암아 나의 살이 뼈에 붙었나이다"라고 합니다. 얼마나 간절히 부르짖고 있습니까? 하나님, 나를 살려주십시오. 나를 용서하여 주시옵소서. 하나님이 나를 버리시면 안 됩니다. 하나님, 나를 구원하여 주시옵소서. 구원하여 주시되 사랑으로 구원하여 주시옵소서. 기도하는 내용이 오늘의 말씀입니다.

존경하는 성도 여러분, 우리는 이 세상 속에서 추구하는 것이 많이 있습니다. 직위, 명예, 권력, 물질을 우리가 추구하지만 그것들은 잠시 지나가는 안개와 같습니다. 이 모든 것은 아침 이슬처럼 사라져 버립니다. 정말로 우리에게 무거움이 달려오고, 무거움이 나를 누르고 있지만, 그 속에서도 "주여! 주여! 주여!" 이름을 부른다면 하나님은 우리의 심령을 보살펴 주실 줄로 믿습니다.

우리는 때로 힘들어 지칠 때가 있습니다. 아이를 키우다 보니 더 잘 키우고 싶은데, 나에게 있는 모든 것을 투자해도 이웃집만큼 따라가지 못합니다. 자녀들에게 뭔가 한 가지라도 더 잘해 주고 싶은데 친구 집보다 더 못하니 마음이 아픕니다. 어떤 때는 자기의 건강이 자기를 흔들어 놓을 때가 있습니다. 어떤 때는 자기의 자존심이 무너져서 속상할 때가 있습니다. 사업이 잘될 줄 알았는데 내 생각만큼 안 될 수 있습니다. 그러다 보니까 삶이 곤두박질치고, 그 곤두박질치는 속에서 하나님 앞에서 절규할 때가 얼마나 많습니까?

그렇게 속상할 때, 여러분은 어디로 달려가겠습니까? 한탄, 한숨이 나올 때 어디로 가겠습니까? 여호와의 성전으로 달려올 수 있기를 축복합니다.

저는 드라마를 보면서 때로는 작가들과 감독들에게 묻고 싶은 게 있습니다. 영화를 보면서도 질문하고 싶습니다. 드라마, 영화를 보면 사람들이 속상하면 어디로 가느냐? 전부 다 술집으로 가는 거예요. 속상하면 그저 술을 마시는 거예요. 속상하면 술병을 가득 쌓아놓고, 거기에 있는 빈 병만 해도 많은데 아직도 마실 술병이 많습니다. 아침 이슬, 저녁 이슬 다 갖다 놓고, 세상아 부어라 마셔라 합니다. 소주 한 병이 일곱 잔 나옵니다. 너랑 나랑 나누어 먹으면 홀수가 돼서 모자랍니다. 또 한 병 더 시키라고 일곱 잔 나오도록 만들어 놨다고 합니다. 그러다 보니까 포장마차로 달려가고, 그러다 보니까 술집에 가서 모든 문제를 해결하려고 합니다.

저는 그러한 장면들이 못마땅합니다. 멋진 작가가 나타나서, 속상할 때 어디로 달려가느냐? 교회로 달려가는 장면이 있었으면 합니다. 교회로 달려가서 십자가 앞에서 기도하다가 문제를 해결해서 속 시원함을 얻고, 자유로움을 얻는 것이 드라마나 영화에 나오도록 기도해 주셔야 합니다.

사람들이 속상하면 왜 술집에 가고, 왜 포장마차에 가야 합니까? 여러분, 속상하면 성경 읽어야 해요. 여러분, 속상하다고 해서 세상을 향하여 갑니까? 다 소용이 없습니다. 하나님께로 돌아오면 생명 길이 열리고, 하나님께로 돌아오면 살길이 열릴 줄로 믿습니다.

다윗은 하나님께 나와서 용서를 빌고 있습니다. 다윗은 하나님 앞에 나와서 부르짖고 있습니다. 하나님의 자비로 도와주시옵소서. 주의 위로로 우리를 도와주십시오. 주님, 위로하여 주옵소서. 하나님, 나의 버팀목이 되어 주옵소서. 나의 버팀목이 되시는 하나님, 나를 구원하여 주시옵소서. 이렇게 다윗은 믿음을 가지고 기도합니다. 다윗의 믿음을 보게 됩니다.

여덟 줄 현악기에다 아름다운 고백을 담아서 올려드리는 다윗의 기도문을 봅시다. 유대 사람들의 악기가 여러 가지 있는데, 유대인이 가지고 있는 악기 중에서 가장 저음을 내는 것이 바로 스미닛이라는 악기입니다. 스미닛 여덟 줄로 하는 소리가 가장 낮습니다. 마치 관현악의 가장 낮은 소리 더블베이스처럼 가장 낮은 소리로 하나님 앞에 찬양하면서, 어떤 때는 소리를 크게 내다가 어떤 때는 가장 낮은 소리를 냅니다. 때로는 피아노 소나타 2번 특별히 3악장처럼 말입니다. 쇼팽의 작품에 보면 처음에는 장송곡처럼 나오다가 나중에 보면 개선행진곡처럼 나옵니다.

이 시편을 보면 슬픔이 담겨 있는 것 같지만 그 속에 새로운 희망을 품고 노래하는 믿음의 사람의 고백을 들을 수 있습니다. 이 진실한 고백을 하는 다윗의 삶을 보면 조금 배우고 싶지 않습니까? 그리고 조금 따라가 보고 싶지 않습니까?

그런데 다윗은 고백할 때 하나님은 늘 즉시 도와주신다고 합니다. 다윗은 하나님께서 천천히 해주시는 것이 아니라 즉시 해주신다고 해서 '레가의 하나님'이라고 고백을 합니다. 이 레가라는 말은 갑자기 해준다는 말입니다.

예를 들면, 홍해가 갈라지는 역사입니다. 모세가 지팡이로 홍해를 가리켰더니 홍해가 갈라진 것처럼 말입니다. 홍해가 갈라지는 역사가 서서히 준비해서 갈라진 게 아닙니다. 하나님의 말씀에 순종하면서부터 갈라졌습니다. 여리고 성이 서서히 서서히 무너진 게 아닙니다. 하나님의 말씀대로 순종하자 한꺼번에 무너졌습니다. 백부장의 하인이 고침을 받았습니다. 예수님께서 서서히 고치신 게 아니라 단번에 한 번에 고쳐 주셨습니다.

다윗은 하나님 앞에 부르짖고 말씀 속에서 하나님의 영광을 위해 기도하면서 하나님께서 갑자기, 레가의 하나님으로 나타나 순간적으로 축복하시는 것을 체험했습니다.

성도 여러분, 우리는 심령을 자신의 야망과 욕망으로 채워 갈 때가 많습니다. 내 심령이 야망과 욕망으로 채워지면 배부를 것 같지만, 다 채워질 수 없는 것입니다. 어차피 우리는 빈자리, 어차피 우리는 허전한 자리, 어차피 우리는 예레미야의 기도처럼 터진 웅덩이 속에 살아갈 때가 있습니다. 세상의 것으로는 채울 수 없기 때문입니다.

오직 예수님의 말씀만이 영원할 줄로 믿습니다. 예수님의 말씀만이 생명이 있는 줄로 믿습니다. 주님의 말씀만이 우리를 일어서게 해서 발과 발목에 힘을 주실 줄로 믿습니다. 세상의 다른 조건이 아니에요. 믿음으로 사는 거예요. 모든 조건이 좋다고 하나님 앞에 나와서 잘하는 건 아닙니다.

왜 요즘 교회를 쉽니까? 골치 아픈 일이 있어서요. 문제가 있어서요. 여러분, 골치 아프고 문제 있을 때 교회 와야 할 줄로 믿습니다. 하나님 앞에 나와서 매달리면 살길이 열릴 줄로 믿습니다. 모든 조건이 좋아서 되는 게 아닙니다. 여러분, 조건이 나쁜 사람 중에도 이 세상에서 보란 듯이 살아가는 사람이 있습니다.

팔도 없고, 다리도 없는 사람 아시죠? 닉 부이치치(Nick Vujicic), 그는 우리처럼 팔도 없습니다. 우리처럼 두 다리도 없습니다. 그런데도 그는 롤러스케이트를 탑니다. 너무 신기하지 않습니까? 그는 컴퓨터를 만집니다. 그 사람은 놀랍게도 드럼을 칩니다. 세상의 신비로운 것을 만들어 냅니다. 그런데 두 눈을 가지고, 두 팔을 가지고, 두 다리를 가지고 있는 우리는 왜 앉아서 왜 원망하고 짜증 내면서 이렇게 멈추어 있어야만 합니까.

닉 부이치치가 쓴 책 중에 《닉 부이치치의 허그》라는 책이 있습니다. 이 책에 보면 3가지의 내용이 나옵니다. 첫째, 불평스러우면 불편한 그대로를 받아들이십시오. 불편한 사실을 그대로 받아들이는 것이 나아갈 길입니다. 둘째, 여호와의 위대하심을 받아들이시기 바랍니다. 셋째, 남에게 도움을 받으려고 하지 마십시오. 남을 도와주는 사람이 되십시오. 우리에게 가르쳐 주고 있습니다.

세상이 다 어렵다고 합니다. 답답하다고 합니다. 속상하다고 합니다. 억울하다고 말합니다. 그럴 때 다윗처럼 "주의 사랑으로 나를 구원하여 주옵소서" 하고 어려울수록 하나님 앞에 나와서 매달려야 할 줄로 믿습니다. 가정에서도 예배를 드리며 여호와의 이름을 부르면 살길이 생겨날 줄로 믿습니다. 대한민국 위에 이와 같은 복을 주신 하나님, 이 복에 감사해야 할 줄로 믿습니다. 하나님께서 주신 은혜가 넘칩니다. 이 은혜를 가지고 찬양해야 할 줄로 믿습니다.

이제 우리가 더는 하나님을 배역하여 하나님을 속상하게 하는 것이 아니라 하나님의 영광이 되기를 원합니다. 하나님의 축복이 되기를 원합니다. 여러분의 봉사가 하나님께 영광이 되기를 원합니다. 여러분의 기도에 하나님께서 응답해 주시기기를 축복합니다. 하나님 중심, 십자가 중심의 우리 믿음의 사람이 될 수 있기를 원합니다.

십자가에서 물과 피를 다 쏟아 주시고, 우리를 구원해 주신 그 주님 앞에 "주의 사랑으로 나를 구원하여 주시옵소서. 나를 건져주시옵소서" 하나님 앞에 기도하며 또 한 주간도 승리하시기를 우리 주님의 이름으로 축원합니다.

6. 나의 달려갈 길

 **디모데후서 4:1~8**

¹하나님 앞과 살아 있는 자와 죽은 자를 심판하실 그리스도 예수 앞에서 그가 나타나실 것과 그의 나라를 두고 엄히 명하노니 ²너는 말씀을 전파하라 때를 얻든지 못 얻든지 항상 힘쓰라 범사에 오래 참음과 가르침으로 경책하며 경계하며 권하라 ³때가 이르리니 사람이 바른 교훈을 받지 아니하며 귀가 가려워서 자기의 사욕을 따를 스승을 많이 두고 ⁴또 그 귀를 진리에서 돌이켜 허탄한 이야기를 따르리라 ⁵그러나 너는 모든 일에 신중하여 고난을 받으며 전도자의 일을 하며 네 직무를 다하라 ⁶전제와 같이 내가 벌써 부어지고 나의 떠날 시각이 가까웠도다 ⁷나는 선한 싸움을 싸우고 나의 달려갈 길을 마치고 믿음을 지켰으니 ⁸이제 후로는 나를 위하여 의의 면류관이 예비되었으므로 주 곧 의로우신 재판장이 그날에 내게 주실 것이며 내게만 아니라 주의 나타나심을 사모하는 모든 자에게도니라

여러분은 삶 속에서 무엇을 우선순위에 두고 생활하고 있습니까? 요즘 무엇이 가장 소중합니까? 무엇을 먼저 해야 하고, 어떤 일부터 먼저 완수해야 할까요? 여러분께서 생각하는 우선적인 것이 무엇인지 모르겠습니다.

어떤 분은 책 좀 읽어야 하겠다고 해서, 독서에 빠져서 새로운 세계를 책 속에서 만나고 꿈을 키워가고 있는 분이 있기도 합니다. 그런데 어떤 분은 책을 읽으면 잠부터 오니까 독서가 우선순위에서 밀려나는 분도 있습니다. 그런 분은 어디로 가느냐? 새로운 놀이터를 찾아 북한산 등반을 하거나 레저 시설을 향하여 달려갑니다. 어떤 분은 자전거를 타기도 하고, 어떤 분은 수영하러 가기도 하고, 낚시하러 가기도 하고, 여행을 가기도 합니다. 레저 시설을 찾는 것이 자기 생활 규범에서 우선될 수도 있고, 먼저 가고 싶은 마음일 수도 있습니다.

또 어떤 사람들은 모여서 수다를 떱니다. 대화 내용을 정리해 보면 세 줄도 안 되지만 세 시간이 훌쩍 지나갑니다. 친구들과 만나서 하는 이야기는 영양가 없는 대화 같지만, 그러다 보면 마음속에 있는 찌꺼기와 나쁜 가스가 밖으로 나갑니다. 특별히 여성들은 자꾸 만나서 이야기하셔야 합니다. 여성들이 모였는데, 말 못하게 하면 순교하는 것보다 더 힘든 일입니다. 이처럼 재미있는 만남을 여러분 삶의 우선순위에 둘 수도 있지 않겠나 생각을 해봅니다.

또 어떤 분은 쇼핑하는 것을 좋아해서 백화점 가서 쇼핑해서 물건을 사면서 행복을 누릴 수 있습니다. 어떤 분은 백화점에 가도 실컷 돌아보다가 살 것 없다고 그냥 오기도 합니다. 어떤 여성은 집에서 남편하고 대판 싸우고 백화점 가서 카드나 긁자고 나갔는데 집에 돌아올 때 보면 욕했던 남편 물건만 잔뜩 사 들고 옵니다. 이게 우리 교회 권사님들의 특징입니다. 이래서 가족끼리 불화로 뭔지 모르게 마음속에 부담이 있지만, 쇼핑 갔다 오면서 마음이 풀리는 사람이 있습니다. 그래서 쇼핑을 우선순위에 두는 사람도 있습니다.

또 여전히 열심히 공부하는 사람, 열심히 일하는 사람, 자기 일에 최선을 다하는 것을 최고로 여기며 생활할 수도 있습니다.

이렇게 독서, 레저, 만남, 쇼핑, 등산, 공부 등 여러 가지 생활 속에서 사람마다 비중을 두는 것이 다릅니다. 여러분 삶의 우선순위는 무엇입니까?

혹시 여러분, 아이젠하워 매트릭스(The Eisenhower Matrix)라는 말을 들어보셨습니까? 미국의 34대 대통령 아이젠하워와 관련된 이야기입니다. 그는 미국 대통령으로서 한국에 제일 처음 왔던 대통령입니다. 아이젠하워는 자기가 하는 일을 다 모아서 정리정돈을 하였습니다. 그는 그림을 그려서 네 등분의 위치에다가 모든 것을 나누어 놓습니다. 1번 칸에는 무엇을 쓰느냐? 정말 중요하면서 꼭 해야 할 일, 긴급히 해야 할 일을 1번 칸에다 씁니다. 2번 칸에는 정말 중요하기는 하지만 조금 미루어도 되는 것을 씁니다. 3번 칸에는 중요하기는 하지만 자신이 다 해결하지 않아도 되는 것, 다른 이에게 위임시켜서 할 수 있는 일을 배치해 놓습니다. 그러고 나서 마지막 4번 칸에는 해도 되고 안 해도 되고, 있어도 없어도 되는 것을 둡니다. 예를 들면, TV 보는 것, 어디 가서 넋 놓고 앉아 있는 것 등은 4번 칸에다 두는 거예요.

	URGENT (긴급함)	NOT URGENT (긴급하지 않음)
IMPORTANT (중요함)	1 DO (실행)	2 PLAN (계획)
NOT IMPORTANT (중요하지 않음)	3 DELEGATE (위임)	4 ELIMAINATE (제거)

아이젠하워 매트릭스

그래서 아이젠하워는 항상 자기의 일을 분류하여 네 가지 칸에 분배해서 1번, 2번, 3번, 4번 우선순위에 따라 했더니 대통령이 되었다고 합니다. 여러분, 대통령 될 마음은 없으시더라도, 이 세상 살아가는 데 이와 같이 잘 배열하면 삶이 재미있고, 열매를 맺을 수 있습니다.

그런데 예수님을 믿는 내가 어떻게 하면 행복하게 살아갈 수 있을까? 그러자면, 어떻게 순서를 배열하시겠습니까? 예수님 믿는 우리가 그래도 1번란에다 두어야 할 것이 뭘까요? 바로 예배입니다. 가정예배든지, 온라인 예배든지, 교회를 찾는 예배를 우선순위로 두어야 합니다. 찬송가 542장에 "예수 예수 믿는 것은 받은 증거가 많도다"라는 가사가 있습니다. 우리의 우선순위는 교회가 중심이 되어야 합니다.

왜 그렇습니까? 교회는 생명이 있기 때문입니다. 생명력 있는 자리에 가야 생명을 얻는 것입니다. 여러분이 우선순위 1번에다가 교회를 두면 얼마나 좋을까 생각합니다.

저는 이번 코로나 시대에 목회하면서 눈물 나게 하나님 앞에 감사한 것은 교회가 뭔지도 모르고 온 분, 예수가 뭔지도 모르고 온 분 십여 명이 새가족에 등록했다는 것입니다. 예수님이 뭔지도 모르고 연신교회로 온 것입니다. 역시 생명의 교회, 말씀이 있는, 살아 역사하는 교회는 하나님이 선택하신 백성을 다 보내주시고, 몰려오게 하시고, 하나님이 이끌어 주십니다.

그래서 많은 성도가 흩어지고, 가정에서 온라인 예배할 때 저도 지쳐야 하는데, 그분들 보고 새 힘을 얻었고, 그분들 때문에 제가 용기를 얻었습니다. 어떤 사람은 그냥 교회에 가야 살 것만 같대요. 다른 사람은 교회에 오면 죽을 거 같아서 전부 다 마스크 끼고 집으로 가는데, 그 사람은 마스크 끼고 교회로 왔다는 거예요.

여러분, 우리의 우선순위 중에 무엇을 앞에 두어야 할까요? 그래도 저나 여러분은 예배인 줄로 믿습니다. 주일성수인 줄로 믿습니다. 힘들어도 예배요, 바빠도 주일성수요, 어려워도 십자가 중심이요, 힘들어도 예수 붙들고 살아야 할 줄로 믿습니다.

하나님은 첫 주일, 첫 것, 첫 시간을 얼마나 좋아하시는지 성경에는 이런 말씀이 많습니다. 민수기 18장 12절에 "그들이 여호와께 드리는 첫 소산 곧 제일 좋은 기름과 제일 좋은 포도주와 곡식을 네게 주었은즉"이라고 합니다. 첫 열매를, 제일 좋은 것으로 우선순위 1번에 두라는 것입니다. 왜? 하나님이 무슨 곡식을 원하시겠습니까? 하나님이 배고프시겠습니까? 하나님이 첫 소산을 원하시는 것은 우리에게 복을 주려고 하시는 것입니다. 우리를 영원히 지켜 주시려고 하십니다.

잠언 3장 9-10절에 "네 재물과 네 소산물의 처음 익은 열매로 여호와를 공경하라 그리하면 네 창고가 가득히 차고 네 포도즙 틀에 새 포도즙이 넘치리라"라고 합니다. 처음 익은 열매로 여호와께 공경하고, 하나님을 우선순위에 두면 하나님께서 포도즙 틀에서 새 포도즙이 넘쳐나리라 약속해 주시는 것입니다.

그뿐만 아니라 출애굽기 14장 24절에 "새벽에 여호와께서 불과 구름 기둥 가운데서 애굽 군대를 보시고 애굽 군대를 어지럽게 하시며"라고 합니다. 하나님 앞에 새벽에 나갔더니, 첫 시간을 드렸더니 자기들을 공략하고 어렵게 하는 애굽을 하나님이 해결해 주시는 것입니다. 여러분, 내가 싸우려고 하면 힘듭니다. 하나님이 싸워 주시면 나는 쉽게 승리를 거머쥐게 될 줄로 믿습니다.

하나님을 새벽에 모신다는 것은 첫 시간, 첫 고백으로 드리자는 말씀입니다. 마가복음 1장 35절에 "새벽 아직도 밝기 전에 예수께서 일어나 나가 한적한 곳으로 가사 거기서 기도하시더니"라고 합니다. 아직 새벽 해가 떠오르기 전 주님이 가신 때가 첫 시간이었고, 첫 시간에 하나님께 기도를 드리기를 원했고, 첫 시간에 기도를 받으신다는 말씀입니다.

민수기 28장 11절에 "초하루에는 수송아지 두 마리와 숫양 한 마리와 일 년 되고 흠 없는 숫양 일곱 마리로 여호와께 번제를 드리되"라고 합니다. 초하루, 첫 시간 우선순위로 하나님께 먼저 번제를 드리라고 합니다.

마지막으로 마태복음 28장 1절에 "안식일이 다 지나고 안식 후 첫날이 되려는 새벽에 막달라 마리아와 다른 마리아가 무덤을 보려고 갔더니"라고 합니다. 막달라 마리아가 안식 후 첫날에 부활하신 예수님을 뵙게 됩니다. 주중의 첫날을 하나님 앞에, 모든 것의 첫것을 하나님 앞에 드리는 이런 열정의 믿음이 필요합니다.

우리가 여러 가지 우선순위에 두어야 할 일이 있지만, 우선순위에 둘 일 중에 제일 중요한 것이 첫것을 하나님께, 첫 시간을 하나님께, 예배를 하나님께, 기도를 하나님께 이렇게 첫것으로 향하게 되면 하나님께서 우리에게 복을 주시고, 은혜를 주시고, 능력을 더하여 주실 줄로 믿습니다.

우리가 살다 보면 다 평탄하고 좋은 일만 있는 게 아닙니다. 눈물 날 때도 있고, 괴로운 일도, 슬픈 일도 있습니다. 그럴 때마다 슬픔을 1번에 두지 말고, 하나님을 1번에 두시기를 축복합니다. 여러분이 얼마나 실패를 경험했는지 모르겠습니다. 그러나 그 실패는 뒤쪽으로 미루어 두고, 4번에 두고, 1번에는 하나님을 두고 붙들 수 있기를 축복합니다.

혹시 텔레비전 보시다가 KBS에서 나오는 프로그램 중에 이것 보셨습니까? "강연 100℃"라는 프로그램에서 강사로 나온 분 중 정말 감동적인 이야기가 있었습니다. 김희아 씨가 그 강연에 나왔을 때, 얼굴의 절반 이상이 우리와 색상이 다릅니다. 보라색 얼굴입니다. 보기에 흉측하고 무섭습니다. 태어나서 후천성으로 된 것이 아니라 태어나자마자 선천적으로 이렇게 태어난 것입니다. 세 살까지 부모가 길러 보니 정상 모습이 아니라서 버렸습니다. 버려진 아이는 보육원으로 갔습니다. 보육원에 있는 원생들이 얼마나 놀렸는지, 별명이 뭐냐? 괴물이에요. 또 하나의 별명이 있는데, 뭐냐 하면 귀신입니다. 다른 별명은 아수라 백작으로 멸시당하는 삶을 살았습니다. 그런데 세월이 흘러가면서 하나님을 만나고, 교회에 나가게 되었습니다.

김희아 씨가 나갔던 교회는 구세군 영문입니다. 구세군은 교회라고 하지 않고 영문이라고 합니다. 그리고 그녀는 부교가 되었습니다. 부교는 집사에 해당한다고 보면 좋겠습니다. 저런 모습, 정말 괴물 같고, 다른 여성들이 볼 때 나 같으면 저러면 못 산다, 스스로 죽어 버리는 것이 낫겠다고 생각할 정도였습니다. 그런데 희아 씨의 얼굴을 보고 반한 남자가 있었습니다. 멀쩡한 남자가 그녀의 얼굴이 너무 멋있다고 해서 결혼했습니다. 그녀가 얼마나 예쁜 두 딸을 낳았는지 모릅니다.

그녀는 한 많은 세월을 살아왔습니다. 아픔과 눈물의 세월을 살아왔습니다. 그 고통과 아픔 속에서도 그래도 제일 우선순위에 누구를 두었느냐? 여호와 하나님을 둔 것입니다. 그 하나님을 첫 번째 우선순위에 두면서 신앙생활을 하였습니다.

김희아 집사의 이야기를 신앙적으로 4가지로 간추려 보면 다음과 같습니다. 첫 번째, 내가 이 고난을 겪고 질병을 만났지만, 나는 이 고난과 질병을 보지 않습니다. 여호와 하나님을 바라봅니다. 할렐루야! 여러분, 지금 실패 속에 있습니까? 실패를 보지 말고 하나님을 볼 수 있기를 원합니다. 여러분, 외롭고 고독하십니까? 고독과 외로움을 보지 말고 여호와 하나님을 바라볼 수 있기를 원합니다.

두 번째, 그녀는 하나님 앞에 긍정적인 믿음 주심에 감사했습니다. 하나님, 나는 얼굴이 흉측하여 불편하게 되었지만, 여호와 하나님만을 섬기니 모든 일에 감사할 수 있습니다. 그녀는 스스로 "저는 부자입니다. 행복 부자입니다. 감사 부자입니다. 사랑 부자입니다" 자기가 부자라고 합니다. 재물 부자는 아니어도 사랑의 부자고, 행복의 부자고, 감사의 부자라는 것입니다. 여러분, 신앙생활도 길을 잘 들여야 합니다. 긍정적으로 신앙생활하면 그렇게 좋습니다. 사람이 부정적인 시각으로 살면 다 불편하고, 자기도 불편하고, 목사도 불편하고, 교우들도 불편합니다. 긍정적인 생각은 전체에 생기를 불어넣어 줍니다.

세 번째, 가장 중요한 것이 무엇이냐고 할 때, 여호와 하나님을 향한 믿음의 고백입니다.

네 번째, 먼저 하나님을 만나야 합니다. 하나님 만나는 것을 우선순위 1번에 둔 거예요. 아이젠하워 대통령의 매트릭스 1번에다가 자기 삶을 두고, 여호와 하나님과 함께하고, 하나님의 이름을 높이고, 하나님을 찬양하였습니다.

여러분, 우리에게는 때로 지혜가 필요하고, 때로 지식도 필요합니다. 지식이라고 하는 것은 많이 배워 놓으면 좋지만, 그러나 때로는 지혜보다 밀려날 때가 많습니다. 지혜는 죽음도 알게 하고, 사람의 끝도 알게 합니다.

오늘 우리에게 이 삶의 현장이 얼마나 고귀한지 모릅니다. 지금 세계적인 통계를 보면 딱 1초에 몇 명 죽느냐? 3명이 죽습니다. 우리가 지금 예배를 11시에 드리고, 12시면 다 끝이 납니다. 1시간에 세계적으로 몇 명이 죽느냐? 1만 명 죽습니다. 여러분, 1만 명이 한 시간 안에 다 쓰러져 가는데, 우리가 살아 있는 이 자체만 해도 감사하지 않습니까?

심리학자들의 말에 의하면, 사람이 죽음에 대한 것을 이해하려면 나이가 35세가 넘어서야 한다고 합니다. 35세 이전에는 죽음이 뭔지, 죽음이 무서운지 잘 모른다고 합니다. 그래서 그런지 우리 아이들 키울 때 보면, "너 엄마 말 안 들으면 죽어" 그래도 아이들이 끄떡도 안 합니다. 왜? 죽음이 뭔지 몰라서 그래요. "너 성적 이렇게 하면 죽을 줄 알아" 해도 애들은 죽음이 뭔지 몰라서 그냥 엄마한테 덤벼듭니다. "너 죽을래?" 그래도 엄마 아빠에게 덤벼드는 거예요.

그러나 죽음이 뭔지 아는 35세 이상이 되면, 인생을 생각하게 됩니다. 어떻게 사는 것이 행복한 것인가? 남들에게 보람이 되는 인생은 무엇인가? 가족에게 어떤 역할로 살아갈 것인가 생각하게 됩니다. 왜냐하면 마지막을 아는 지혜가 있기 때문입니다.

그래서 탈무드에 보면 사람이 다 평등해야 할 때가 장례식장이라고 합니다. 결혼식장에는 옷을 휘황찬란하게 입어도 되지만, 장례식은 가난한 사람이나 부자나 배운 사람이나 못 배운 사람이나 옷을 통일하는 것이 좋다는 것입니다.

우리가 이 세상 살아가면서 때로는 '내가 왜 죽어야 하는가?'라는 의문이 듭니다. 그러나 예수님 믿는 사람에게 죽음은 죽음이 아닙니다. 하루에 일을 열심히 하고 분주하게 다니다가 자기 전에 씻고 누웠을 때의 그 편안함처럼, 일평생 삶의 현장에서 뛰다가 마지막 밤에 잠들듯이 천국에서 편히 쉬는 것이 죽음입니다. 그 죽음 또한 새로운 변화요, 새로운 자리로 옮겨가는 것이지 절망이 아니라는 것입니다.

이것을 믿고 있는 바울은 오늘 내가 달려갈 길을 다 달려가고, 복음을 위하여 내가 살았고, 예수를 위하여 살았으니 이제 후에는 내게 의의 면류관이 예비되었다고 합니다. 나의 갈 길을 다 달려가고 나니까 의의 면류관이 예비된 자기의 신앙고백을 합니다.

바울은 아이젠하워 매트릭스에서 자기가 달려갈 길을 제1번에 두고 예수님을 위하여 달려왔습니다. 그는 하나님이 부르신 부름을 좇아왔습니다. 그는 하나님의 부르심을 받아왔습니다. 그는 하나님께 의롭다 하심을 입었습니다. 그는 하나님 앞에서 믿음으로 온전히 살아가게 된 것을 믿었습니다. 그는 하늘 상급을 믿고 살아왔습니다. 이렇게 달려길 길을 가면 하나님께서 우리에게 베풀어 주신 것이 얼마나 고마운지, 주님 앞에 자기 생 전체를 드리게 됩니다.

우리나라 대한민국을 바라보고 생각할 때마다 그저 고맙기가 그지없습니다. 캄캄한 이 나라에 선교사님이 들어오셔서 시골에 교회를, 어촌에 교회를, 그리고 산골짜기에도 교회를 세워 십자가를 세워 주었습니다. 십자가가 등불이 되어서 한국을 비추게 되었고, 이것을 통하여 한국 안에 민주주의가 싹트게 되지 않았습니까? "동의합니다. 재청합니다" 이것은 선교사님들이 교회에 가르쳐 준 것입니다. 농촌교회 20명 모여서 제직회를 하면서 "동의합니다. 재청합니다." 여러분, 국회가 이것을 배워서 오늘 국회에서 동의, 재청이 있습니다. 이 모든 것을 우리 기독교 교회가 시작했습니다.

음악이 얼마나 중요합니까? 음악도 선교사들이 와서 가르쳐 주었습니다. 음악에는 두 가지 종류가 있습니다. 교회 음악이 있고, 세속 음악이 있습니다. 교회 음악, 이것을 세상의 모든 좋은 곡으로 우리에게 전달해 주었고, 한국 사람은 잘 배우게 되었습니다. 그러다 보니까 클래식 음악이 나왔잖아요. 세계의 음악을 보면, 베토벤의 음악 속에 예수님이 있었고, 베토벤은 그의 스승 하이든을 통해서 배웠고, 그 위에는 모차르트가 있어서 음악의 모든 중심에 예수 그리스도 그 주님 십자가를 앞세웠습니다.

여러분은 음악을 하는 분, 미술을 하는 분, 이 세상에서 경영하는 분, 가르침의 자리에 있는 분, 고쳐 주는 자리에 있는 분 등 다양한데, 누구든지 나의 우선순위에 무엇을 두느냐에 따라서 그 삶이 달라지게 되어 있습니다.

바울은 말합니다. 나는 선한 싸움을 다 싸우고, 나의 달려갈 길을 마치고 믿음을 지켰으니 이제 이후로는 나를 위하여 의의 면류관이 예비되었노라. 할렐루야! 여러분, 의의 면류관이 예비된 것이 무엇입니까? 우선순위 1번에 예수님을 두는 것입니다. 우선순위 1번에 예배를 두는 것입니다. 우선순위 1번에 십자가 주님을 앞장세우면 될 줄로 믿습니다.

오늘날 교회의 예배가 우선순위에서 자꾸만 밀려납니다. 여러분, 스스로 밀어내기도 하고, 사회 환경이 밀어내고 분위기가 예배를 밀어내지만, 우리는 밀려날 수 없습니다. 왜냐하면 우리가 믿는 예수님은 생명의 주님이시기 때문입니다. 우리는 핑계 댈 수 없습니다. 예배가 우리의 생명이기 때문입니다. 예배가 우리의 힘이기 때문입니다. 능력이기 때문입니다.

십자가 위에서 물과 피를 다 쏟아 주신 주님께서, 나를 위하여 죽으신 주님께서 부활하시고 승천하시고 성령을 통하여 내게 새 힘을 보내 주셨는데, 우리의 우선순위 1번이 그리스도 예수가 되어야 할 줄로 믿습니다. 그리스도 예수와 함께 살아가기 위해서 예배가 살아 있어야 하고, 예배가 살아 있으니 교회가 교회 되게 해야 할 것이고, 그리스도인이 예수님을 앞장세워서 우리의 모든 삶을 주님께로 모아야 할 줄로 믿습니다.

성도 여러분, 여러분의 삶의 우선순위를 다시금 생각해 보십시오. 나의 갈 길, 나의 달려갈 길에서 우선순위 1번이 예배인 줄로 믿습니다. 1번이 예수님이신 줄로 믿습니다. 우선순위에서 맨 처음이 하나님 아버지 앞에 나오는 거룩한 공예배입니다. 여러 가지로 흔들리고 유혹받는 이 시대에 우리의 생각, 우리의 삶, 규범을 잘 추슬러서 세상 풍조 그럴듯한 얘기에 넘어가는 것이 아니라 오직 주님, 오직 예수님을 붙들어야 합니다. 나의 달려갈 길, 생명의 그 길, 의의 면류관을 바라보면서 나아가는 저와 여러분의 삶이 되시기를 우리 주님 이름으로 축복합니다.

7. 어려운 가운데서도 감사를

 골로새서 3:12~17

¹²그러므로 너희는 하나님이 택하사 거룩하고 사랑받는 자처럼 긍휼과 자비와 겸손과 온유와 오래 참음을 옷 입고 ¹³누가 누구에게 불만이 있거든 서로 용납하여 피차 용서하되 주께서 너희를 용서하신 것같이 너희도 그리하고 ¹⁴이 모든 것 위에 사랑을 더하라 이는 온전하게 매는 띠니라 ¹⁵그리스도의 평강이 너희 마음을 주장하게 하라 너희는 평강을 위하여 한 몸으로 부르심을 받았나니 너희는 또한 감사하는 자가 되라 ¹⁶그리스도의 말씀이 너희 속에 풍성히 거하여 모든 지혜로 피차 가르치며 권면하고 시와 찬송과 신령한 노래를 부르며 감사하는 마음으로 하나님을 찬양하고 ¹⁷또 무엇을 하든지 말에나 일에나 다 주 예수의 이름으로 하고 그를 힘입어 하나님 아버지께 감사하라

저는 지난 한 주간 살면서 마음이 참 무거웠습니다. 왜냐하면 사회적 환경이나 여건을 볼 때 요즘 감사를 주제로 설교하기가 어렵다는

것입니다. 청년들을 봐도 그렇고, 우리 장년들도 그렇고. 뭔지 모르게 마음이 흐트러져 있고, 뭔지 모르게 마음이 모여야 하는데, 나누어져 있는 것입니다. 청년들에게 제가 뭐라고 말하겠습니까? 젊은 성도와 우리 성도들에게 어떻게 말씀을 증거해서 마음을 모아 하나님께 감사를 드릴까요? 하나님, 지혜를 주십시오.

지금 우리는 기뻐하기 어렵습니다. 세계에 퍼져 있는 이 팬데믹의 결과를 봅시다. 상황이 앞으로 어떻게 될지 모르지만, 국내에만 12,653명의 확진자가 있고, 282명이 희생을 당했는데(6월 27일 기준), 그 가족들과 친지들의 마음이 얼마나 무겁겠습니까? 거기에 어떻게 감사를 전할 수 있겠습니까? 세계 184개 나라에 약 970만 명이 어려움을 당하고 있고, 세상을 떠난 사람이 약 50만 명 가까이 됩니다. 제가 어떻게 감사 설교를 할 수 있습니까? 하나님, 어찌하오리이까. 저를 좀 도와주십시오. 그런 기도를 하면서 지냈습니다.

청년 취업률이 높지 않아서, 15-29세 청년 취업률을 보면 42.2%로 10명 중의 4명 정도만 취업하는 경제불황을 겪고 있습니다. 경제연구소의 데이터에 의하면, 일자리가 얼마나 귀한지 모릅니다. 우리 경제성장이 1-2%인데, 자칫 잘못하면 곤두박질해서 마이너스 성장이 될 수 있는 것입니다. 경제성장 1%이면 약 9-11만 개의 일자리가 나옵니다. 그러면 일자리가 생겨서 취준생에게 희망이 있는데, 이것마저 젊은이들에게 가로막혀 있는 답답한 현실입니다. 이런 가운데 제가 어떻게 감사를 하라고 하겠습니까?

그뿐입니까? 젊은이들이 결혼해야 하는데, 정말 결혼하고 나서 집

한 채 장만하기가 어렵습니다. 남편과 아내가 1년에 1억 원을 모으면 생활비 쓰고, 세금 내고 나면 평생토록 아파트 얼마짜리를 가질 수 있겠습니까? 4억짜리 집을 가질 수 있다고 합니다. 이게 경제연구소에서 내놓은 데이터입니다. 6억짜리 아파트를 사려면 연봉 1억 원이라도 부부가 더 고생해야 합니다. 대출받아 9억짜리 아파트를 사려고 하면 부부 연봉 1억 원일 때 세금 내고, 자녀 교육비, 생활비 쓰고 나면 쉽지 않습니다. 9억 집을 사려고 하면 가정에 금융 사고가 납니다. 금융 사고란 빚진다는 뜻입니다. 집 한 채를 사려고 해도 어렵고, 그나마 저렇게 9억짜리라도 살 수 있는 사람이 대한민국 국민 중에 얼마나 되냐? 20%입니다. 다시 말하면, 나머지 80%는 집 한 채 장만하는 것도 쉬운 게 아닙니다. 이러다 보니까 사람들 마음속에 상대적 빈곤, 또 상대적 아픔이, 상대적 좌절감이, 박탈감이 생겨나는 것입니다.

이런 주변 환경 속에서 감사하기 힘듭니다. 하나님, 이럴 때 우리가 어떻게 살아야 하겠습니까? 그때 제 마음속에 하박국 선지자가 떠올랐습니다. 무화과나무에 열매가 없고, 포도나무에 소출이 없고, 우리와 외양간에 양이나 소가 없어도 감사하는데, 그것은 하박국이나 하지 오늘 이 시대를 사는 제가, 우리가 어떻게 한다는 말입니까?

그런데 하박국은 이것저것 없어도 여호와의 이름으로 감사하였습니다. 하나님의 선하심을 깨닫는 순간 하박국은 감사하였습니다. 우리는 어떠한 상황 속에서도 주님의 사랑이 있어서 감사합니다. 성도 여러분, 이러한 믿음이 저의 믿음이 되고, 우리 온 성도의 믿음이 되시기를 주님 이름으로 축복합니다.

　이런 어려운 위기를 만나고 있지만, 이것이 오히려 전환점이 되는 기회가 되면 얼마나 좋을까? 그 근거를 성경 여러 곳에서 찾아볼 수 있는데, 저는 여호수아서에서 그 답을 찾았습니다. 여호수아 5장 9절을 보면, 이스라엘 백성들이 길갈에 이르게 되었는데, 그때 여호수아에게 하나님께서 말씀하십니다.

"여호와께서 여호수아에게 이르시되 내가 오늘 애굽의 수치를
너희에게서 떠나가게 하였다 하셨으므로 그곳 이름을 오늘까지
길갈이라 하느니라."

　애굽의 수치라는 표현에서 '수치'의 원어는 뾰족한 바늘을 가지고 콕콕 찌르는 아픔을 말합니다. 그러면서 마구 몸부림치는 것을 뜻합니다. 너희가 애굽에서 수치를 당하고 과거가 아팠고 어제까지 힘들었지만, 이 모든 수치와 이 모든 것을 물러가게 한다는 것입니다. 그래서 길갈의 뜻은 '물러간다', '굴러간다'입니다. 우리에게 있는 무거운 짐을 굴러가도록, 우리가 수치 당하지 않게 하고 가볍게 한다는 것입니다. 그래서 이 길갈이 그들에게 새로운 전환점이 되어서 하나님의 이름을 부르게 되는 것입니다.

　여러분, 길갈 땅은 멋있지 않습니다. 황무지입니다. 요단 강에서 약 16km 떨어진 황무지입니다. 그런데도 이 땅이 왜 좋은가? 자유의 땅이기 때문입니다. 이 땅이 왜 감격스러운가? 애굽 땅, 남의 나라에서

살다가 나와서 요단 강을 건너서 하나님이 주신 땅, 가나안 땅에 들어갔습니다. 길갈은 삭막하고 형편없지만, 저 자리가 얼마나 귀한 자리인지 모릅니다.

그래서 이스라엘인들이 소중히 여겨서 돌멩이를 취해서 기념비를 세웁니다. 창세기의 라반이 돌멩이를 모아놓고 여갈사하두다, 증거의 돌무더기라고 하면서 하나님의 이름을 불렀듯이 여기에서 기념비를 세우는 것입니다. 그리고 감사의 고백을 합니다. 그래서 감사란 비옥한 땅에서 하는 게 아닙니다. 하나님의 은혜 때문에 감사하는 것이지, 앞에 있는 환경 때문에 감사하는 게 아닙니다.

그리고 길갈에서 할례를 행합니다. 오늘날의 세례입니다. 정결의식을 하는 것입니다. 당시는 할례를 받아야 아브라함의 후손이 되는 것이었습니다. 아브라함의 후손이 되는 방법을 그들은 너무나 잘 알고 있었지만 지금까지 쫓겨 다니고 도망쳐 다니며 남의 나라에서 살다 보니까 할례 제도가 정확하게 실행되지 않았습니다. 할례의식이 희미해진 것입니다. 그런데 길갈에서 할례를 행하고 기념비를 세우는 것입니다.

또 하나는 유월절을 지키는 것입니다. 구름기둥과 불기둥을 따라 돌아다니다가 유월절 행사를 못 지킨 것입니다. 유월절은 양의 피를 문설주에 발라서 이스라엘 백성들을 애굽에서 건져낸 사건, 생명을 얻게 된 축복 사건을 기념하는 것입니다. 그것이 바로 오늘 구원의 은혜, 예수 십자가 보혈의 은혜가 아니겠습니까? 이런 유월절을 지키게 되는 것입니다.

더 나아가서 여기에 중요한 의미가 있습니다. 지금까지 그들은 광야에서 40년 동안 하늘에서 주시는 만나와 메추라기를 먹고 살아왔습니다. 만나와 메추라기의 공급이 끝나는 장소가 어디입니까? 바로 이 길갈입니다. 지금까지는 만나와 메추라기를 가는 데마다 주셨는데, 여기서부터 마치 어머니 품에서 모유를 먹던 아기가 이제 젖 떼는 것하고 똑같은 것입니다. 하늘에서 주던 만나와 메추라기가 길갈에서부터 그치면서 이제 그들은 가나안 땅에서 농사해서 열매를 먹고, 하나님께 올려드리고, 제사장에게 드리면서 영적 행보를 거듭해 가는 땅이 바로 이 길갈입니다.

이 길갈에서 과거의 고통도 굴려내 버리고, 과거의 저주도 굴려내고, 과거의 애통도 다 굴려내고, 새 하늘 새 땅 가나안을 소유하게 되는 것입니다. 이게 바로 은혜입니다.

저나 여러분은 이 세상 살아가는 데 은혜가 필요합니다. 또한, 이제까지 은혜로 살아왔습니다. 기왕 은혜를 받을 바에야 풍성한 은혜를 받기를 축복합니다. 하나님께서 우리에게 은혜를 주시려고 외아들 예수님을 보내주셨습니다. 우리에게 은혜를 주시려고 성령을 주셨습니다. 우리에게 은혜를 더하여 주시려고 교회를 주시고, 우리에게 은혜를 더하여 주시려고 말씀을 주셨습니다. 그래서 종교개혁자들은 '오직 은혜'를 외쳤습니다.

하나님께서 은혜를 우리에게 주시는데, 이 은혜는 값없이 받는 것입니다. 조건 없이 받는 거예요. 죄의 용서함을 받는 것은 값없이 받는 거예요. 우리가 성령의 선물을 받습니다. 아바 아버지를 부르면서 여호와의 성전에 나와서 찬미하고 영광의 아름다움을 올려드리는 것이 다 은혜인 줄로 믿습니다.

우리 아이들에게 부모가 종종 치킨도 시켜 주시고, 종종 떡볶이도 사다 주시고, 순대도 사다 주십니다. 왜 그렇습니까? 은혜예요. 아이들에게 조건을 걸고 주는 것이 아닙니다. 아버지 어머니가 오늘은 아이에게 떡볶이를 먹여 줄까, 오늘은 순대를 먹여 줄까, 오늘은 치킨을 먹여 줄까 하면서 자식들에게 갖다 부어 주는 것입니다. 그래서 은혜를 받으면 살아가기가 좋습니다.

은혜를 받지 못하면 힘듭니다. 가룟 유다 같은 사람은 은혜를 못 받았습니다. 은혜 받다가 그냥 멈춰 버리니까 예수님을 배반하고 죽음의 자리로 가서 스스로 생명을 해하고 끝나 버립니다. 에서도 보십시오. 주신 은혜를 계속 받아야 하는데, 멈추어 버리니까 축복도 멈춰 버린 것입니다. 나중에 회개하고 하나님 앞에 바로 서려고 하니까, 그때는 늦었습니다.

성도 여러분, 은혜에도 때가 있습니다. 은혜 받을 날, 구원받을 날도 때가 있습니다. 이처럼 어려울 때 은혜 받고, 이처럼 어려울 때 하나님 구원의 은혜를 풍성히 받으시기를 주님 이름으로 축복합니다.

야곱이 죄가 없었겠습니까? 야곱도 속였던 사람입니다. 그러나 그에게 은혜가 임한 것은 그 은혜를 계속 받아서 누렸기 때문입니다. 삭개오가 똑똑해서 은혜를 받았습니까? 은혜를 은혜로 아니까 은혜를 주신 것입니다. 38년 된 병자가 세상에서 무슨 도덕적인 삶을 잘 살았겠습니까? 구제했겠습니까? 선한 일을 했겠습니까? 아무것도 없었습니다. 주신 은혜를 받아들이면 복이 될 줄로 믿습니다.

에베소서 2장 8절을 보면, "너희는 그 은혜에 의하여 믿음으로 말미암아 구원을 받았으니 이것은 너희에게서 난 것이 아니요 하나님의 선물이라" 했습니다. 즉 구원도 선물이지만, 풍성한 은혜도 그냥 거저 주시는 하나님의 선물입니다. 은혜는 하나님의 선물이기 때문에 우리는 감사할 따름입니다.

저는 우리 할아버지와 할머니, 아버지와 어머니께서 옛날 제사 지내던 것을 본 기억이 있습니다. 보릿고개를 넘어가면서 먹을 것이 없는데도 쌀을 빌려와서 제사 지내는 것을 보았습니다. 그때는 가난해도 제사 드렸고, 6·25 사변 때 도망가면서도 그 피난 길 속에서도 그릇에 정화수 떠 놓고 조상님에게 제사를 지냈습니다. 그때와 비교하면 우리는 아직 집이 있습니다. 그래도 우리는 아직 가족이 있습니다. 그래도 우리는 아직 승용차도 있습니다. 그래도 우리는 마스크도 있습니다. 하나님 앞에 감사할 것이 어디 한두 가지겠습니까.

사람들에게는 귀한 것을 자기만 소유하려고 하는 속성이 있습니다. 제가 아는 안수집사님이 농촌의 산속에 사십니다. 이분은 자기만이 아는 비밀이 있습니다. 산속 소나무가 많은 곳에 있는 송이버섯 단지입니다. 다른 사람은 모릅니다. 오직 자기만 압니다. 그런데 이분이 송이버섯이 나는 그 부근을 아무에게도 안 가르쳐 줍니다. 자기 교회 목사님에게도 안 가르쳐 줍니다. 자기 아들한테도 안 가르쳐 줍니다. 다 따 갈까 봐서 그렇답니다.

자기 혼자 가서 송이 따가지고 팔기도 하고, 먹기도 합니다. 다른 사람에게 가르쳐 줘 버리면 다른 사람이 다 가져가니까 그런답니다. 좋은 것은 양이 적고 귀합니다. 그러다 보니까 그거 안 빼앗기려고 나 혼자 끌어안고, 혼자 붙들고, 그거 혼자 안 놓치려고 그러는 것입니다.

사람은 자기가 좋다고 하는 것을 품고는 놔 주지를 않습니다. 그러나 우리 하나님은 하늘의 신령한 것을 풍성히 나누어 주십니다. 하나님은 넉넉하신 하나님, 주고도 주고도 계속 주시는 분입니다. 우리에게 성령을 주시고, 우리에게 구원을 주시고, 우리에게 하나님 은사를 더하여 주시고, 우리에게 축복을 주신 줄로 믿습니다.

땅의 것은 적습니다. 가짓수가 몇 가지 안 됩니다. 그러니까 서로 싸우는 것입니다. 한자리 차지하려고 싸우는지 모릅니다. 자리는 하나인데 여러 사람이 덤벼드는 것입니다. 여러분, 세상의 것은 가짓수가 몇 개 되지 않습니다. 한 가지, 두 가지, 서너 가지밖에 안 됩니다. 반면 하늘의 것, 하나님이 주시는 은혜는 풍성합니다. 구원이 풍성하고, 축복이 풍성하고, 죄의 용서가 풍성하고, 사랑이 풍성하고, 우리에게 내리시는 은혜가 풍성한 줄로 믿습니다. 이런 풍성한 은혜를 우리에게 넘치도록 더하여 주시는 것입니다.

사람들의 마음은 얼마나 좁습니까? 쇼펜하우어가 "이 땅에 있는 사람의 마음은 불량소년의 마음과 같습니다"라고 했습니다. 불량소년이 나쁜 것만 찾아다니듯이 오늘 세상 사람들은 나쁜 것만 생각하고, 뭐 조금만 맘에 안 들면 신경질 내고 욕을 하고 야단법석입니다. 인터넷에 띄우고, 막 속상하다고 여기저기 내놓습니다. 인간이 얼마나 날카롭고 예민해졌는지 몰라요. 여러분, 파스칼의 이야기를 한번 생각해 보시겠습니까? 인간은 한쪽은 천사고, 한쪽은 동물이다. 천사와 동물 사이를 오가는 게 인간이라고 말했습니다.

이렇듯 의인은 없나니 한 사람도 없습니다. 여기에 모든 세상 사람들이 죄를 범하였으매 하나님의 영광에 이를 수 없습니다. 이런 우리에게 하나님이 오셔서 사람으로 낮아지셨습니다. 우리를 건져 주시고, 우리의 죄를 용서해 주시고, 우리에게 생명 호흡 주시고, 우리에게 영생을 주시고, 우리에게 권능을 더하여 주셨습니다.

이런 하나님께서 우리에게 복 주셔서 살아가게 하시는데, 때로는 너무 힘들어 짐이 무겁다고 합니다. 여러분, 짐이 무거우니까 누구의 도움이 필요합니까?

세계적으로 높은 산, 네팔에 있는 에베레스트 같은 큰 산을 등반할 때는 혼자 못 갑니다. 혼자 가서도 안 됩니다. 큰 산인 안나푸르나든지 이런 데 올라갈 때는 혼자는 못 갑니다. 그래서 꼭 도와주는 사람이 있습니다. 그런 사람을 셰르파라고 합니다. 셰르파란 네팔의 한 부족 이름이기도 합니다. 등반객을 안내해 주는 사람을 셰르파라고 표현합니다. 그 등반객, 정상에 오르는 사람들이 8,000m 넘는 산에 올라가서 찍은 사진이 있습니다. 셀카봉도 없는데 그 높은 산 정상에서 사진을 찍습니다. 누가 찍어 줬을까요? 셰르파가 찍어 주는 것입니다.

셰르파는 해발 4,000m 이상의 지역에서 태어났고, 훈련을 잘 받은 사람들입니다. 등반객은 30kg 넘는 짐을 지고 거기까지 못 올라갑니다. 거기에는 텐트도 가져가야 하고, 먹는 것도 가져가야 합니다. 한 달 걸릴지도 모르는데, 길을 알 수 있습니까? 그러나 거기에 사는 셰르파들이 안내하는 것입니다.

여러분 아시는 대로, 에베레스트 산에 처음 올라간 사람이 누구입니까? 1953년 9월 29일 에드먼드 힐러리(Edmund Hillary)라고 하는 사람이 올라갔습니다. 그분이 에베레스트 산의 정상에 올라갈 때 혼자 올라간 게 아니었습니다. 그분을 도와준 사람이 359명입니다. 359명이 무거운 보따리 올려 주고, 안내해 주고, 좋은 것으로 이 길로 저 길로 도와줬기 때문에 올라간 것입니다. 그 무거운 짐을 등반객이 혼자 가져갈 수 없습니다. 셰르파에게 맡기는 것입니다. 거기에서 태어나고 훈련받은 셰르파가 4,000m가 넘어서 산소가 부족한데도 거기에 가서 이 짐을 옮겨 주는 것입니다. 높은 산, 험한 산일수록 셰르파가 필요합니다.

우리 인생길 힘들고 어려우므로 주님이 오셔서 내 무거운 짐을 대신 져 주셔야 합니다. 내 무거운 짐, 모든 시험, 모든 근심거리도 주님이 맡아 주시기 때문에 나는 자유로움이 있는 것이고, 나에게는 기쁨이 있는 것이고, 나에게는 행복이 있는 것입니다.

우리는 혼자 살기 힘듭니다. 이런 우리에게 주님께서 오셔서 내 모든 무거운 짐을 주님이 대신 짊어지시고 셰르파처럼 생명의 길로 인도해 주셨습니다. 우리 구주 예수님이 계시니 그 예수님이 우리로 수치를 당하지 않게 해주시고, 그 하나님께서 우리를 건져 의의 자리로 인도해 주셨습니다.

우리가 할 수 없는 것을 하게 해주시고, 우리가 해결할 수 없는 것을 해결해 주시는 하나님을 믿습니다. 죄의 문제, 우리는 해결할 길이 없습니다. 죄의 문제를 주님이 해결해 주셨습니다. 미가 7장 19절에 "다시 우리를 불쌍히 여기셔서 우리의 죄악을 발로 밟으시고 우리의 모든 죄를 깊은 바다에 던지시리이다"라고 합니다. 내가 가지고 있는 죄, 여러분이 가지고 있는 죄, 우리가 해결할 수 없습니다. 우리 하나님께서 해결해 주시고, 우리 예수님께서 깊은 바다로 굴려, 던져 버려서 우리에게 자유가 있는 줄로 믿습니다.

우리에게는 고통의 문제가 있습니다.

"수고하고 무거운 짐 진 자들아 다 내게로 오라 내가 너희를 쉬게 하리라"(마 11:28).

얼마나 행복한 말씀입니까? 힘들고 어려울 때 이 성경 구절 한 구절을 자꾸만 외워 보십시오. 고통이 완전히 물러가고 자유로움, 아름다운 은혜가 임하게 될 줄로 믿습니다. 고통만 굴러가게 하신 것이 아닙니다. 우리를 억압에서 건져내 주시는 거예요.

"주의 성령이 내게 임하셨으니 이는 가난한 자에게 복음을 전하게 하시려고 내게 기름을 부으시고 나를 보내사 포로 된 자에게 자유를, 눈먼 자에게 다시 보게 함을 전파하며 눌린 자를 자유롭게 하고"(눅 4:18).

우리를 억압하는 세상의 악한 것이 있지만 거기에서 우리를 자유롭게 해주시고, 거기에서 우리를 해방해 주시고, 우리를 능력 있게 만들어 주신 줄로 믿습니다. 억압에서 건져 주시는 우리 하나님, 또 우리를 사망의 음침한 골짜기에서 건져 주셨으니, "진실로 진실로 너희에게 이르노니 죽은 자들이 하나님의 아들의 음성을 들을 때가 오나니 곧 이때라 듣는 자는 살아나리라" 하신 요한복음 5장 25절 말씀처럼 주의 음성을 듣는 자는 살아날 것입니다. 우리 하나님의 말씀, 십자가에 대한 복음을 믿고 들으면 사망에서 생명을 얻어 승리의 자리에 서게 될 줄로 믿습니다.

우리가 살다 보면 불행이 우리에게 옵니다. 불행의 문제는 내가 해결할 수 없는데 주님이 해결해 주십니다.

"이날 곧 안식 후 첫날 저녁때에 제자들이 유대인들을 두려워하여 모인 곳의 문들을 닫았더니 예수께서 오사 가운데 서서 이르시되 너희에게 평강이 있을지어다"(요 20:19).

더 나아가 우리가 제일 싫어하는 저주가 있는데, 내가 이 저주를 끝장낼 수 없는데 하나님이 해결해 주십니다.

"그리스도께서 우리를 위하여 저주를 받은 바 되사 율법의 저주에서 우리를 속량하셨으니 기록된 바 나무에 달린 자마다 저주 아래에 있는 자라 하였음이라"(갈 3:13).

얼마나 기쁜 일입니까? 이것을 돈으로 할 수 있습니까? 세상의 의학으로 할 수 있습니까? 세상의 어떤 지위가 할 수 있습니까? 아무것도 할 수 없습니다. 예수님만이 하실 수 있습니다.

여러분, 어려운 세상에서 우리가 살아가지만 그 환경 때문에 감사를 뒤로 밀쳐 두어서는 안 됩니다. 하나님께서 우리에게 영적으로 주신 은혜가 너무나 크기에 바울은 옥중에 있으면서도 골로새 성도들에게 우리 같이 감사하자고 하였습니다. 그리스도인인 내가 거룩합니다. 그리스도의 평강이 우리 속에 임하였고 그리스도께서 우리를 택하여 주셨는데, 우리가 어찌 가만히 있을 수 있느냐. 그 은혜의 풍성함을 따라 예수님을 찬양하자고 편지하였습니다.

여러분, 오늘 우리에게 이 은혜를 주셨으니 하나님께 감사할 수 있기를 원합니다. 온 마음과 정성을 다하여 하나님께 감사할 때 악한 저주도 끝장나 버리고, 우리가 싫어하는 병마도 물러가고, 우리가 걱정하는 세상의 두려움도 물러가게 될 줄로 믿습니다. 감사로써 승리하며, 하나님의 거룩한 사랑을 노래하며 찬양하는 저와 여러분의 삶이 되시기를 우리 주님 이름으로 축복합니다.

8. 개혁 성도의 믿음생활

갈라디아서 2:16-21

[16]사람이 의롭게 되는 것은 율법의 행위로 말미암음이 아니요 오직 예수 그리스도를 믿음으로 말미암는 줄 알므로 우리도 그리스도 예수를 믿나니 이는 우리가 율법의 행위로써가 아니고 그리스도를 믿음으로써 의롭다 함을 얻으려 함이라 율법의 행위로써는 의롭다 함을 얻을 육체가 없느니라 [17]만일 우리가 그리스도 안에서 의롭게 되려 하다가 죄인으로 드러나면 그리스도께서 죄를 짓게 하는 자냐 결코 그럴 수 없느니라 [18]만일 내가 헐었던 것을 다시 세우면 내가 나를 범법한 자로 만드는 것이라 [19]내가 율법으로 말미암아 율법에 대하여 죽었나니 이는 하나님에 대하여 살려 함이라 [20]내가 그리스도와 함께 십자가에 못 박혔나니 그런즉 이제는 내가 사는 것이 아니요 오직 내 안에 그리스도께서 사시는 것이라 이제 내가 육체 가운데 사는 것은 나를 사랑하사 나를 위하여 자기 자신을 버리신 하나님의 아들을 믿는 믿음 안에서 사는 것이라 [21]내가 하나님의 은혜를 폐하지 아니하노니 만일 의롭게 되는 것이 율법으로 말미암으면 그리스도께서 헛되이 죽으셨느니라

이번 설교 준비를 하면서 저를 한번 돌아보았습니다. 성도 여러분, 제가 일 년 동안 몇 번 설교할 것 같습니까? 일 년에 520번쯤 합니다. 주일 날 1부, 2부, 3부 50주만 해도 그것만 150회가 넘지 않습니까? 거기에다 매일 새벽예배를 한번 생각해 보십시오. 수요일 날 1부, 2부, 금요일 예배. 이렇게 제가 설교하는 것을 죽 계산해 보니까 520차례 정도 설교를 하는 것입니다.

이 설교라고 하는 게 참 신기합니다. 생명의 말씀이고 능력의 말씀인데 이 말씀, 생명의 말씀을 증거하러 강단에 올라설 때는 늘 두렵고, 늘 떨리고, 늘 부족함 속에서 허덕입니다. 늘 모자라고, 하나님 앞에 부끄럽기도 하고, 죄스럽기도 한 그런 마음으로 섭니다. 그런데 항상 그런 마음인데, 특별히 일 년에 두 번은 더 창피합니다. 일 년에 두 번은 더 부끄럽고, 어쩔 수 없이 설 때가 있습니다.

일 년 중 정말 숨죽이는 마음으로 설교 강단에 올라가는 그 두 번은 언제겠습니까? 성도 여러분, 한번 추측해 보시렵니까? 하나는, 어버이주일에 설교하는 것입니다. 제가 부모님께 불효자입니다. 아버지 어머니 말씀 참 안 들었거든요. 이러다 보니까 저도 아버지 어머니한테 효도 못했는데 교인들에게 "효도하십시오, 효도하십시오" 하려니 이게 제일 저에게 부끄러웠습니다. 그래서 어버이주일 설교가 정말 힘듭니다.

또 하나는, 오늘 주일 같은 종교개혁주일입니다. 1517년 믿음의 선진들이 이루어 놓은 그 과업을 나도 이어가면서 한 가지라도 따라가야 하고, 흉내라도 내야 하는데, 종교개혁주일에 설교할 때마다 제 마음이 찔리는 것입니다. 이 사회구조 속에서 내가 어떻게 외쳐야 하느냐? 거기에 기죽어 있고, 부끄러움을 느끼고 있습니다. 한국교회 앞에 내가 어떻게 서고, 우리 연신교회 앞에서 어떻게 설교자로 서느냐, 참 부끄러울 때가 많습니다. 오늘이 그런 경우인 것입니다.

이번 주간에 소설가 최인호 씨의 작품을 읽었습니다. 최인호 씨의 소설은 여러분도 많이 읽으셨을 것입니다. 대표적인 작품이 《별들의 고향》 아니겠습니까? 그리고 《타인의 방》, 《상도》, 《깊고 푸른 밤》이 있는데 제가 이 시간에 전하고 싶은 것은 《사랑아 나는 통곡한다》입니다. 이분의 그 글귀 속에 정말 내 마음이 담겨 있고, 부끄러웠던 내 마음을 대변해 주는 것이 있더라고요. 그 서문에 보면 이렇게 나옵니다.

> 나는 통곡하며 살고 싶다. 나는 대충대충, 생활도 대충대충, 만남도 대충대충, 일도 대충대충, 그렇게 살고 싶지 않다. 나는 모든 일에 통곡하는 그런 열정을 지니고 살고 싶다. 나는 친구도 통곡하고 사귀고 싶다. 꽃 한 송이를 보아도 통곡하고 싶다. 내 아들딸들의 통곡하는 아버지가 되고 싶다. 하나님도 통곡하며 믿고 싶다.

"하나님도 통곡하며 믿고 싶다." 저를 찔러 주는 말이었습니다. 또한 저를 부끄럽게 한 말씀이기도 합니다. 오늘과 같은 종교개혁주일이 되면 참으로 어떻게 살아가야 하는가 생각하게 되는 것입니다. 이 세상을 열망을 가지고 살아야 하는데, 그 감정이 싸늘하게 식은 밥과 같은 내 삶을 보게 됩니다. 이 시대에 눈물도 메말라 있고, 감성 지수도 뒤떨어져 있는 이때 내가 어떤 그리스도인으로 살아가야 하는가? 어떤 목회자로 살아가야 할까? 고민이 되고, 기도가 됩니다.

　세상의 권력 구조 속에서 무력하게 큰소리도 못 치고 살아갑니다. 조직의 틈바구니에서 이쪽이 좋은지 저쪽이 좋은지 판단이 안 돼서 헤매고 지쳐 있을 때도 있습니다. 그러면서 '이게 아닌데, 이건 아니지' 하다 보니 세월이 얼마나 속절없이 지나가는지 모릅니다.

　베드로의 삶을 한번 살펴봅시다. 갈팡질팡, 올라갔다 내려갔다 하면서 큰 실수 속에서 그가 일어서는 삶을 보면 제가 약간의 위로를 얻습니다.

　베드로는 갈릴리 어부 출신입니다. 성경은 이 사람을 가리켜서 '아그라마타'라고 합니다. 아그라마타라는 말은 순 무식쟁이라는 뜻입니다. 베드로한테 무식한 어부라고 한 것입니다. 그는 또 다혈질의 사람입니다. 얼마나 성격이 불같은지 모릅니다. 저도 성격이 급하기는 한데, 저보다 더 급한 것 같습니다.

　유다가 예수님을 붙잡으러 왔을 때 그가 칼을 뽑아서 대제사장의 종 말고의 귀를 베어 버린 일이 있습니다. 그는 용기도 있지만 혈기도 있는 그런 사람입니다. 베드로 하면 생각나는 것은 바로 삼중 부인(세 번이나 부인)의 사람이라는 것입니다. 예수님이 붙잡혀 간 상황에서 한 종이 그에게 예수님과 함께한 사람이라고 하니 베드로가 잡아떼고 맹세하고, 저주하며 나 몰라라 물러섰던 것입니다.

그런데 이런 베드로가 성령 안에서 변화가 되니까 그 삶이 완전히 달라집니다. 그 심령에 말씀이 떨어지니 개혁이 되고, 그 심령에 성령이 들어가니 개혁되어서 능력의 역사를 이루는 것을 발견합니다. 사도행전 3장 6절, "베드로가 이르되 은과 금은 내게 없거니와 내게 있는 이것을 네게 주노니 나사렛 예수 그리스도의 이름으로 일어나 걸으라" 하며 역사를 일으킵니다. 그가 다혈질의 사람이었고, 불학 무식한 사람이라고 멸시를 받았는데, 하나님의 성령이 들어가니까 신유의 은사가 나타나 앉은뱅이를 일으키는 역사를 이루는 것입니다. 정말 하나님의 놀라운 역사를 여기에서 보게 됩니다. 희망이 없던 사람이 희망의 사람이 되었고, 기쁨이 없던 사람이 기쁨의 사람이 되었습니다.

사도행전 4장 7-8절에 "사도들을 가운데 세우고 묻되 너희가 무슨 권세와 누구의 이름으로 이 일을 행하였느냐 이에 베드로가 성령이 충만하여 이르되 백성의 관리들과 장로들아"라고 하는 달라진 베드로를 보게 됩니다. 이 말씀을 하는 곳은 편안한 자리가 아닙니다. 예수님이 서셨던 심판의 자리, 재판의 자리에 베드로가 선 것입니다. 시퍼런 칼날과 권위와 그 엄위한 경비병 속에서 그가 강하고 담대하게 나서서 외치는 것입니다.

사도행전은 의사 누가가 기록했는데, 얼마나 상세하게 봤겠습니까? 베드로는 성령이 충만했습니다. 충만했다는 말은 '넘친다, 넘쳤다' 이런 뜻입니다. 누가가 봤을 때 베드로는 성령이 충만한 사람이었습니다. 성령 충만함으로 외친 것입니다.

무식쟁이였고, 다혈질의 사람이었고, 예수님을 결정적인 순간에 부인하고 그냥 발뺌했던 베드로였습니다. 그런 그에게 예수님 이름이 들어가니 그 심령이 개혁되었습니다. 그에게 성령의 은혜가 임하니까 원수들 앞에서도 담대하게 외칩니다. 그의 모습 속에서 우리도 용기를 얻습니다.

개신교를 가리켜서 보통 '프로테스탄트'(protestant)라고 합니다. 프로테스트(protest)라는 말은 '항거한다, 대항한다'는 뜻입니다. 공산당이 제일 싫어하는 것이 항거하는 것입니다. 3·1운동 때 많은 애국자가 있었습니다. 일본에 대항했다가 많은 사람이 죽었습니다. 그들을 가리켜 순국자, 순열들이라고 그러지 않습니까? 그런데 그중에 90%가 기독교인들입니다. 일본 제국주의에 맞서, 그들이 대한민국의 자주독립을 위하여 일제의 신사참배와 불의에 항거하면서 나가서 하나님의 뜻과 국가의 미래를 위해서 희생했던 사람들입니다.

우리는 1517년 마르틴 루터가 로마 가톨릭의 부패에 항거하면서 새로운 하나님의 의를 이루어 나갔던 것을 생각해 봅니다. 그 당시에 종교개혁은 일회적으로 끝난 것이 아니었습니다. 어떤 행사처럼 일시적으로 캐치프레이즈, 어떤 구호를 외치고 그렇게 끝난 것이 아니었습니다. 삶의 현장 속에 복음이 들어갔고, 믿음의 거룩한 생명의 씨앗이 심령에 들어가서 교회를 바꾸고, 이웃을 바꾸고, 성도를 바꾸고, 그 당시 문화와 정치, 경제, 모든 것을 개혁했습니다.

루터의 종교개혁을 보면 제도적인 개혁만이 아닙니다. 사실 종교개혁은 그 속에 들어가면 생명의 개혁입니다. 생명의 개혁이라는 것은 살리는 쪽으로 변화되는 것입니다. 사람이 건강한 쪽으로 바뀌면 편안하고 즐겁게 살 수 있듯이, 루터의 개혁은 건강한 쪽으로 변화되어 가는 과정이었습니다.

그 당시에는 성경이 라틴어로만 되어 있어서 일반 성도들은 성경을 읽을 수도 없고, 펼칠 수도 없었습니다. 가톨릭 지도자들은 신앙 양심마저도 부패했고, 하나님 말씀의 생명력이 사람들에게 전달되지 못했습니다. 그러한 종교를 개혁하고자 루터, 칼빈, 츠빙글리, 베자 등 수많은 사람이 나타났습니다.

그런데 1517년에 있었던 종교개혁이 우리와 무슨 상관이 있겠습니까? 우리는 루터가 아니고 칼빈도 아닙니다. 그들과 혈연적으로 연관이 있는 것도 아닙니다. 그런데 이 사건과 우리의 연결점이 바로 예수님 안에서의 생명입니다. 당시에 어디서 역사가 일어나느냐? 말씀 안에서의 역사라는 것입니다. 그들이 십자가 사랑 안에서 변화되고 십자가의 복음을 회복합니다. 그들이 생명의 자리로 나아가는 변화를 보게 됩니다.

종교개혁을 보면 5가지 큰 기둥이 있습니다. 첫째, '오직 성경'(Sola Scriptura)입니다. 어떤 특정한 사람에게만 읽히고 간직되고, 특정한 자리에서만 읽히는 게 아닙니다. 성경은 누구나 볼 수 있고, 누구에게나 읽혀야 합니다. 인류 모두에게 오직 성경, 인간에게는 성경이 최고라는 것입니다.

둘째, '오직 예수'(Sola Christus)입니다. 성경 안에 예수님이 있으니까 십자가가 있고, 구원이 있는 것이지 않습니까?

셋째, '오직 은혜'(Sola Gratia)입니다. 나의 나 된 것은 하나님의 은혜로다. 여러분, 모든 것이 하나님의 은혜인 줄로 믿습니다. 우리는 하나님의 은혜가 아니고는 살아갈 수가 없습니다. 배가 바다 위에서 뜨고, 물고기가 막 다니잖아요. 그 바다 물속에 어떤 힘이 작용하기 때문입니까? 바로 부력이 있기 때문입니다. 부력은 눈에 보이지 않습니다. 그런데도 고기가 움직이고, 사람이 수영할 수 있고, 배가 떠다닙니다. 바로 오직 은혜가 있어서 눈에는 보이지 않지만, 하나님의 역사는 은혜가 있어서 이렇게 역사를 새롭게 만들 수 있었습니다.

넷째, '오직 믿음'(Sola Fide)입니다. 믿음 외에 좋은 게 없습니다. 정말 믿음만이 우리를 구원에 이르게 하고, 믿음만이 능력에 이르게 할 줄로 믿습니다.

마지막은 '오직 하나님께 영광'(Soli Deo Gloria)입니다. 여기에서 배우고 은혜를 받아서, 저는 연신교회에 부임하면서부터 교회 주보 첫 페이지에 "오직 하나님께 영광을"이라고 썼습니다. 모든 영광은 오직 하나님께 돌리는 것입니다.

당시에 면죄부 판매도 있었고, 성물 판매도 있었고, 성경은 라틴어로만 읽게 했습니다. 교황은 절대로 죄가 없는 사람이라고 했습니다. 그 많은 것을 얽매었던 그 무거운 제도, 죄악의 제도를 변화시킬 수 있었던 것은 오직 십자가 예수의 말씀, 성경 말씀이었습니다. 여러 가지 갈등과 번민 속에 있던 그들에게 소망이 어디에 있느냐? 말씀 안에 있었습니다. 인류의 희망이 십자가 앞에 있고, 인류의 미래가 예수님 안에 있다는 것입니다.

〈뉴욕타임스〉에서 인류 역사 100대 사건을 정리한 적이 있습니다. 그중에 제일 영향력 있는 사건이 무엇인가? 바로 종교개혁입니다. 그 당시에 여러 가지 제도가 있었지만 그때부터 정교분리, 성경의 대중화, 만인 제사장 등 신앙 양심이 회복되고, 성령의 역사를 덧입어서 성경의 가치관을 재발견하는 일들이 이루어졌습니다.

모든 것이 성경으로 돌아가고, 모든 것이 믿음으로 돌아가는 것입니다. 믿음 없이는 구원이 있을 수 없고, 믿음 없이는 세상을 살아갈 수 없습니다. 그래서 로마서 1장 17절에 "복음에는 하나님의 의가 나타나서 믿음으로 믿음에 이르게 하나니 기록된 바 오직 의인은 믿음으로 말미암아 살리라 함과 같으니라"라고 합니다.

오직 우리는 믿음으로 사는 것입니다. 왜냐하면 우리는 죄인이기 때문입니다. 디모데전서 1장 15절에 "미쁘다 모든 사람이 받을 만한 이 말이여 그리스도 예수께서 죄인을 구원하시려고 세상에 임하셨다 하였도다 죄인 중에 내가 괴수니라"라고 합니다. 우리는 다 죄인이고 의인은 없나니 한 사람도 없습니다. 그런데 이 죄인 된 이곳에 희망으로 오신 분이 예수님이고, 죄인 된 이 자리에 희망의 예수로 오셔서 생명의 역사를 만들어 주시는 것입니다.

하버드 대 교수인 하비 콕스(Harvey Cox)가 《세속도시》(Secular City)라는 책을 썼습니다. 그 내용을 보면, '신은 죽었다. 세상에서 하나님은 죽었다. 다시 하나님은 오신다고 해도 죽을 것이다. 모든 것의 희망을 잃어버렸다'라는 것입니다. 왜냐하면 과학이 발달하면서 하나님 자리에 올라가 버렸고, 세상의 과학문화가 하나님을 밀쳐내 버렸고, 인간이 그 안에서 모든 것을 의지하면서 살아가기 때문이라는 것입니다. 바로 이 과학이 우상보다 더 높은 자리에 올라가 하나님마저 밀어냈다는 것입니다.

이 세속의 도시 속에 정말 하나님이 살아 계실까? 하나님이 이 세상의 주관자로 계실까? 세속도시 속에서 하나님은 무엇을 하실 수 있을 것인가? 사람들의 머릿속에서 하나님을 밀쳐 내놓은 것입니다.

이때 하비 콕스는 단언합니다. 아니다! 이 더럽고 어렵고 세상적으로 누추하다 할지라도 하나님의 성령이 임하셔서 세상은 희망이 있고, 세속도시에도 희망이 있고, 죄인 된 자리에도 희망이 있다는 것입니다. 내 심령이 뭉그러지고, 내 심령이 상처 속에 있어도 뭐는 있다? 희망은 있다!

지금 오늘 한국사회를 보십시오. 얼마나 많이 기독교의 이미지가 흐려졌습니까? 세상 언론에서 교회 안에서 확진자를 만들어 낸다고 얼마나 불편하게 말하는지 모릅니다. 그러다 보니 젊은이들 의식 속에 교회는 나쁜 곳으로 전부 다 입력이 되고 있습니다. 그리고 값싼 정보, SNS를 통해서 기독교에 대한 불편한 진실, 나쁜 것만 쫙 나열해 놓습니다. 물론, 저를 포함한 지도자들의 부족함도 크다고 생각합니다.

하비 콕스가 하나님은 죽었다, 교회는 안 된다, 희망이 없다는 세속도시 속에도 성령이 역사하신다고 언급한 것을 우리는 기억해야 할 것입니다. 그 세속도시 속에도 하나님이 운행하시고, 거기서도 하나님의 구원 손길이 함께 하실 줄로 믿습니다.

오늘 바로 이 시대가 그렇습니다. 하나님께서 오늘 우리를 이 어려운 도시 속에서 살려주시는데, 우리의 문화적인 문제가 아닙니다. 윤리적 가치 기준, 이념의 문제가 아닙니다. 예수 그리스도를 통한 성령의 역사로 임하게 될 줄로 믿습니다. 성령의 역사가 우리에게 불붙을 때에 우리는 다시 오실 주님의 재림에 대해서 소망하게 됩니다. 그리고 우리는 잃어버렸던 복음의 진리를 다시 찾게 되어서 십자가 복음으로 가야 할 줄로 믿습니다.

갈라디아서 2장 4절에 "이는 가만히 들어온 거짓 형제들 때문이라 그들이 가만히 들어온 것은 그리스도 예수 안에서 우리가 가진 자유를 엿보고 우리를 종으로 삼고자 함이로되"라고 합니다. 여기에 보면 갈라디아 교회에 영적 자유로움과 영적 충만함과 영적 능력이 있는데, 거짓 선지자, 거짓 형제들이 가만히 들어와서 교회를 어지럽힙니다. 요즘 사회에서 마치 한국교회를 바로잡는다, 세계 교회를 바로 세운다, 한국교회가 썩었다고 하면서 쭉 들어와서 자기들 나름대로 교회를 판단합니다.

그러나 여러분, 교회를 밝히는 분은 성령 한 분, 예수 그리스도이십니다. 예수 앞에 녹고 십자가 붙들 때 변화가 되는 것이지, 운동하고 모여서 사람들이 외친다고 해서 교회가 뒤집히는 것이 아닙니다. 사람이 뒤집히는 것도 아닙니다.

현대인들은 참 나약합니다. 작은 그런 정보에는 쉽게 끌려가고, 사람들이 그냥 SNS를 통해서 몇 마디 던지면 왜 거기에는 확 따라가고, 일 년에 500번 목이 터지라 외치는 목사의 얘기는 왜 안 듣느냐고요? 대답 좀 해보십시오. 여러분, 오늘 가만히 들어온 세상의 이론과 이단 사설과 그럴듯한 이론가들이 기독교를 폄훼합니다. 오늘 우리에게 가만히 들어온 것들이 한국교회를 어렵게 하는데, 순수한 복음만이 살길입니다. 순수한 십자가만이, 오직 믿음, 오직 성령, 오직 성경, 오직 하나님께 영광 돌리는 길만이 우리가 살아갈 길인 줄로 믿습니다.

우리에게 다른 복음이 없습니다. 갈라디아서 1장 7-8절에 "다른 복음은 없나니 다만 어떤 사람들이 너희를 교란하여 그리스도의 복음을 변하게 하려 함이라 그러나 우리나 혹은 하늘로부터 온 천사라도 우리가 너희에게 전한 복음 외에 다른 복음을 전하면 저주를 받을지어다"라고 합니다. 다른 복음을, 예수님 외에 다른 것을 전하면 안 되는 것입니다. 십자가 예수님만 증거해야 하고, 십자가 예수님만 따라가야 하고, 십자가 예수님만 구원의 생명이 될 줄로 믿습니다.

오늘 우리에게도 세상에서 많은 유혹이 있는데, 루터 당시라고 왜 유혹이 없었겠습니까? 그때는 크게 두 가지, 즉 이성주의와 신비주의가 있었습니다. 이성주의는 인간의 이론과 인간의 사상을 앞세운 것 아니겠습니까? 정말 말 잘하는 궤변, 말장난, 그럴듯하게, 예수 그리스도를 다르게 표현해서 멀쩡한 신앙의 사람들을 쓰러뜨려 버렸습니다. 신비주의라고 하는 것은 과도하게 체험을 중요시합니다. 이들은 말씀보다 체험에 집중합니다. 십자가 복음보다 개인적인 체험을 추구합니다. 이들이 나타나서 많은 것을 흐트러뜨려 버렸습니다.

오늘 이 시대에 예수님 믿기 참 힘듭니다. 교회생활 하기 힘드시지요. 옛날에는 약속을 정할 때 자신 있게 교회 가야 하므로 약속을 다음으로 미루자 했는데, 요즘 다른 친구들에게 교회 간다는 소리를 못하는 사람들이 있습니다. 나 저쪽 가야 해. 나 저쪽 가서 누구를 좀 만나고 와야 해. 우리의 혀가 완전히 흐려지고 굽은 거예요. 성경 찬송을 들고 자신 있게 교회에 가야 할 우리가 어디 가냐? 저쪽 간다. 그냥 마트에 가, 몰에 가서 뭐 하나 사려고 그래. 그런데 갔다 오는 길에 교회 좀 들르려고 한다고 합니다. 우리가 신앙인으로서 희미하게 이렇게 살 것이 아닙니다.

이번 종교개혁주일에 어떤 기관이 변화되고, 다른 교회가 변화되고, 개인이 변화되어야 한다는 여러 많은 관점이 있습니다. 그런데 사실 개혁은 저항을 의미하고, 이 저항은 생명을 살리는 것입니다. 내가 살기 위해서, 내 생명이 건강하기 위해서 저항하는 것입니다. 이 개혁주일을 맞이하면서 예수님 말씀 붙들고, 십자가 쪽으로 생명을 얻도록 나아가고, 예수 부활의 자리로 우리의 방향을 돌리는 개혁이 되어야 합니다. 주의 몸 된 성전에, 거룩함에 목적을 두고 변화되는 이 개혁이 나에게는 생명길이 될 줄로 믿습니다. 생명 더하여 주시는 주님 앞에 오늘도 십자가 붙들고 개혁되어 가는 우리의 심령이 예수 안에서 능력을 체험하고, 새 힘을 공급받아야 합니다.

세상을 이기되 강하게 담대하게 승리하며 살아가시기를 우리 주님의 이름으로 축복합니다.

9. 세례교인의 영적 축복

 **마태복음 28:16-20**

16열한 제자가 갈릴리에 가서 예수께서 지시하신 산에 이르러 17예수를 뵈옵고 경배하나 아직도 의심하는 사람들이 있더라 18예수께서 나아와 말씀하여 이르시되 하늘과 땅의 모든 권세를 내게 주셨으니 19그러므로 너희는 가서 모든 민족을 제자로 삼아 아버지와 아들과 성령의 이름으로 세례를 베풀고 20내가 너희에게 분부한 모든 것을 가르쳐 지키게 하라 볼지어다 내가 세상 끝 날까지 너희와 항상 함께 있으리라 하시니라

인생을 살아가는 사람 중에 걱정 없는 사람이 누가 있겠습니까? 이 세상을 살아가는 동안 염려가 없는 사람이 누가 있겠습니까? 그래서 옛 어른들이 천석꾼은 천 가지 걱정, 만석꾼은 만 가지 걱정이 있다고 했습니다.

세계적인 상담심리학자이며 사람들의 마음을 잘 연구한 노먼 빈센트 필(Norman Vincent Peale)이 있습니다. 그는 저명한 저술가이자 만

인의 성직자로 불리는 세계적인 동기부여 연설가입니다. 그는 《긍정적 사고방식》(The Power of Positive Thinking)이라는 책을 썼고, 긍정적 사고의 창시자로 알려졌습니다. 이분은 언제나 긍정적인 사고를 하자고 가르치고 주장하는 사람입니다. 그는 정말 훌륭한 인격자이며 선생님입니다.

30대 후반의 한 젊은 남자가 노먼 빈센트 필 선생님을 찾아갔습니다. "선생님, 너무너무 힘듭니다. 세상살이가 힘듭니다. 머리가 멍합니다. 뚜껑이 열립니다. 미칩니다. 환장합니다. 펄쩍 뜁니다. 내가 어떻게 살아가야 하는지 염려가 없는 곳이 없습니까? 걱정이 너무 많습니다."

필 박사가 말합니다. "이 사람아, 우리 도시의 인구가 17만 명인데, 이 17만 명의 인구 중에 고생 없는 사람, 걱정 없는 사람, 염려 없는 사람은 하나도 없다네." 그래도 젊은 남자는 "아, 선생님, 나 염려 없는 곳에 가서 살고 싶습니다. 그저 십자가만 있으면 됩니다. 십자가만 있고 걱정 없는 곳, 그런 데 좀 보내주십시오. 소개 좀 해주십시오"라고 했습니다.

그러자 필 박사가 "그래? 그 좋은 데가 하나 있는데, 내가 소개할 테니 가려는가?" 하고 물었습니다. 그 후 필 박사는 그를 십자가가 있는 공동묘지로 안내하였습니다. 그곳에는 십자가가 매우 많습니다. 좋은 나무들이 있습니다. 새들이 지저귑니다. "좋은 열매가 맺히고 아름다운 꽃들이 피어나는 이곳은 염려가 없다네. 자네, 가려는가?" 여러분, 염려가 없는 곳이 없습니다.

필 박사는 긍정적인 사고방식을 주장합니다. 여러분은 늘 자기 자신을 믿으십시오. 당신은 희망 있는 사람입니다. 여러분 속에는 무한한 유전자와 무한한 가능성이 담겨 있습니다. 희망을 품으라고 합니다.

세상살이가 힘들고 어렵지만 희망을 품어야 하는데 사실 희망을 가진다는 게 어렵습니다. 왜요? 인간이기 때문입니다. 인간이 왜 희망을 품기 어려우냐? 죄인이기 때문입니다. 의인은 없나니 한 사람도 없습니다. 모든 사람이 죄를 범하였으매 하나님의 영광에 이를 수 없습니다. 우리는 죄인입니다.

에덴 동산에서 아담과 하와가 죄를 지었는데 아담과 하와의 죄가 왜 우리의 죄가 되느냐는 궁금증이 있습니다.

여러분, 성경에는 '대표성'이라는 원리가 있습니다. 예를 들어, 우리나라 국가대표 팀이 외국 팀하고 싸워서 이겼습니다. 그러면 우리나라가 승리한 것입니다. 우리 모두가 그 기쁨을 누립니다. 우리는 축구 시합을 안 했습니다. 선수도 아닙니다. 우리는 팀 주치의도 아닙니다. 코치도 아닙니다. 그래도 국가대표들이 대한민국 국기를 달고 대표성을 가지고 시합을 했기 때문에 우리 국민 모두의 승리가 됩니다.

아담과 하와가 범죄했습니다. 대표성의 원리 속에 우리의 죄가 되는 것입니다. 그래서 에덴 동산에서 부끄러움을 알고 그들이 나뭇잎으로 옷을 만들어 입으니 태양이 내리쬐고 바람이 부니까 다 말라 버리고 부서져 버립니다. 에덴 동산에서 하나님이 주신 자유의지, 해도 되고 안 해도 되지만 하나님이 기뻐하시는 곳에 이 자유의지를 써야 했는데, 그 자유의지를 가지고 자기 눈에 좋은 것을 행한 것이 죄악입니다.

범죄한 인간을 위해서 죄 없는 양이 대신 피를 흘립니다. 양은 죄 하나 짓지 않았습니다. 그러나 죽었습니다. 우리 예수님이 바로 그렇습니다. 예수님은 죄가 없는 분입니다. 예수님은 의로운 분입니다. 예수님은 성스러운 분입니다. 그런데 예수님께서 피를 흘리셨습니다. 왜냐하면 유월절 어린양처럼, 에덴 동산에서 아담과 하와를 위하여 피를 흘린 짐승처럼 우리 죄를 용서하시기 위하여 예수님이 오셨기 때문입니다.

그래서 우리의 불안과 우리의 걱정과 염려가 완전히 사라진 곳이 있는데, 그곳이 바로 예수님의 품 안입니다. 예수님의 품 안에 우리의 진정한 자유가 있습니다.

이 예수님의 아름다운 이름을 우리가 받아들이게 되고, 그에게 아름다운 고백을 하고 그를 따라 사는 삶을 받아들입니다. 우리의 모든 마음을 드리는 것이 여러 가지가 있는데, 예배 안에서 특별히 세례와 성찬이 있습니다.

오늘 여러분이 세례를 받는데, 이 세례는 보통 귀한 것이 아닙니다. 세례라고 하는 것은 정결의식이기도 합니다. 백성들이 하나님 앞에 나아갈 때 손이 더러우면 안 됩니다. 사실 손이 죄를 지은 것은 아닙니다. 눈으로 죄를 지을 수 있고, 마음으로 죄를 짓습니다. 그런데 손을 씻는 행위는 하나님께 나아갈 때 손을 씻으면서 부정한 것을 씻고 하나님 앞에 정결하게 나아간다는 뜻이 있습니다.

요한복음 2장에 가나 혼인 잔치에 관한 이야기가 있습니다. 그곳에 유대인의 결례에 따라 두세 통의 물을 부어야 하는 돌 항아리 여섯이 있습니다. 유대인들은 여행길에 발에 먼지가 묻었을 때 씻음으로써 깨끗함을 얻는 의식을 행하였습니다. 구약시대에 백성들이 할례를 행해서 구별되도록 하나님께서 따로 의식을 세워 주신 예도 있습니다.

우리가 불광동에 살고 있고, 연신내에 살고 있습니다. 지하철역을 떠올려 보십시오. 우리가 시내 종로 3가로 가려고 연신내역 3번 출구로 들어가서 지하철을 탔습니다. 다음 역이 어디죠? 불광역, 녹번역, 홍제역입니다. 여러분, 홍제라고 하는 말이 '씻을 홍'자 '제사 제'자잖아요. 옛날에 중국 사신이 오면 묵었던 호텔 이름이 홍제원입니다.

청나라 때 우리 조선의 여성들이 많이 청나라로 붙들려 갔습니다. 특별히 병자호란 때 많이 붙들려 갔습니다. 한국의 정결한 분들이 그 청나라에 붙들려 갔으니 몸도 마음도 다 누추해지고 상했습니다. 그들이 세월이 지나서 다시 고국으로 돌아왔습니다. 이 조선 땅으로 돌아왔는데, 부끄럽고 죄스럽고 자기들이 힘이 없어서 끌려가서 엉망진창의 삶이 되어 돌아와서 전부 다 고개를 들지 못하였습니다.

임금님께서 그들에게 다음과 같은 명령을 합니다. "홍제에 가서 몸을 씻어라. 그러면 다시 원상회복이 되느니라." 홍제는 저 북한산에서부터 출발해서 한강까지 약 14km 됩니다. 그래서 홍제가 됐고, 홍제역이 된 것이고, 홍제 전철역이 된 것이고, 홍제 아파트가 있는 것이고, 홍제 짜장면집이 있는 것이고, 홍제 돈가스집도 있고, 홍제 피자집도 있고, 홍제 과일 집도 있게 된 것입니다.

부지중에 죄를 지을 수도 있고, 나 스스로 짓는 자범죄도 있고, 어떻게 하다 보니까 죄를 짓는 게 사람인데, 용서받고 씻을 수 있는 유일한 길이 예수 그리스도를 믿는 것입니다. 그 정결예식이 세례식인 것입니다.

세례는 어떤 의미가 있을까요? 여러분, 다 옛날에 세례를 받으셨어요. 그런데 세례를 언제 받으셨는지, 몇 년 몇 월 며칠 몇 시 몇 분 몇 초에 세례를 받았는지 아는 분이 한 분도 없습니다. 저도 모릅니다.

제가 세례를 베풀 때마다 부끄러운 기억이 생각납니다. 저는 고등학교 때 세례를 받았는데, 장세윤 목사님이 우리 교회 당회장님이셨습니다. 장세윤 목사님께서 세례자 열한 명을 한 방에 모아 놓고 질문을 하셨습니다. 저는 혹시 나한테 물을까 봐 머리를 푹 숙이고 옆으로 눈을 뜨고 있는데, "학생 고개 들어!" 저를 향하여 딱 보더니 "이순창 학생 구원받았어?" "받은 거 같기도 하고, 안 받은 거 같기도 하고…" 머뭇거렸습니다. 그러다가 "지금 받으려고 합니다. 받는 중입니다"라고 대답했습니다. 목사님이 제 옆으로 한 사람 한 사람에게 다 물으시니 내가 정답인 줄 알고 다들 "받고 있습니다. 받으려고 그럽니다"라고 대답했습니다. 열한 명이 다 틀려 버린 것입니다. 지금 생각해 보면 부끄럽기 그지없습니다. 그런데 분명한 것은 나는 세례 받았다는 것입니다.

이 세례를 받는 예식을 통해서 우리는 무엇이 되는가요? 하나님의 자녀가 되는 것입니다. 여러분이 자동차 운전면허를 받으셨습니다. 자동차를 운전하고 다닙니다. 편리합니다. 재미있습니다. 그런데 운전면허를 취득하신 날이 몇 년도 몇 월 며칠 몇 시 몇 분 몇 초에요? 몰라요. 그런데 우리는 자동차를 주면 편리하게 운전하고 다닙니다.

세례도 마찬가지입니다. 받은 날짜는 정확히 몰라도 그 세례 받은 것이 하나님에 대한 고백을 공적으로 하는 것이므로 교인들 앞에서 그리스도인 된 것입니다. 그 세례 받은 것 때문에 생명이 있고, 세상의 것과 구별되고, 땅의 것이 아니고 하늘의 것이고, 육적인 것이 아니라 영적인 것입니다.

그러면 세례를 받았으므로 우리가 어떻게 되느냐? 세례는 깨끗하게 씻음을 받았다는 증거입니다. 여러분, 세례의 의미와 목적 일곱 가지를 말씀드리려고 합니다.

※ 세례의 의미와 목적
1) 세례는 깨끗하게 씻음을 받았다는 상징의 증거
2) 세례는 성도가 예수의 죽음과 부활에 참여하게 되는 것
3) 세례는 그리스도의 몸인 그리스도의 공동체의 일원이 되는 것
4) 세례의 물은 노아 홍수, 홍해 사건을 상징
5) 세례의 물은 십자가 보혈로 죄를 씻는 이스라엘의 언약
6) 세례는 죄에 대해 죽고, 새 생명으로 다시 사는 것
7) 세례는 구원의 표

첫째, 세례는 깨끗하게 씻음을 받았다는 상징의 증거입니다.
오늘 세례를 받음으로 모든 죄는 다 용서받고 하나님의 자녀가 되

었습니다. 시민권을 취득하면 시민권을 취득한 뒤에 거짓말해도 시민권은 내 것이고, 좋은 일을 해도 시민권은 내 것이고, 앉아도 내 것, 서도 내 것, 떨어뜨려도 내 것입니다. 마찬가지로 우리가 세례받아도 또 거짓말할 수 있고, 담배 한 대 피울 수도 있고, 술 한잔 마실 수도 있고, 거짓말할 수도 있고, 시기할 수도 있습니다. 그러나 그것을 하나님이 보시는 게 아닙니다.

이 세례 예식을 통하여 여러분의 죄가 깨끗하게 되었습니다. 결혼하신 분들 보십시오. 신랑 신부가 결혼합니다. 사랑하다가 결혼합니다. 그러나 사랑은 오래 했지만, 결혼 예식을 통해서 만방에 알리는 것입니다. 오늘 여러분이 예수님을 믿지만, 이 예식을 통하여 만방에 알리는 것입니다. 지금도 예수님을 사랑하고, 옛날에도 예수님을 사랑하고, 몇 년 전에도 예수님을 사랑하고, 엄마 뱃속에서도 예수 사랑했지만, 오늘 모든 사람에게 알리는 행위입니다.

둘째, 세례는 성도가 예수님의 죽음, 부활, 영생에도 참여하게 되는 행위입니다.

이렇게 예수 믿고 세례 받음으로 말미암아 예수 부활의 자리에 간다는 것입니다. 예수님의 죽음도 해결되었듯이 예수님 부활의 자리에 동참하게 되는 것입니다.

> "무릇 그리스도 예수와 합하여 세례를 받은 우리는 그의 죽으심과 합하여 세례를 받은 줄을 알지 못하느냐 그러므로 우리가 그의 죽으심과 합하여 세례를 받음으로 그와 함께 장사되었나

니 이는 아버지의 영광으로 말미암아 그리스도를 죽은 자 가운데서 살리심과 같이 우리로 또한 새 생명 가운데서 행하게 하려 함이라"(롬 6:3-4).

세례 받음으로써 그리스도와 합하여서 하나가 되었고, 그리스도가 부활하고 승천하듯이 우리도 바로 그런 자리에 들어가게 될 줄로 믿습니다.

셋째, 세례는 그리스도의 몸인 공동체의 일원이 되는 것입니다.

예수님이 요단 강가에서 요한에게 물세례를 받으셨습니다. 예수님이 요한에게 물세례를 받으신 것과 우리가 받는 세례는 다릅니다. 물이 다른 게 아니라 요한에게 예수님이 물세례를 받으신 것은 새로운 공생애에 들어가는 선포예식, 어쩌면 구별의 예식입니다.

우리가 받는 세례는 죄에서 용서함을 받는 예식입니다. 예수님이 죄가 있어서 용서받고 세례 받으신 것이 아닙니다. 예수님은 죄가 없으신 분입니다. 예수님은 인간이지만 신입니다. 온 백성을 구원하기 위한 공생애의 표현이 예수의 세례였습니다. 우리는 세례를 통해 땅 위의 것은 다 끝나고, 육의 것은 끝나고, 범죄의 문제는 끝장나고, 생명의 자리, 부활의 자리에 이르게 되었습니다.

"너희가 세례로 그리스도와 함께 장사되고 또 죽은 자들 가운데서 그를 일으키신 하나님의 역사를 믿음으로 말미암아 그 안에서 함께 일으키심을 받았느니라"(골 2:12).

세례 받는 것으로 그리스도와 함께 끝장나고, 다 그리스도와 함께 살아나고, 하나님의 새 역사 속에 있게 된 줄로 믿습니다.

넷째, 세례의 물은 노아 홍수, 홍해 사건을 상징합니다.

구약성경에 할례 예식도 있지만 노아 홍수 사건이 있습니다. 홍수 때 온 세상에 물이 가득했고, 사람들이 다 죽었습니다. 그러나 저 방주 안에 있는 사람들은 살았습니다. 그것처럼 예수님의 이름만 믿으면 구원받게 되는 줄 믿습니다. 세례만 받으면 생명의 역사가 일어날 줄로 믿습니다.

노아 홍수뿐만 아니라 모세가 인도했던 이스라엘 백성들을 보십시오. 모세가 이스라엘 백성들을 데리고 홍해를 건너고 있습니다. 바다가 쫙 갈라져서 물 벽을 이루는데, 사람들이 그 사이로 싹 지나가는 것입니다. 지나간 사람은 다 살았습니다. 이게 바로 세례입니다. 예수 이름 믿으면 이렇게 구원받게 될 줄로 믿습니다. 세례 받으면 이런 생명의 역사를 주실 줄로 믿습니다. 이런 복을 받았으니 여러분, 어찌 찬양하지 않을 수 있겠습니까? 어찌 감사하지 않을 수 있겠습니까. 여러분, 오늘 세례 받고 입교 받으면 영혼이 살고, 복되고, 영원히 영원히 살게 될 줄로 믿습니다.

다섯째, 세례는 십자가 보혈로서 우리에게 죄를 씻는 이스라엘의 언약이기도 합니다.

출애굽 때 양을 잡아 피를 문설주에 발라서 그때 다 살아났습니다. 유월절이 여기에서 유래되었습니다. 오늘 세례 받는 것은 물을 가지고 합니다. 장로교는 물을 손에 찍어서 하고, 뿌려서 약식으로 합니다. 그런데 침례교는 아직도 물속에 들어갑니다. 이것을 침례라고 합니다. 침례교회는 교회를 지을 때 뒷자리에다가 침례 자리를 따로 만들어 놓습니다. 물이 있고 그 속에 들어갈 때 옷을 입고 들어가도록, 물속에 푹 들어갔다가 나와야만 됩니다.

가톨릭과 우리 개신교는 그렇지 않습니다. 우리 장로교는 약식 세례라서 물이 머리에 떨어지면서 모세가 이스라엘 백성들을 이끌어서 홍해를 지나가듯이, 노아 방주에 들어가서 홍수에서 구원받듯이, 문설주에 피를 발라 유월절 백성들이 구원함을 받듯이 죄 씻음을 받습니다. 세례에 죄의 용서함이 있습니다. 이제 이 세상 모든 육의 삶은 끝나고 영의 삶이 된 줄로 믿습니다.

여섯째, 세례는 죄에 대해서는 죽고, 새 생명으로 산다는 것입니다. 베드로전서 3장 21절에 "물은 예수 그리스도께서 부활하심으로 말미암아 이제 너희를 구원하는 표니 곧 세례라 이는 육체의 더러운 것을 제하여 버림이 아니요 하나님을 향한 선한 양심의 간구니라"라고 합니다. 이렇게 세례 받고 양심적으로 우리를 어디로 이끌어 가느냐? 하나님께로 이끌어 갑니다. 또 하나님이 이끌어 가시고 마지막에는 눈물이 없고, 죽음이 없고, 아름다운 저 천국에서 영원히 영원히 살게 하실 줄로 믿습니다.

마지막으로 세례는 구원의 표입니다.

참 쉽습니다. 믿으면 될 줄로 믿습니다. 세례를 받으면 될 줄로 믿습니다. 지난날 받은 세례를 다시 감사 찬송하면서 우리 구주 앞에 영광 찬송 올려드리는 복된 그리스도인 될 수 있기를 주님의 이름으로 축복합니다.

이제는 옛사람은 죽고, 예수님 이름으로 새사람 되었습니다. 성령의 사람으로 천국 백성 되었으니 이 아름다운 세례의 증거를 갖고 구원받은 자답게 살아가시기 바랍니다. 저 천국 바라보는 믿음으로 이 세상을 이기되 넉넉히 이겨 나가는 멋진 그리스도인이 되시기를 우리 주님의 이름으로 축복합니다.

10. 모이는 교회, 흩어지는 교회

 **사도행전 11:19~26**

¹⁹그때에 스데반의 일로 일어난 환난으로 말미암아 흩어진 자들이 베니게와 구브로와 안디옥까지 이르러 유대인에게만 말씀을 전하는데 ²⁰그중에 구브로와 구레네 몇 사람이 안디옥에 이르러 헬라인에게도 말하여 주 예수를 전파하니 ²¹주의 손이 그들과 함께하시매 수많은 사람들이 믿고 주께 돌아오더라 ²²예루살렘 교회가 이 사람들의 소문을 듣고 바나바를 안디옥까지 보내니 ²³그가 이르러 하나님의 은혜를 보고 기뻐하여 모든 사람에게 굳건한 마음으로 주와 함께 머물러 있으라 권하니 ²⁴바나바는 착한 사람이요 성령과 믿음이 충만한 사람이라 이에 큰 무리가 주께 더하여지더라 ²⁵바나바가 사울을 찾으러 다소에 가서 ²⁶만나매 안디옥에 데리고 와서 둘이 교회에 일 년간 모여 있어 큰 무리를 가르쳤고 제자들이 안디옥에서 비로소 그리스도인이라 일컬음을 받게 되었더라

오늘은 일 년 중에서 낮의 길이가 가장 긴 하지입니다. 또한, 오후 5시가 되면 달이 태양을 가리는 부분일식이 있는 특별한 날입니다. 그래서 우리가 태양의 약 45%만 보게 됩니다. 앞으로 10년 뒤인 2030년에야 이 현상을 다시 볼 수 있다고 합니다.

하지만 그리스도인에게 있어서는 하루하루가 새날이라고 고백할 수 있습니다. 오늘 우리가 새로운 마음으로 하나님 앞에 나온 이날, 주시는 은혜가 풍성하기를 소망합니다. 이 시간 하나님께서 우리에게 들려주시는 음성이 있을 줄로 믿습니다. 우리는 새날을 주시는 하나님께 감사하며, 하나님께 영광 올려드리는 고백이 있어야 할 것입니다.

저는 종종 TV를 통해서 스포츠 중계를 봅니다. 그중에 제일 많이 보는 스포츠는 축구입니다. 특별히 축구선수 중에서 우리나라 조현우 선수를 좋아합니다. 그는 생김새도 멋진 1991년생 청년입니다. 제가 서울 강서구 화곡동에 있는 화동교회의 부흥회에 갔었는데, 그곳에서 만났습니다. 그의 부모가 열심히 기도하는 믿음의 가족이었습니다. 어머니는 새벽기도를 하며 교회에서 반주자로 봉사를 하는 분이었습니다. 그분이 아들 조현우 선수를 위하여 기도로 양육을 한 것을 알게 되었습니다.

부모는 이렇게 고백합니다. "목사님, 우리가 한 게 없어요. 다 하나님의 은혜예요. 다 하나님의 은혜인데, 감독을 잘 만났어요. 감독에게 다 맡기고, 감독에게 모든 것을 맡기고 따라갔더니 그렇게 된 거예요." 저는 그들의 고백에서 은혜를 받았습니다. 우리의 영원한 생명, 우리의 영원한 감독이 되시는 하나님께 우리 자신을 맡기면 우리도 좋은 영적 선수가 될 수 있겠다는 생각이 들었습니다. 좋은 영적 선수는 힘차게 뛰어다닐 수 있지 않습니까?

그다음 좋아하는 축구선수는 여러분도 좋아하는 손흥민 선수입니다. 손흥민도 멋있고, 1992년생 청년입니다. 그 선수의 올해 몸값이 현재 1,024억입니다. 세계 최고의 몸값은 킬리앙 음바페 선수로 3,510억입니다. 그는 1위인 음바페보다는 떨어지지만, 우리나라 선수로서는 1,000억이 넘는 대단한 능력입니다.

조현우 선수와 손흥민 선수 아버지들의 이야기가 재미있습니다. 아무리 살펴봐도 뛰어난 축구선수가 되려고 하면 오른발과 왼발을 다 사용하여 양쪽 똑같은 기능을 발휘해야 할 것 같았답니다. 그래서 아예 어릴 때부터 왼발을 사용하는 훈련을 하였다고 합니다. 오른손으로 밥 먹는 사람이 왼손으로 하면 잘 안 됩니다. 양쪽 균형 잡는 것이 쉬운 일이 아닙니다. 일반적으로 오른손으로 공 던지는 것과 왼손으로 던지는 것이 차이가 납니다.

발도 마찬가지입니다. 잘 쓰는 오른발보다는 잘 안 쓰는 왼발의 모든 기능이 약하게 되어 있습니다. 그런데 이 아버지들은 어릴 때부터 아예 왼발 훈련을 더 시켰답니다. 왼발을 계속 훈련했더니 다른 선수는 한 발을 사용하는데, 두 발 가지고 하니까 훨씬 실력이 뛰어납니다. 우리가 보기에 축구선수는 드리블할 때 양쪽 발을 다 쓰지만, 힘의 균형은 다릅니다. 그런데 손흥민 선수는 왼발이나 오른발이나 거의 99% 똑같다는 거예요. 이러니까 세계적으로 뛰어난 선수가 되는 거예요. 모자라는 부분을 아버지가 알고, 그 부족한 부분을 아버지가 기억하면서 훈련을 시킨 것입니다.

　이러한 것이 교회 모습입니다. 교회는 우리에게 모자란 것을 채워 주는 것입니다. 우리의 기도가 부족하면 은혜로 채워 주십니다. 우리가 여러 가지 세상 정욕에 빠져서 부족할 때 하나님의 말씀으로 채워 주십니다. 우리가 세상에 낙심하고 지쳤을 때 교회 오면 하나님이 새로운 힘을 채워 주십니다. 이것을 보면 교회는 우리의 부족을 채워 주는 곳, 교회는 우리의 모자란 것에 은혜로 덮어 주시고 은혜의 길로 인도하는 통로입니다.

　교회는 또한 우리에게 생명력 있는 성령의 은혜를 공급합니다. 그야말로 산소 같은 기능으로 공급합니다. 전 세계에 산소가 얼마나 많이 필요합니까? 전 세계에 가장 많은 산소의 양을 내뿜는 곳이 아마존입니다. 아마존은 전 세계인에 필요한 산소의 70%를 만들어서 사람에게 유익을 주고 있습니다. 우리 교회에 와서 은혜의 산소, 성령의 산소를 마시면 우리가 소생하게 되고, 능력 안에 살게 됩니다.

　더 나아가 교회는 진흙과 같은 나를 빚으사 주님의 형상 닮게 하는 곳입니다. 진흙은 별것 아닙니다. 진흙은 보잘것없습니다. 그러나 도공의 손에 주어지면 초벌구이와 재벌구이를 통해서 멋진 작품이 나옵니다. 우리 인생이 그렇습니다. 별것 아닌데, 성령 안에서 만져지면 역사가 일어납니다.

　김익두 목사님 같은 경우를 보십시오. 그는 16세에 과거 시험을 치렀습니다. 그러나 아쉽게도 과거 시험에 낙방했습니다. 그는 스스로 실망하고 좌절하고 미칠 지경으로 자신을 학대하면서 살았습니다.

그러다가 이래서는 안 되겠다 해서 돈을 모아서 장사하기 시작합니다. 장사가 조금 잘되면서부터 돈이 생기니까 사람이 변했습니다. 그가 허랑방탕하면서 주먹질하는 깡패가 되었습니다. 사람들이 얼마나 그를 무서워하는지, 교회 다니는 사람은 장날 장에 갈 때마다 "하나님, 김익두 안 만나게 해주세요"라 기도를 했다고 합니다. 그 정도로 악질 깡패였습니다.

그런데 그에게 산소 같은 성령의 은혜가 부어지니까 새사람 되었습니다. 그는 한국교회의 멋진 지도자가 되었고, 공산당 손에 피 흘려 순교 제물이 되지 않았습니까? 성령이 임하시면 사람이 달라집니다. 그래서 우리가 누구를 붙드느냐에 따라서 내 인생이 달라지는 것입니다.

저는 중학교 1학년부터 3학년까지 자취 생활을 했습니다. 혼자서 밥을 해 먹고, 세탁하고, 정리 정돈을 하면서 살았습니다. 고등학교 3학년 때까지도 자취했습니다. 그러니까 자취 생활을 중·고등학교 꽉 채워서 6년을 했습니다. 그것도 이삿짐 한 번 옮기지 않고 한 집에서만 6년 있었습니다. 제가 자취하던 집에 딸이 얼마나 많은지 몰라요. 이름도 다 몰랐습니다. 그 집은 제가 자취 생활을 할 때도 아이를 낳아서 딸이 11명이었습니다. 그래도 아들을 바라고 한 번 더 자녀를 낳았는데, 비로소 아들이 태어났습니다. 열두 번째로 아들이 태어난 것입니다. 아들 한 명 낳으니까 너무 좋아서 또 아들을 얻을까 하여 한 명 더 낳았습니다. 그러나 딸이었습니다. 그 집의 자녀는 1남 12녀였습니다.

여러분, 저는 자취 생활이 귀찮았습니다. 밥해 먹기도 귀찮고, 쌀 씻기도 귀찮았습니다. 그래서 제가 그때 머리를 썼습니다. 어떻게 썼는지 알아요? 열두 번째 태어난 아들이 그 집에서 얼마나 귀하겠어요? 보통 귀한 게 아닙니다. 그래서 제가 학교만 다녀오면 공부 안 하고 그 아이하고 놀아 주었습니다. 그 아들만 데리고 놀면 밥 해주고, 반찬 가져다주고, 청소까지 해주었습니다. 12번째 얻은 아들이 너무 귀해서 그 아들만 챙겨 주면 밥 해줍니다. 그때부터 저는 밥을 안 했습니다. 그 집에서 다 얻어먹고 사는 거예요. 지금 생각해도 잘한 거 같습니다. 밥 하기 싫으면 그 집의 제일 귀한 게 뭐냐, 그걸 알아내서 그것만 감싸고 돌보면 되더라고요.

신앙도 그런 것 같습니다. 우리가 예수 믿을 때 하나님이 무엇을 좋아하실까 하며, 하나님이 좋아하시고 귀하게 여기시는 것에 내가 초점을 맞추면 하나님이 나에게 은혜 더하여 주실 줄로 믿습니다. 하나님이 기뻐하시는 게 무엇입니까? 예배입니다. 예배 잘 드리는 것입니다. 영과 진리로 예배드리는 것입니다. 내 입술로 찬송 잘 드리는 것입니다. 하나님이 좋아하시는 것이 무엇입니까? 주일성수입니다. 하나님이 좋아하는 것이 또 무엇이 있겠습니까? 기도하는 거 아니겠어요? 하나님이 좋아하는 쪽으로 가면 우리는 모든 것이 되는 거예요.

하나님은 율법을 주셨는데 인간이 율법을 지키지 못하니 하나님께서 예수 그리스도를 보내서 성령의 은혜로 우리를 이끌어 주시는 것입니다. 성령이 이 세상을 덮으니까 달라지는 것입니다.

암울한 조선에 성령의 역사가 임하니까 학교가 세워지고, 교회가 세워지고, 병원이 세워져서 우리 조국 대한민국을 이렇게 빛내지 않습니까? 제2차 세계대전 때 일본에서는 군함을 만들고, 군함 위에 폭격기 35대를 싣고 다녔습니다. 당시 조선 상황은 암울하기만 했습니다. 동남아는 추운 겨울이 없어서 코코넛 열매를 따 먹으며 살지만, 우리가 사는 대한민국은 적은 땅덩어리에다가 추운 겨울에는 먹을 것이 없었습니다. 어떤 나라는 지하자원도 많은데, 우리는 지하자원도 없습니다. 다른 나라는 파이프만 꽂으면 석유가 나오는데, 우리는 석유 한 방울 나오지 않습니다.

그런데 여러모로 어려운 대한민국에 성령의 은혜로 감싸 주시니 이 땅에 하나님의 백성들이 늘어나 세계적인 교회가 세워지고, 하나님의 나라가 이루어지게 된 줄로 믿습니다.

우리에게 예수님이 들어오시니 국가 앞에 빛이 되고, 국민 앞에 길이 되고, 생명이 되었습니다. 예수님 때문에 생명이 왔고, 예수님 때문에 구원이 왔고, 예수님 때문에 축복이 넘쳤습니다. 이렇게 예수님이 오셔서 교회와 모든 것을 잘되게 해주셨는데, 지금 우리가 잠시 멈추게 되었습니다. 전염병 확산으로 인해서 모두가 주눅 들어 있고, 모두가 불평 속에 불안 속에, 걱정 속에 살아가고 있습니다.

교회는 어떻게 해야 하겠는가? 우리 교단의 9,100개가 넘는 교회 중에 미자립 교회, 즉 도움을 받아야 하는 교회가 2,249개 교회입니다. 장로님이 두 분 이상 없는 교회, 장로님이 한 분만 있는 교회, 미조직 교회가 5,282개 교회입니다. 9,100개가 넘는 교회 중에서 100명 이하 모이는 교회가 6,400개 교회입니다. 선교사는 825가정의 1,556명을 보냈습니다. 그런데 지금 선교사들이 걱정 속에 있습니다. 교회세를 내야 하는데, 한 달에 30만 원도 못 내는 어려운 교회가 2,249개입니다. 여기에다가 마스크를 좀 보태서 보내니까 한 번 보내는 데 6억 7천씩 들어갑니다.

우리 한국교회가 첫째, 경제적으로 어려움을 당하고 있습니다. 둘째, 교회가 외로운 섬처럼 고립되어 있습니다. 교회가 세상으로부터 고립된 느낌이 있습니다. 세상 사람들의 마음을 열어 주어야 하는 교회가 마음을 닫는 교회로 바뀌었습니다. 의료진도 필요하고, 간호사도 필요하고, 의사도 필요한데, 목사는 없어도 살아가는 시대입니다. 이제는 앞으로 AI가 발달해서 앞으로 2050년이 되면 목사도 가상 목사가 나온다고 합니다. AI가 나와서 인간의 기능을 하는 시대를 예측합니다.

이렇게 어려운 한국교회의 현실을 바라보면서 어쩌면 한국교회가 6만 정도 되는데, 병균이나 만들어서 옮기는 교회로 전락하여 있고, 세상 사람들에게 외면당하고 걱정 속에 있는 교회가 어떻게 해야 하겠습니까? 우리는 성령의 은혜를 덧입어 한국교회가 다시 일어서야 하고, 우리 교회가 부흥하고 성령의 은혜로 충만한 교회가 되도록 기도해야 합니다. 한국교회가 함께 일어서야 합니다. 여기에 복음의 은혜와 성령의 은혜를 다시 부어 주시기를 주님 이름으로 축복합니다.

영국은 원래 신사의 나라가 아니었습니다. 그러나 그곳에 그리스도의 복음이 들어가니 국가가 변화한 것입니다. 세상에 실망한 사람이 예수님을 믿으면 소망으로 일어서게 되고, 눈물 흘리고 외롭고 고통에 젖어 있는 사람이 십자가 보혈 때문에 새 생명을 얻게 됩니다. 예수님만 믿으면 변화가 오고, 예수님만 붙들면 능력이 나타나고, 예수님 피 공로만 믿으면 구원의 역사가 일어납니다.

이 예수님을 아름답게 증거해야 할 이때, 우리는 지금 모이는 교회 안에서 하던 역할이 잠시 멈추게 되었습니다. 잠시 멈추어 있어 보니 회개할 것도 생겼고, 잘못한 것도 생각났고, 우리의 삶을 교정할 시간도 돌아왔습니다. 그러면 이렇게 모이는 교회가 이제는 걱정과 염려와 외딴 섬처럼 고립되어 있다고 할 때 우리가 멈추어 있을 수는 없습니다. 하나님, 새 은혜를 주시옵소서. 새 역사를 허락하여 주시옵소서. 하나님 앞에 매달려야 할 줄로 믿습니다.

헨리 나우웬의 《춤추시는 하나님》이라는 책에 보면 이런 내용이 나옵니다. 헨리가 어렸을 적 서커스 구경을 가서 공중 그네타기 공연을 봅니다. 그때에 깨닫게 된 것이 있습니다. 그것은 바로 신뢰입니다. 곡예사가 링에서 손을 놓고 공중으로 날아올라 다른 곡예사의 손을 잡기 위해선 신뢰가 있어야 합니다. 만약 신뢰하지 못한다면 링에서 손을 놓을 수도 없으며 결국 멋진 공연을 할 수 없습니다. 하지만, 상대방을 신뢰하게 되면 많은 사람들에게 감동을 주는 공연을 할 수 있습니다.

성도 여러분, 우리의 삶도 마찬가지입니다.

우리의 인생을 하나님께 맡길 때에 우리의 삶은 새로워집니다. 어찌보면 인생을 하나님께 맡긴다는 것이 아슬아슬하고 불안해 보일 수 있습니다. 하지만, 하나님을 신뢰하여 우리의 인생을 그분께 맡기기 시작하면 우리는 완전하며 멋진 인생을 살아가게 됩니다. 어려울 때일수록 하나님께 맡기실 수 있기를 소망합니다. 그래서 하나님께서 이끌어 가시는 아름다운 선의 인생을 경험하실 수 있으시길 축복합니다.

오늘 본문은 예루살렘 교회에 성령의 은혜가 임하고, 구원의 역사가 일어난 내용입니다. 그런데 예루살렘에서 핍박이 일어났습니다. 그래서 야고보가 순교하고, 스데반이 순교합니다. 예수님을 믿고 은혜를 받고 성령 충만하지만, 핍박이 일어나자 흩어지기 시작합니다. 예루살렘 성도가 살아야 하니까 도망치고, 숨어서 다니고, 여기저기 피난을 다니다가 안디옥에 가게 됩니다. 그곳에서 믿음의 사람들이 함께 만나게 됩니다.

그 안디옥에서 만난 사람이 바나바, 시므온, 루기오, 마나엔, 사울입니다. 거기서 만나서 교회가 세워져서 비로소 새로운 이름이 붙습니다. 사도행전 11장 26절은 "만나매 안디옥에 데리고 와서 둘이 교회에 일 년간 모여 있어 큰 무리를 가르쳤고 제자들이 안디옥에서 비로소 그리스도인이라 일컬음을 받게 되었더라"라고 합니다.

안디옥 교회에서 처음으로 그리스도인이라 불렸습니다. 지금 우리에게 그리스도인이라는 이름은 좋은 의미이지만, 그 당시에는 경멸의 의미가 있었습니다. 즉, 패거리라는 뜻입니다. 저 집단, 저편에 있는 사람들이란 의미로 쓰였습니다. 처음에는 좋은 뜻으로 쓰인 것이 아닙니다. 세상 사람들이 볼 때는 패거리라고 했고 손가락질했지만, 거기에 하나님의 역사가 일어나서 거룩한 안디옥 교회가 생겨났습니다. 그 교회를 통하여 베드로도, 사울도 세워지는 역사 속에서 하나님의 선교역사를 이루게 되는 것입니다.

오늘 이 시대에 어디서든지 발생할 수 있는 이 전염병이 누구나 걸리는 공평성을 가지고 있다고 합니다. 이제는 평등의 문제가 아니라 안전의 문제가 되었습니다. 이제는 모두가 불안한 마음을 가지고 살아갑니다. 모두가 침묵하고 살아갑니다. 무거운 침묵으로 살아가고 있습니다.

이때에 한국교회가 세상 앞에 신뢰를 얻기 위해서 노력해야 할 것이 한둘이 아닙니다. 과제가 많습니다. 교회가 세상에서는 섬처럼 고립되어 있습니다. 그렇다고 해서 우리가 앉아 있을 것이 아닙니다. 이제 모인 교회는 모인 교회대로 키워 가야 합니다. 그리고 흩어져서 여러분이 주역이 되어서 하나님의 나라를 키워 가야 합니다. 바로 이것이 그리스도인의 사명이 아니겠습니까?

오늘도 성전 예배에 오고 싶어도 못 오신 분이 많을 것입니다. 자녀들이 진심으로 말리거나 자기가 다니는 회사에서 엄명해서 너로 인해서 우리 회사가 어려움 당하면 네가 책임지라는 압박이 있었을 수 있습니다. 이런 관계성 때문에 교회 못 오시는 분이 많습니다.

지금도 집에서 유튜브를 보면서 스마트폰으로 예배하는 여러분, 지금도 화면에 집중하고 계십니다. 세상에 이런 어려운 여건 속에서 가정에서 예배하시는 여러분, 직장과 승용차 안에서 예배하는 여러분, 얼마나 아쉽겠습니까? 교회를 얼마나 그리워하겠습니까? 다윗이 시편 84편에서 성전을 그리워하듯이 가정에서, 일터에서, 해외에서 이 성전 예배를 얼마나 그리워하겠습니까?

그러나 오늘 안디옥 교회를 보면서 생각을 조금 바꾸어 보십시오. 여러분이 계신 그 흩어진 교회가 또 하나의 안디옥 교회가 될 수 있습니다. 여러분이 그 교회의 주역이 될 수 있기를 바라고, 그곳에서도 하나님의 나라를 이루어 가시기를 주님 이름으로 축복합니다.

본문 가운데 '흩어진'이란 단어가 있습니다. 흩어졌다는 말의 원어인 '디아스포라'(diaspora)는 '씨앗을 뿌린다'는 뜻입니다. 씨를 흩뿌린다. 민들레 홀씨가 바람을 타고 가서 그곳에서 생명의 역사를 일으키듯이 우리 그리스도인이 성전 예배뿐만 아니라 흩어진 자리에서도 예수 그리스도를 구주로 고백하는 것입니다. 흩어진 그 자리에서도 하나님의 나라를 체험합니다. 그곳에서도 여호와의 이름을 부르면 하나님께서는 기뻐하실 것입니다. 박해 가운데서도 하나님의 교회는 만들어졌고 나타났습니다. 팬데믹 어려움 가운데서도, 흑사병 속에서도, 전염병 속에서도 세계의 교회는 생명력을 잃지 않았습니다.

종교개혁자 츠빙글리가 1519년에 35세의 나이로 취리히에 가서 목회할 때 전염병이 얼마나 창궐했는지 아십니까? 7천 명 중에서 2천 명이 죽었습니다. 거기에서 츠빙글리가 9월에 자기도 확진자가 되었습니다. 그는 병석에 누워서 하나님께 울며불며 매달렸습니다. "하나님, 저를 살려주십시오. 만약 죽는 것도 하나님의 나라에 영광이 된다면 이대로 죽어도 좋습니다." 매달렸더니 하나님께서 12월에 츠빙글리를 고쳐 주셨습니다. 깨끗하게 치료해 주셨습니다. 박해 가운데서도 성령의 역사는 임했습니다. 여러 가지 전염병 속에서도 하나님의 나라는 쉬지 않고 나타나고 이어져 갑니다.

이럴 때 우리가 본능 주도적으로 살아갈 것인가, 이성 주도적으로 살아갈 것인가, 성령 주도적으로 살아갈 것인가? 결단해야 합니다. 여러분, 성령의 인도를 받는 성령 주도적인 삶을 산다면 바로 그분이야말로 하나님의 자녀요, 축복의 주인공이 됩니다. 하나님의 성령이 임하셔서, 아마존에서 산소가 만들어져서 전 세계의 70%를 감당하듯 우리가 모두 성령으로 충만하여 새로운 힘을 가지고 하나님 영광을 드러내는 멋진 그리스도인이 되시기를 주님의 이름으로 축원합니다.

11. 예수, 곧 생명의 길

 **요한복음 12:24-27**

²⁴내가 진실로 진실로 너희에게 이르노니 한 알의 밀이 땅에 떨어져 죽지 아니하면 한 알 그대로 있고 죽으면 많은 열매를 맺느니라 ²⁵자기의 생명을 사랑하는 자는 잃어버릴 것이요 이 세상에서 자기의 생명을 미워하는 자는 영생하도록 보전하리라 ²⁶사람이 나를 섬기려면 나를 따르라 나 있는 곳에 나를 섬기는 자도 거기 있으리니 사람이 나를 섬기면 내 아버지께서 그를 귀히 여기시리라 ²⁷지금 내 마음이 괴로우니 무슨 말을 하리요 아버지여 나를 구원하여 이 때를 면하게 하여 주옵소서 그러나 내가 이를 위하여 이 때에 왔나이다

하나님은 어디에나 계시는 분입니다. 하나님은 이 땅 가운데서도 함께하시고, 하늘에 올라가도 함께하시고, 바다 끝에서도 함께하시는 분입니다. 초대교회 때 그리스도인들은 회당에 갈 수 없으면 강가에서 예배를 드렸습니다. 그들은 강도 안 되면 바닷가에서 예배를 드렸습니다. 그리고 바닷가도 안 되면 숲속에 가서 예배 드렸습니

다. 이것은 그들이 어려운 환경 속에서도 예배를 드렸던 역사적 사실입니다.

코로나19로 인하여 예배를 중단해서는 안 됩니다. 온라인이든 가정예배든 우리는 예배를 드려야 합니다. 지금 우리는 서로서로 조심하고 배려하는 때입니다. 연신교회는 이러한 때 소독에 앞장서고, 청결에 앞장서고, 소독약도 좋은 것으로 써서 성도들의 건강과 위생을 철저하게 보호하는 앞서 가는 교회가 되도록 준비하고 계속 노력하고 있습니다. 하나님 앞에 청결한 성전, 그리고 예수 앞에 청결한 심령으로 믿음으로 하나님을 향하는 복된 예배가 되기를 주님의 이름으로 축복합니다.

세상 그 많은 나라 중에 내가 어떻게 대한민국에서 태어났는가! 저는 대한민국 국민 된 것에 대해서 얼마나 감사한지 모릅니다. 이것은 뭐 눈을 뜨고 생각해도 감사하고, 눈을 감고 생각해도 고마운 것뿐입니다. 심리학자 에이브러햄 매슬로(Abraham Maslow)는 사람에게 인정의 욕구가 있다고 했습니다. 내가 어디에 소속되어 있느냐, 사람은 소속감의 욕구가 채워질 때 행복해지게 되어 있습니다.

우리는 대한민국 국민으로 소속되어 있습니다. 얼마나 행복합니까? 우리는 연신교회의 성도입니다. 얼마나 행복합니까? 우리는 하나님의 백성입니다. 주님이 내 안에, 내가 주님 안에 있습니다. 우리는 정말로 행복한 사람들입니다. 행복한 그리스도인입니다.

이런 우리를 향하여 하나님은 어떻게 살아가기를 원하시는가? 한 알의 밀의 교훈을 주면서 그 삶을 배우라고 말씀하십니다.

오늘 말씀의 제목은 "예수, 곧 생명의 길"입니다. 요한복음 12장 말씀을 통해서 한 알의 밀을 통해서 우리에게 교훈하고 있습니다. 큰 바다를 이루는 데도 작은 도랑물 샛강이 필요합니다. 큰 숲을 이루는 데도 한 그루의 나무가 필요합니다. 큰 밀밭, 큰 보리밭을 고개를 들어 바라봅니다. 지평선이 끝도 없이 펼쳐진 이 밀밭, 보리밭, 그것도 한 톨의 밀, 한 알의 밀에 의해서 시작된 것입니다.

한 알의 밀이라고 하는 것은 대단한 위력을 가지고 있습니다. 생명력을 가지고 있고, 번식력을 가지고 있습니다. 한 알의 밀알이 부서지고 빻아져서 모이면 빵이 되는 것입니다. 여러분, 배고플 때 빵 한 조각이 얼마나 맛있고, 우리를 힘 나게 해줍니까? 그런데 빵 하나도 밀알 하나에서 시작합니다. 그래서 저는 대한민국 국민, 그리스도의 백성, 주님의 사랑의 백성으로서 한 알의 밀이 된다면 얼마나 좋을까 생각합니다.

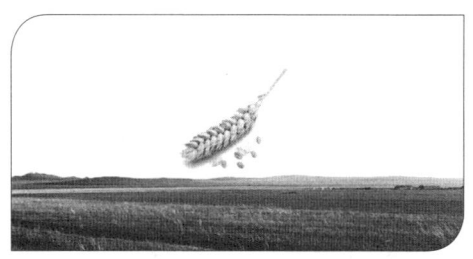 

지금 대한민국을 빛내는 사람이 있습니다. 여러분 모두가 빛을 내고 있지만 요즘 빌보트 차트 싱글 순위 1위를 달리고 있는 방탄소년단(BTS)이 있습니다. 계속해서 요즘 "다이너마이트"라는 곡을 통해서 세상을 놀라게 하는데, 이 사람들이 가서 활동하는 것이 연 5조 5천억 원의 경제 효과를 낸다고 합니다. BTS 구성 멤버를 보면, RM, 진, 슈가, 제이홉, 뷔, 정국, 지민 이렇게 7명의 대한민국 청년들입니다. 특별히 작년에는 "아리랑"을 가지고 전 세계에 알렸습니다. 방탄소년단이 대한민국의 "아리랑"을 통해서 세계를 뒤집어 놓으면, 저는 너무나 기분이 좋습니다. 왜? 저는 대한민국이라고 하는 이 국가 안에 소속되어 있기 때문입니다.

"아리랑"에는 대한민국 사람들에게 눈물을 짓게 하는 얼이 담겨 있습니다. 사실 이 "아리랑" 곡조는 이미 K-POP보다 먼저 북미에 상륙했습니다. 1990년에 칼빈 대학교의 교수이며 찬송가 편찬위원인 버트 폴먼(Bert Frederick Polman)은 "아리랑"의 곡조가 아름답다며 가사를 붙여 찬송가로 만들었습니다. 12명의 미국과 캐나다 심사위원들이 3천 곡이 넘는 노래들을 정리하여 20년 만에 새찬송가를 펴내는 중에 만장일치로 "아리랑"을 택했습니다.

그것이 미국과 캐나다의 찬송가 229장 "Christ, You are the Fullness"(그리스도의 충만하심)입니다. 여러분, 대한민국의 "아리랑"이 미국 예배에 찬송가로 사용되는 것도 우리로서는 굉장히 흐뭇한 일입니다. "아리랑"이 멋진 찬양으로 변할 줄이야 누가 알았겠습니까? 여러분, 이렇게 되는 데는 한 알의 밀처럼 살았던 그 누군가의 희생이 있었을 것입니다.

 우리나라에 선교사들이 들어오시기 전, 중국 땅에서 상업하고 그곳에서 꿈을 키우던 젊은이들이 예수님을 영접합니다. 한 알의 밀과 같은 이들이 조선 땅, 황해도 땅에 들어와서 교회를 설립합니다. 황해도 땅에 처음 설립된 교회가 바로 그 교회입니다. 이들에 의해 1883년 5월에 소래교회가 시작됩니다. 지금으로부터 136-137년 전의 일이지만 한 알의 밀이 들어와서 초가집 속에 생명을 만들어 냈습니다. 다 부서질 것만 같은 저 엉겅퀴, 지푸라기 속에서 새 생명의 역사, 한국교회의 역사가 시작되니 얼마나 대단한 일입니까? 십여 년 지나서 이들이 헌금해서 8칸의 기와집 예배당 소래교회를 건축합니다. 저 속에서 거룩한 그리스도의 이름이 드러나고, 하나님의 나라가 이루어졌습니다.

소래교회 초기 (1883년 5월 16일)

 우리 교회 모든 성도 여러분은 한 알의 밀처럼 살아오고 계십니다.

여러분의 헌금이 선교현장에 얼마나 아름답게 사용되고 있습니까? 여러분도 그 일을 위해 얼마나 많이 기도하셨습니까? 얼마나 많이 후원하시고, 하나님의 나라 이루어지기를 위하여 한 알의 밀알로 살아오셨습니까? 많은 일 중에 하나만 예를 들어보렵니다.

미얀마에서 일어나는 생명의 역사, 한 알의 밀을 보시겠습니까? 미얀마의 수도는 양곤입니다. 양곤에서 조금 떨어진 곳, 우리 한국 같으면 부천쯤 거기에 세워진 하나님의 교회, 로고스 신학교, 로고스 예배당의 출발점을 보겠습니다. 우리 권사님 한 분에 의해서 시작된 이 교회의 거룩한 사역, 얼마 전까지만 해도 건물을 지었으나 돈이 부족해서 창틀을 끼울 수 없었습니다. 그런데 우리 교회 권사님과 성도님들이 헌금을 보내서 창틀도 끼우고, 이제는 좋은 교회, 좋은 신학교의 길로 나가게 되었습니다.

권사님은 뜨거운 여름에도 집에서 에어컨을 켜지 않습니다. 전기세 올라간다고 자기 집 전기를 아끼면서 돈을 모아서 후원금을 보내십니다. 그곳에 학교가 생기고, 교회가 설립되고 있습니다. 우리는 만 원 또는 이만 원도 마음대로 쓸 때가 많습니다. 하지만 한 알의 밀처럼 사신 권사님은 모든 진액, 기도, 물질을 모아서 새 역사를 미얀마 땅에 이루어 가고 계십니다. 이러한 거룩한 일을 여러분도 많이 하셨을 것입니다. 여러분의 심령 속에 하고 싶은 마음도 있고, 기도를 앞세워 하나님의 나라를 이루어 가고 있을 줄로 믿습니다.

주님은 오늘 이 말씀을 통해서 한 알의 밀을 소개하십니다. 많은 밀이 아닙니다. 한 알의 밀입니다. 여러분, 밀은 흙 속에 묻혀야 싹이

솟아나게 되어 있습니다. 밀은 창고에 있어도, 서랍 속에 있어도 소용이 없습니다. 우리의 장롱 속에 있어도 소용이 없습니다. 한 알의 밀은 땅속에 묻혀야 합니다.

예수님이 요한복음 11장에서 나사로의 이야기를 하십니다. 아직 젊고 건강하던 나사로가 이 세상을 떠났습니다. 그 누이 된 마르다와 마리아는 통곡합니다. 예수님께서 좀 더 일찍 오셨더라면, 여기에 계셨으면 얼마나 좋았을까를 생각합니다. 마침내 예수님께서 오셔서 무덤 속에 있는 나사로를 살려 주십니다. 한 알의 밀, 한 생명을 살리시는 예수님의 모습을 여기에서 보여주셨습니다.

우리는 성경 안에서 '인자'라는 말을 많이 듣습니다. 인자가 온 것은 잃어버린 자를 구원하려 하심이라 합니다. 성경에 인자라고 하는 단어가 약 90번 나옵니다. 그런데 이 90번 중에서 딱 한 번만 스데반이 말할 때 언급됩니다. 사도행전 7장 56절에 "말하되 보라 하늘이 열리고 인자가 하나님 우편에 서신 것을 보노라 한대"라는 말씀에 나옵니다. 그다음에는 인자라고 나온 곳이 없습니다.

예수님이 자신을 인자라고 하실 때 그 말의 의미는 무엇인가요? 생명의 씨앗, 생명의 후대를 이어가는 것, 생명의 첫 열매라는 의미를 소개하고 있습니다. 나사로는 무덤에 장사지낸 바 되고, 냄새나고 썩었습니다. 그 속에서 죽은 나사로를 살려 주시면서 요한복음 12장에 한 알의 밀을 가지고 설명하고 계십니다.

여러분, 한 알의 밀은 땅속에 묻혀야 합니다. 묻히지 않고서는 역사가 일어날 수 없습니다. 즉 십자가 없는 영광은 그 영광으로 나타날 수 없는 것입니다. 고통이 없는 영광은 영광이 될 수 없고, 희생 없는 명예는 명예가 될 수 없습니다. 수고하고 땀을 흘리고 눈물을 흘리고 거기에 희생이 있을 때 역사가 일어나는 것입니다. 땅에 떨어져서 죽는 이런 헌신이 있을 때 싹이 나고 자라고 열매를 맺게 된다는 것입니다.

오늘 우리가 혼돈해서는 안 될 말씀이 있습니다. 한 알의 밀알을 심었습니다. 그 밀알이 자라고, 꽃이 피고, 열매를 맺습니다. 누가 해야 할 일이냐? 이것은 하나님의 영역, 하나님이 하실 일입니다. 그런데 나의 영역이 있습니다. 땅속에서 썩는 것, 땅속에 묻혀서 죽는 것이 내가 할 일입니다. 오늘 세상이 왜 힘드냐? 이 순서를 바꾸어 버렸습니다. 열매는 내가 따 먹고, 썩는 것은 남이 썩고, 죽는 것은 남이 하기를 바라고 있습니다.

우리가 오늘 나사로의 죽음이나 예수님의 죽음 속에서의 부활 생명, 새로 거듭나고 새로 살아나는 생명의 신비를 보는데, 하필이면 왜 여기 베다니에서 이 일이 일어났겠습니까? 만약에 나사로가 깊고 깊은 산골, 사람들도 없고 아무도 볼 수 없는 곳에서 살아났다면 그 소문이 세상에 퍼지겠습니까? 그러니까 베다니, 예루살렘으로부터 5리, 즉 2km 떨어진 곳에서 나사로의 새로운 생명의 삶을 보여줍니다.

또 그때는 주변 사람들이 많습니다. 구경하고 목격한 사람들이 나사로의 새로운 삶을 목격하고, 전해 줘야 하고, 알려 줘야 하기 때문입니다. 더 나아가서 이때는 유월절입니다. 유월절 때는 사람들이 예루살렘으로 모여들어 인산인해를 이룹니다. 예루살렘으로부터 32km

밖의 사람들이 다 유월절에 모여듭니다. 나사로의 새로운 삶이 유월절로 인해 인산인해로 모여오는 그곳에서 아름답게 증거가 되고 있지 않습니까?

당시에 바리새인들과 사두개인들이 있었습니다. 바리새인들은 형식주의자들이고, 사두개인들은 부활을 인정하지 않는 사람들입니다. 바리새인과 사두개인들은 종교적 이유도 있지만, 정치적 이유로 교권주의자들과 합세해서 예수님을 반대하고, 예수님을 박해하고, 예수님의 부활을 눈으로 보고 귀로 들으면서도 그것을 거부하려고 애를 썼던 사람들입니다.

그러나 기독교는 그 속에서 역사를 이루어냈습니다. 아무리 열악한 환경 속에서도 예수님을 받아들이는 역사가 일어나는 것입니다. 하나님의 나라는 바로 이런 것입니다. 복음을 받아들일 때는 역사가 있고, 보호가 있고, 안전함이 있습니다.

미국 남북전쟁 때의 이야기입니다. 장교 한 분이 잠시 휴가를 얻어서 고향 땅에 사랑하는 아내와 딸이 있는 집으로 휴가를 왔습니다. 잠시 다른 일을 하는 사이에 딸이 불렀습니다. "아빠, 소포가 왔어요. 내가 뜯어볼까?" 하고 딸이 말했습니다. 장교는 "아니다. 뜯어보면 안 된다. 그거 집어 던져라"라고 했습니다. 왜냐하면 이분은 지휘관이요, 장교입니다. 자신에게 소포를 보낼 사람이 없습니다. 저것은 분명히 적군이 시한폭탄을 집어넣어서 소포로 포장한 것이라고 확신했습니다. 다시 장교는 "아빠, 내가 뜯을게." "안 된다, 안 된다." 그 포장을 뜯으려고 하는 딸에게 정말 "아빠의 간절한 부탁이야. 빨리 집어 던져." 딸은 그 소포를 던졌습니다. 그리고 소포는 땅에 닿는 순간 폭발하고 말았습니다.

여러분, 원수 마귀는 그럴듯한 포장으로, 아름다운 것으로 와서 우리를 미혹하고, 유혹합니다. 어쩌면 그것을 붙들고, 그 소포를 열어 보려고 하는 딸의 마음처럼 세상의 것을 안으려고 할 때 우리의 생명은 죽게 되어 있습니다. 손해가 나게 되어 있습니다. 하나님은 오늘 음성을 통해서 사랑하는 딸에게 장교가 하듯이 "딸아, 그 소포를 집어 던지고 나를 믿어라. 아빠를 믿어라" 하십니다. 아빠를 믿은 딸은 자기도, 가족도 구원함을 얻습니다.

예수님은 오늘 한 알의 밀알을 통해서 우리에게 보여 주십니다. 요한복음에는 생명, 영생이라는 단어가 참 많습니다. 그러나 요한복음에서 하늘나라, 천국, 아니면 하나님의 나라 이런 단어는 두 번밖에 나오지 않습니다. 공관복음인 마태복음, 마가복음, 누가복음에 하나님의 나라라는 말이 아주 많이 나오는 것과 대조적입니다. 마태복음을 보면 34번, 마가복음에 16번, 누가복음에 30번 정도 하나님의 나라, 천국이 나옵니다. 공관복음에 하나님의 나라, 천국이라는 단어가 약 80번 나옵니다. 그런데 요한복음에는 두 번밖에 없습니다.

이것은 성경으로 보면 단어와 문맥이 한쪽으로 기우는 것 같은 느낌이지만 그렇지 않습니다. 마태복음, 마가복음, 누가복음에서 하나님의 나라는 같은 생명이라는 뜻, 영생이라는 뜻이 있는데, 우주적인 것, 단체적인 것, 모두에게 주시는 말씀의 복음입니다. 그런데 요한복음에서 이 생명은 교회라고 해서 개인적인 생명을 말하고, 우리 한 사람 한 사람이 구원받는 것을 말해 줍니다.

그래서 요한복음 3장 16절에 "하나님이 세상을 이처럼 사랑하사 독생자를 주셨으니 이는 그를 믿는 자마다 멸망하지 않고 영생을 얻게 하려 하심이라"라고 합니다. 그를 믿는 자, 한 사람으로 나옵니다. 요한복음의 특징입니다.

요한복음은 한 생명 한 생명을 귀하게 여기고 있습니다. 한 생명이 살아야 하고, 한 생명이 구원받아야 하고, 한 생명이 영원히 살아야 하기에 이렇게 교회라고 하는 단어를 통해서 숫자를 보면 아주 적은 숫자인 나 하나에다가 초점을 맞추고 있습니다. 그러나 마태복음, 마가복음, 누가복음에는 전체의 구원, 합쳐서 보면 하나님의 나라, 천국은 모두에게 주시는 것을 뜻합니다. 요한복음을 통해서 한 알의 밀알로 오신 예수님을 받아들일 때 생명의 역사가 있고, 구원의 역사가 있고, 능력의 역사가 있을 줄로 믿습니다.

요즘 한국교회에 아픔이 있습니다. 여러분, 대면예배가 좋은 예배냐, 온라인 예배가 좋은 예배냐? 교회마다 몸살을 앓고 있습니다. '일본 강점기, 6·25 때는 생명을 걸고 예배했는데, 우리가 관공서 직원 한두 사람에게 밀려서 되느냐?' 해서 고집스럽게 할 수도 있습니다. 반면에 '지금 우리는 이것이 아니다. 하나님 앞에서 예배가 중요하니까 어디서나 예배하면, 가정교회도 교회니 예배하자'고 하기도 합니다. 여기에 우리는 하나가 되도록 노력을 해야 합니다. 물론 우리 교회는 방역수칙에 대해서 앞장서 가지만 이제 우리는 본질의 문제와 비본질의 문제를 가지고 서로가 잘 나눌 수 있어야 합니다. 한국교회를 보면 예수 믿는 사람끼리 서로 다투고 있습니다. 이럴 일이 아닙니다. 윤리적인 문제로 너희 교회가 좋은 교회, 나쁜 교회 할 때가 아닙니다. 예수님처럼 한 알의 밀알이 되어서 땅속에 묻혀 하나의 힘으로 모일 때 여기에 구원의 능력이 아름답게 드러날 줄로 믿습니다.

요즘 많은 사람이 기독교의 핵심이 무엇이냐고 합니다. 십자가 복음입니다. 예수님이 무덤에 들어갔다가 부활하셔서 승천하셨습니다. 한 알의 밀의 표본이 바로 예수님입니다. 이것이 복음이고, 이것이 케리그마입니다. 그런데 세상 사람들은 윤리적인 문제로 세상의 잡다한 것 가지고 이론, 사상을 만들어 냅니다. 이 세상에는 복음을 증거하지 않고 사상을 전하려고 하고, 이 땅에 있는 하나님의 복음에 대해서는 뒷전으로 미루어 놓고 인간의 이성을 앞세우는 일도 있습니다. 인간의 의견을 최고인 양 앞세우는 그런 교회들도 있습니다. 저와 여러분은 그게 아닙니다.

한 알의 밀알로 오신 예수님이 중심 되셔서 죽으심과 예수님의 살아남이 바로 진리입니다. 예수님의 부활, 예수님의 승천, 이것이 우리에게 얼마나 많은 능력을 주십니까? 이것이 예수님의 말씀, 즉 당신의 십자가 죽음이 한 알의 밀알이 되어서 썩고 자라고 나중에 많은 결실을 한다는 것입니다. 그래서 요한복음 12장 24절에 "내가 진실로 진실로 너희에게 이르노니 한 알의 밀이 땅에 떨어져 죽지 아니하면 한 알 그대로 있고 죽으면 많은 열매를 맺느니라"라고 합니다. 예수님의 복음입니다.

성경은 예수님에 관해서 얘기해 주는 것입니다. 성경은 구원에 관해서, 생명에 관해서 얘기해 줍니다. 하나님의 나라에 관해서 설명해 주는 것입니다. 예수님이 아니고는 생명이 없습니다. 요한복음 6장 51절에 "나는 하늘에서 내려온 살아 있는 떡이니 사람이 이 떡을 먹으면 영생하리라 내가 줄 떡은 곧 세상의 생명을 위한 내 살이니라"라고 하셨습니다. 예수님이 한 알의 밀알처럼 되셔서 썩고 거기서 새 역사를 이루셨습니다. 그로 인해 많은 열매를 맺어 구원받는 백성, 생명력 있는 백성, 하나님 나라의 백성으로 인도되었습니다.

오늘 우리의 심령 속에 세상의 윤리, 세상의 이론 문제가 아닌 예수 중심, 십자가 중심, 복음 중심으로 살아가야 할 줄로 믿습니다. 십자가 중심으로 예수님 붙들고 살면 됩니다. 예수님 이름만 붙들면 모든 것을 이기게 됩니다. 여러분, 예수님만 붙들면, 이 세상 슬픔도 별것 아닙니다. 이 세상에 예수님만 있으면, 낮은 자리도 별거 아닙니다. 예수님만 있으면, 초막이나 궁궐이나 그곳이 바로 하나님 나라를 이루어 가게 될 줄로 믿습니다. 힘들어도 예수님, 좋아도 예수님, 기뻐도 예수님, 눈물 나도 예수님…. 예수님은 내 생명이요, 구원의 방패인 줄로 믿습니다.

이 좋은 예수님 붙들고 또 한 주간도 한 알의 밀처럼 우리가 가는 곳에서 그리스도의 영광을 드러내는 복된 믿음의 가족 되시기를 우리 주님의 이름으로 축복합니다.

12. 부끄러운 기독교?

 **신명기 8:1-6**

¹내가 오늘 명하는 모든 명령을 너희는 지켜 행하라 그리하면 너희가 살고 번성하고 여호와께서 너희의 조상들에게 맹세하신 땅에 들어가서 그것을 차지하리라 ²네 하나님 여호와께서 이 사십 년 동안에 네게 광야 길을 걷게 하신 것을 기억하라 이는 너를 낮추시며 너를 시험하사 네 마음이 어떠한지 그 명령을 지키는지 지키지 않는지 알려 하심이라 ³너를 낮추시며 너를 주리게 하시며 또 너도 알지 못하며 네 조상들도 알지 못하던 만나를 네게 먹이신 것은 사람이 떡으로만 사는 것이 아니요 여호와의 입에서 나오는 모든 말씀으로 사는 줄을 네가 알게 하려 하심이니라 ⁴이 사십 년 동안에 네 의복이 해어지지 아니하였고 네 발이 부르트지 아니하였느니라 ⁵너는 사람이 그 아들을 징계함같이 네 하나님 여호와께서 너를 징계하시는 줄 마음에 생각하고 ⁶네 하나님 여호와의 명령을 지켜 그의 길을 따라가며 그를 경외할지니라

성도 여러분, 요즘 어떻게 지내십니까? 최근 뉴스를 봐도, 신문을 읽어도 우리 기독교인이 주눅 드는 시대를 살아가고 있습니다. 목회데이터연구소에서 조사한 것을 보면, 기독교인의 인기가 점점 떨어지는 것을 봅니다. 속상한 일입니다. 불교인 하면 온화하다고 합니다. 천주교인은 친절하다고 합니다. 기독교인은 편 가르기만 한다고 합니다. 기독교인은 모든 것에 대해서 따지기만 한다는 이미지를 표현하고 있습니다. 뉴스에 보면 모든 확진은 교회에서부터 출발하는 것 같고, 모든 잘못은 교회가 하는 것 같아서 억울하기도 하고, 어떤 때는 용기를 잃을 때도 있습니다.

사실 교회가 세상의 빛과 소금이 되어야 하는데, 그 빛과 그 맛을 잃어버린 것 같습니다. 세상 앞에, 그리고 먼저 주변의 모든 분에게 사과를 드리고 싶습니다. 2020년 8월 이후의 통계를 보면 확진자가 점점 증가하고 있는데, 몇몇 교회가 확산지가 되어 미안한 마음이 큽니다. 전체 통계를 보면 우리나라 19,000명 넘는 확진자 중에서 교회 출발이 1,519명(8.29. 20시 기준)인 것을 보면 참 교회가 부끄럽기도 하고 참 죄송스럽다는 마음을 전하고 싶습니다. 거기다가 서울과 수도권이 제일 많습니다. 12개 중에서 거의 11개가 서울, 경기에 있는 교회입니다. 어느 교회가 일부러 그러겠습니까? 정말 죄송스럽게 생각하고, 미안하고 부끄럽게 생각하고 있는 것도 사실입니다.

요즘 사회에서 소수자 인권에 대해서 굉장히 많이 주장하고 있습니다. 이러한 분위기에서 교회 상황을 한번 보겠습니다. 대한예수교장로회 통합 측 교회가 9,288개 교회입니다. 9,288개 중에 우리 통합

측에서 확진자 나온 교회는 3개입니다(2020년 8월 30일 기준). 정말 소수입니다. 전체 한국교회는 6만 개입니다. 우리나라 6만 개 교회 중에 12교회가 확진되어서 마음에 아픔을 주고 있습니다. 우리 통합 측 교회를 보면 9,288개 중에서 3개의 교회가 확진자로 인해 고통을 겪고 있음을 전해 줍니다. 그렇다면 여러분, 6만 개의 교회 중에서 12교회, 9,288개 교회 중에서 3개의 교회는 소수입니다. 소수의 인권을 그렇게 귀하게 여기면서 소수를 왜 그렇게 밟아야 하고, 못살게 해야 하고, 죄인 취급해서 완전히 코너로 몰아넣는지, 대한민국의 국민으로서 종교적 자유가 짓밟히는 것 같습니다.

우리 교회가 바로 서야 합니다. 우리 교회도 대면예배보다 영상예배에 초점을 맞추고 있고, 목사가 성령을 따라가야 하는데, 카메라를 따라가고 있는 것 같습니다. 성전 예배가 되지 않으니까 뭔지 모르게 2% 부족하고, 뭔지 모르게 부족하고 허전하지 않습니까? 그러면 왜 우리가 성전예배보다 영상예배드리는 것인가? 왜 온라인 예배를 우선시하는가? 그것은 세상이 두렵기 때문이 아닙니다. 이웃을 사랑하는 방법입니다.

또 다른 이유는 교인을 돌보기 위해서 가정예배와 영상예배를 드리라는 것이지 세상의 조롱, 세상의 이야기 때문에 그것이 무서워서 우리가 교회 문을 닫는 게 아닙니다. 교회 문을 닫으라 해서 닫는 것보다는, 같은 성도와 같은 이웃의 생명을 보호해 주기 위해서 우리가 속상하고 마음 아프지만 참고 있는 것이지 않습니까?

이 좋은 기독교의 진리도 바로 증거하면 얼마나 좋겠습니까? 어떤 사람에게 떡 한 접시를 준다고 합시다. 그런데 한 손으로 주는 것하고 양손으로 주는 것하고 다릅니다. 담장 너머에 있는 사람에게 과일 하나를 줄 때 담장 너머로 주는 것과 대문을 통해서 주는 것은 차이가 엄청납니다. 기독교의 생명은 너무나 중하고 귀하지만 이것을 어떻게 증거하느냐에 따라서 받는 느낌은 다릅니다.

예를 들면, "예수 천국 불신 지옥" 좋은 말입니다. 그런데 요즘은 죄송스럽지만 혐오스럽게 증거한다고 느낍니다. 어떤 사람은 눈을 감고 있고, 예수 믿는 사람이 봐도 그냥 눈길을 다른 곳으로 돌리고 싶고, 그 소리를 듣기 싫어하면서 마음을 다른 데로 둘 때가 참 많습니다. 똑같은 예수님인데, 사람들이 싫어하는 방법으로 전도하니까 불편함이 된 것도 사실입니다. 우리는 상대방을 대하는 배려에 대해 생각해 보고 전도의 방법이 그에 못 미친다면 우리도 미안하게 생각하고, 다른 방법을 찾아봐야 합니다.

한국교회가 지금까지 135년을 지나오면서 많은 좋은 일도 했지만, 오늘날처럼 용기를 잃어버리고 많이 비판받은 때도 없었던 것 같습니다. 그러면 여러분, 교회가 죽을 짓을 한 것입니까? 교회가 정말로 죄인들만 모였지만 정말 이 세상에서 말하는 그런 죄인들만 모였겠습니까? 우리는 생각해야 합니다. 그래서 오늘 설교 제목이 "부끄러운 기독교?" 마지막에 물음표가 있습니다. 정말 기독교가 부끄러운 기독교였는가 말입니다.

우리가 생각해 보면, 영상예배가 편하기도 하지만 다른 성도를 보호하고, 이웃을 보호하는 것이 영상예배입니다. 모두 다 교회로 달려와서 예배드리고 싶어 하지 누가 가정에서 예배하려고 하겠습니까? 이것은 다 사랑이요, 배려의 행동입니다. 타인을 위한 인격적인 자세입니다.

자, 그러면 생각해 봅시다. 기독교 2,000년 역사 속에 언제나 세상의 칭찬만 받았습니까? 1907년 전후에 일어났던 여성교육을 할 때 일을 기억해 봅시다. 여성교육을 위한 이화학당이라든지, 좋은 학교가 설립되면서 기독교가 끼친 영향이 얼마나 많습니까? 그런데 당시 기독교가 여성교육에 이바지한 바가 크다고 칭찬을 받았습니까? 그렇지 않습니다. 그런데도 감옥에 잡아 넣었고, 박해했고, 핍박했었습니다. 기독교 역사에 언제 세상의 칭찬받아서 기독교가 잘되었습니까? 언제 박해를 받아서 박해 때문에 기독교가 안 되었고 무너졌습니까? 그렇지 않습니다.

왜 그렇습니까? 기독교는 생명의 종교요, 기독교는 부활의 종교요, 십자가를 통하여 영생을 주기 때문입니다.

기독교에는 부활이 있으므로 남들이 거꾸러뜨리고, 남들이 쓰러지게 해도 기독교는 일어납니다. 왜? 생명이 있으니까. 왜? 영원한 하나님의 손에 잡힌 바 되어서 영원히 살아 있는 생명의 기독교이기 때문입니다.

로마제국하에 로마 시내에 불이 났을 때 황제는 그 책임을 전부 예수 믿는 사람에게 넘겼습니다. 지난날 노아 때는 물로 심판을 했지만 앞으로 심판 때는 불로 심판한다, 그러므로 로마의 전 시가지가 불에 탄 것은 예수 믿는 사람 때문이라고 뒤집어씌웠습니다. 그때부터 예수 믿는 사람을 박해했고, 잡아서 죽였습니다. 그러나 그렇다고 기독교가 없어졌습니까?

여러분, 카타콤(Catacombs, 좁은 통로의 지하 묘지)을 아십니까? 그때 하도 박해가 심하니까 예수 믿는 사람은 어디 가서 예수 믿고 예배할 곳이 없는 것입니다. 그래서 큰 공동묘지 단지가 있는데, 공동묘지 단지 밑으로 들어가서 터널을 만들고, 터널 안에 또 집을 만드는 거예요. 들어가면 찾아 나올 길이 없습니다. 꼬불꼬불 그 안에서 죽으면 그 안에 장사지내고, 살아 있으면 살고 예배하고, 예수님 때문에 저 카타콤 속에서 기독교 생명이 명맥을 이어왔고, 유지해 왔습니다.

그리고 카타콤 내부에 보면 3-4세기 때 그리스도인들이 로마의 박해를 피해서 생명의 주님 앞에 예배하고, 하나님의 존귀하심을 드러내고, 예수의 영원성을 찬송하며 기도하며 십자가 붙들고 살았던 흔적을 볼 수 있습니다. 그때 예수 믿는 사람들은 믿는다는 것을 드러내지 못해서 서로 은밀하게 손가락으로 바닥에 그림을 그렸습니다. 그 그림을 익투스라고 합니다.

익투스는 '주는 그리스도시요, 살아 계신 하나님의 아들'이라는 의미입니다. 이 헬라어 문장 이니셜을 합치면 물고기라는 단어가 됩니다. 물고기, 익투스라고 하면 신앙인들의 암호였습니다. '우리는 예수 그리스도를 구주로 믿는 사람들이다.' 그렇게 박해 속에 있었지만 기독교는 오늘까지 이어집니다. 왜? 생명이 있기 때문입니다. 왜? 부활의 종교이기 때문입니다. 왜? 영원한 종교이기 때문입니다.

사사기에는 당시 사람들이 자기 소견에 옳은 대로 했다고 쓰여 있습니다. 즉, 자기 생각에 좋은 대로 했다고 나옵니다. 이 사사시대가 끝나면서 마지막 사사 사무엘 같은 사람이 나타나고, 그 아들 두 사람이 나타나면서 다시 새로운 역사가 이어집니다. 하나님을 잘 섬겨야 하고, 믿음으로 살아야 할 백성이 범죄하고 하나님과 간격을 벌려 놓게 됩니다. 그때 이웃 나라 블레셋이 공격합니다.

이때 믿음의 사람들이 가장 귀하게 여겼던 것이 법궤였습니다. 언약궤를 하나님의 영광, 하나님의 중심, 하나님의 마음이 담긴 것으로 아주 소중히 여겼습니다. 이 법궤만 있으면 모든 것에 승리했고, 법궤가 이스라엘 백성의 힘이었고, 이방 민족에게는 심판의 도구였습니다. 블레셋 사람들이 그 법궤만 빼앗아오면 되겠다 해서 이스라엘의 법궤를 탈취합니다.

블레셋은 다곤 신을 섬기는 자들이었습니다. 다곤 신의 형상은 상반신은 사람이고 하반신은 물고기입니다. 그리고 그의 팔은 옥수수입니다. 블레셋은 다곤 신을 세상 최고의 신으로 섬겼습니다. 하나님을 섬기는 언약궤는 별거 아닌 줄로 알았습니다. 블레셋 사람들이 언약궤를 빼앗아서 다곤 신전에 가져다 둡니다. 그들은 하나님의 임재의 상징인 언약궤의 실체를 모르고 법궤를 그들의 신전에 둔 것입니다.

그런데 어떻게 되었습니까? 다곤 신이 박살 나 버립니다. 블레셋 사람이 그렇게 좋아하고 섬기던 신이 단 하룻밤 지나고 나니까 목이 부러지고, 팔이 부러지고, 다리가 부러졌습니다. 다곤 신상이 박살 난 것입니다. 이때 여기에 전염병이 퍼지고, 블레셋 사람들에게 안 좋은 일이 계속 일어나니까 법궤를 딴 데로 보내기 시작합니다. 법궤를 함부로 하는 아스돗 사람, 가드 사람, 에그론 사람들에게 징벌이 내려졌습니다. 결국은 5만여 명이 죽었습니다. 그들이 다 쓰러져 심판을 받는 것입니다.

예수님을 믿는 사람들이 때로는 세상에서 주눅 들고, 외롭고, 밀려나고, 손해 보는 것도 사실입니다. 그러나 나는 조금 손해 보지만 하나님은 손해 보시지 않습니다. 나는 조금 밀려나지만, 하나님은 우주 역사를 다스리고 주관하고 계시는 줄로 믿습니다. 여러분이 믿는 기독교는 무엇인가요? 기독교는 생명의 종교입니다.

저는 어린 시절에 교회가 뭔지를 몰랐습니다. 우리 마을에 제가 태어나던 해에 예배당이 세워졌다고 합니다. 오면서 가면서 바라보면 초가집으로 만든 작은 예배당, 그 위에다가 깨끗하지 못한 나무 두 개로 십자가를 만들어 달아 놓고, 동네 사람들이 다니는 것을 알았지만 무엇을 하는지도 몰랐습니다. 오히려 비아냥대고 욕을 했습니다. 제가 고등학교 2학년까지는 예수가 뭔지, 교회가 뭔지, 믿음이 뭔지를 전혀 몰랐습니다. 그냥 저런 사람, 못사는 사람, 가난한 사람이 다니는 위로의 자리인 줄로 알았지, 교회가 뭔지를 몰랐습니다.

지금 가만히 돌아서서 생각해 보면, 제 생애에 최고로 좋았던 것이 무엇이냐면 고등학교 2학년 말에 교회에 갔다는 것입니다. 제가 예수 믿으러 간 것보다 더 귀한 게 없습니다. 제 일생 살아오면서 제일 잘한 일이 예수 믿은 것이라고 고백하고 싶습니다. 저도 이제 나이가 많아졌습니다. 제 생애에서 가장 귀한 것이 무엇인가?

제 평생에 이 교회 가서 예수님을 믿음으로 내 인생의 가치관을 찾게 했고, 내 삶의 방향을 설정하게 되었고, 내가 앉아 있을 때 일어서게 되었고, 내가 눈 감았을 때 눈뜨게 해주었고, 포기했을 때 일어서게 해주고, 용기 있게 나아가게 한 곳이 교회였습니다. 저는 예수님이 너무 좋습니다. 교회가 너무 좋습니다. 정말로 축복의 문이 교회에 가면서부터 열리기 시작했고, 교회에 가면서부터 희망을 찾게 되었습니다.

여러분, 기독교는 생명의 종교입니다. 세계에 75억 인구가 삽니다. 여러분, 예수 믿는다고 고백하고, 예수를 구주로 고백하는 인구가 75억 중에서 21억 명 됩니다. 21억 명이 예수 믿는다고 표현합니다. 이슬람 사람들이 13억 정도 되고요, 힌두교가 9억쯤 되고, 불교가 약 3억 7천 명 정도 됩니다. 그런데 각 종교가 고등종교로 불리는 3가지 요소가 있습니다.

첫째, 경전이 있어야 합니다. 둘째, 내세관이 있어야 합니다. 셋째, 윤리성과 도덕성이 깨끗해야 합니다. 우리가 아는 대로 기독교의 경전이 뭡니까? 성경이지 않습니까? 이슬람 경전은 뭡니까? 코란이지 않습니까. 불교의 경전은 불경입니다. 힌두교는 베다입니다. 그러나 그중에 책 중의 책, 제일 많이 팔리고, 제일 많이 사용하는 게 성경입니다.

이 성경 말씀 중에서 가장 열쇠가 되고, 생명이 되는 말씀이 요한복음 3장 16절 "하나님이 세상을 이처럼 사랑하사 독생자를 주셨으니 이는 그를 믿는 자마다 멸망하지 않고 영생을 얻게 하려 하심이라"입니다. 예수님를 믿는 자는 영원히 살게 됩니다. 예수님 때문에 생명을 얻습니다. 예수님 때문에 희망을 품게 됩니다.

일반 종교는 반드시 창시자가 있습니다. 불교는 석가모니, 유교는 공자, 이슬람은 마호메트가 있습니다. 그리고 일반적인 종교는 그 대상자, 지도자의 가르침을 따라갑니다. 그런데 기독교는 창시자의 가르침을 따라가는 게 아닙니다. 기독교는 예수님을 믿어야 구원받습니다. 우리는 육체로는 의로운 육체가 없습니다. 의인은 없나니 한 사람도 없습니다. 모든 사람이 죄를 범하였으매 하나님의 영광에 이를 수가 없습니다.

우리는 '예수에 대해서' 아는 것이 아니라 '예수를' 아는 것입니다. 우리는 '예수에 대해서' 배우는 것이 아닙니다. '예수 십자가를' 믿어서 구원받습니다. 대상자, 가르치는 선생님 때문에 구원받는 게 아닙니다. 예수를 믿어서 구원받습니다. "주 예수를 믿으라 그리하면 너와 네 집이 구원을 받으리라" 말씀해 주셨습니다.

오늘 성경 말씀은 이스라엘 백성의 광야 삶을 소개하고 있습니다. 이스라엘 백성이 애굽에서 광야로 나온 것은 기적 중의 기적이고, 은혜 중의 은혜입니다. 애굽에서 430년 종살이를 한 그들이 해방을 얻었습니다. 100%의 은혜, 500%의 은혜, 1,000%의 은혜입니다. 자기들 힘으로 나온 것이 아닙니다. 하나님이 열어 주신 것이고, 하나님이 건져 주신 것입니다. 하늘에서 만나와 메추라기를 내려주시고, 땅속에서 반석에서 생수를 주셔서 하나님의 인도를 받은 것입니다. 절대 자기 공로가 아닙니다. 하나님의 은혜입니다.

이런 출애굽의 은혜를 가지고 가나안 땅을 향하여 가면 되는데, 가나안 땅에 12명의 정탐꾼을 보냈을 때 열 사람이 부정적인 보고를 합니다. 이스라엘의 이러한 불신앙 때문에 광야에서 40년을 배회하고 방황하게 됩니다. 느릿느릿 걸어가는 황소걸음이라도 80일이면 갈 수 있는 거리를 40년 동안 걸려서 가게 되었습니다.

그러면 왜 이 사람들이 광야생활에서 이렇게 유리방황하면서 보내게 되었습니까? 2절에서 "네 하나님 여호와께서 이 사십 년 동안에 네게 광야 길을 걷게 하신 것을 기억하라 이는 너를 낮추시며 너를 시험하사 네 마음이 어떠한지 그 명령을 지키는지 지키지 않는지 알려 하심이라"라고 합니다. 이것은 간단합니다. 우리를 낮추시려고 하는 하나님의 교과과정이었습니다. 하나님의 그림이었습니다.

하나님은 이런 과정을 통해서 우리를 겸손하게 하셨고, 사람이 떡으로만 살 것이 아니라 여호와의 입에서 나오는 말씀으로 살 것이라고 가르쳐 주셨습니다.

이 시대 기독교인으로서 부끄럽기도 하고, 책임감을 느끼기도 합니다. 그러나 기독교는 우리의 생각이나 행위에 의해서가 아니라 오직 예수님 이름으로 증거되고, 전파되고, 확장되어 갈 것입니다. 성령의 힘에 의지하여서 이 기독교는 생명력 있게 전파될 줄로 믿습니다.

여러분, 부끄러운 기독교가 아닙니다. 사실은 자랑스러운 기독교입니다. 하나님의 나라가 이루어지는 것이고, 부활하신 주님이 우리에게 힘 주시고, 이 땅 위에 하나님의 나라를 이루어 가시는 것을 우리는 믿습니다. 전능하사 천지를 만드신 하나님 아버지를 믿는 이 믿음 하나로 예수님 붙들고 저 천국에 이를 때까지 담대하게 살아가시기를 축복합니다.

세상이 많은 댓글 속에 어떤 말을 한다 할지라도 진리는 진리입니다. 진주는 땅에 떨어져도 진주요, 손에 잡아도 진주요, 입 안에 넣어도 진주는 진주입니다. 그 누가 뭐라 그래도 부활의 주님, 생명의 주님이 나의 구주이시고, 구주이신 예수님을 통하여 우리는 그 나라에 이르고, 구원에 이르게 됩니다.

하나님의 자녀로서 긍지를 가지고 자랑스럽게 살아갈 수 있기를 원합니다. 예수님의 이름으로 담대하게 살아가시기를 원합니다. 성령의 능력을 힘입어 용기 있게 살아가시기를 원합니다. 우리 주님 이름만 붙들고 강하고 담대한 믿음으로 저 천성을 향하여 오늘도 뚜벅뚜벅 걸어가는 저와 여러분의 삶이 되시기를 우리 주님의 이름으로 축원합니다.

13. 우리가 사방으로 욱여쌈을 당하여도

 **고린도후서 4:7-12**

⁷우리가 이 보배를 질그릇에 가졌으니 이는 심히 큰 능력은 하나님께 있고 우리에게 있지 아니함을 알게 하려 함이라 ⁸우리가 사방으로 욱여쌈을 당하여도 싸이지 아니하며 답답한 일을 당하여도 낙심하지 아니하며 ⁹박해를 받아도 버린 바 되지 아니하며 거꾸러뜨림을 당하여도 망하지 아니하고 ¹⁰우리가 항상 예수의 죽음을 몸에 짊어짐은 예수의 생명이 또한 우리 몸에 나타나게 하려 함이라 ¹¹우리 살아 있는 자가 항상 예수를 위하여 죽음에 넘겨짐은 예수의 생명이 또한 우리 죽을 육체에 나타나게 하려 함이라 ¹²그런즉 사망은 우리 안에서 역사하고 생명은 너희 안에서 역사하느니라

오늘의 제목은 "우리가 사방으로 욱여쌈을 당하여도"입니다. 저는 이번 본문을 준비하면서 국어 공부도 했습니다. 개역한글 본문에는 "우겨쌈을 당하여도" 이렇게 나옵니다. 그러면 여러분, '우겨쌈을 당하여도'와 '욱여쌈을 당하여도' 중 어느 것이 맞습니까? 요즘 나오는

개정성경에서는 '욱여쌈을 당하여도'라고 나오는데, 이것이 바른 말입니다. 욱여쌈이 무엇인가 그 뜻을 찾아봤더니, '한가운데로 모아들여서 둘러싼다'는 뜻입니다.

우리는 사방으로 욱여쌈을 당하는 어려운 순간에 하나님의 도움이 필요한 사람입니다. 왜냐하면 사람은 다 약하기 때문입니다. 머리카락 하나라도 희고 검게 할 수 없습니다. 추운 것은 너무 추워서 견디기 힘들고, 더운 것은 너무 더워서 견디기 힘듭니다. 물도 알맞은 양의 물이 우리를 살리지, 많은 물은 오히려 우리를 위협합니다. 인간만큼 연약하고 힘없는 존재가 없습니다.

사람은 사회적 동물이라고 합니다. 사람은 혼자 살기 어렵습니다. 누군가의 도움을 받아야 살아가는 것입니다. 우리 믿음생활도 그렇습니다. 홀로 걸어가는 것이 아닌, 예수님이 나와 동행하시고 성도들이 동행해 주시면 힘이 생겨납니다. 세상에는 내가 도와주어야 할 분이 참 많습니다. 세상에서 내 손길, 여러분의 손길, 여러분 마음의 도움이 필요한 사람이 많습니다.

어떤 분은 옆에서 바라봐도 정말 안쓰럽습니다. 어떤 분의 소식을 들으면 마음이 너무 녹아내립니다. 우리 교인 중에서 연세가 드신 분에게 치매가 온 것입니다. 우리나라에 치매 노인이 79만 명이나 됩니다. 은평구 전체 인구가 50만 명인데, 치매 어르신이 은평구 전체 인구보다 훨씬 많습니다.

청년들이 열심히 일하고 돈 벌어서 나중에 희망과 꿈을 키울 집도 사야 하는데, 청년 실업자가 122만 명이 넘습니다. 자녀들을 공부시

커서 그렇게 잘 길러 놨는데, 인물도 괜찮고 건강도 괜찮은데, 일자리가 없어서 청년 실업자들이 그렇게 많습니다. 사람이 외로운 것만큼 힘든 것이 어디 있겠습니까?

우리나라에 홀로 사는 노인이 150만 명이라고 합니다. 이분들은 누구하고 얘기하겠습니까? 해는 져서 어두운데 찾아오는 사람이 없어서 밝은 달만 쳐다보니 눈물만 흐른다고 합니다. 그러다가 어디선가 전화 한 통 오면 그렇게 행복하고 좋다는 것입니다.

우리나라 장애인은 261만 명입니다. 성도 여러분, 그저 감사해야 합니다. 무슨 불평과 짜증과 무슨 원망과 이 세상의 시시한 것 가지고 시시비비를 가리면서 잘났다 못났다 따질 것 아무것도 없습니다.

또한, 우리나라 기초생활보장 수급자를 분류해 보면, 누군가의 도움과 사랑이 절실한 소년 소녀 가정이 약 3천 가구가 됩니다. 아버지와만 함께 사는 가정이 3만 8천 가구이고, 어머니와 함께 살아가는 가정이 13만 5천 가구, 또 장애인을 데리고 사는 가구가 21만 가구입니다. 어르신 중에서 홀로 외롭게 살아가는 분이 33만 가정이 넘는다고 합니다. 기초생활보장 수급자는 갈수록 많아지고 있습니다. 어쩌면 불과 몇 년 후에 우리의 모습일지 모릅니다.

좌우를 살펴보면 염려와 걱정 아닌 것이 없습니다. 세상에 누가 힘들지 않은 인생길을 걸어가겠습니까? 쉽다고만 하는 인생이 누가 있겠습니까? 모두 어렵게 살아갑니다. 눈물 나게 살아갑니다. 속상해도 어디 가서 터놓을 데도 없어서 그냥 가슴만 쓸어내리면서 사는 사람, 서럽게 살아가는 사람이 얼마나 많은지 모릅니다.

그러나 우리 예수님 믿는 사람은 이런 어려운 세상 속에서도 그래도 붙들 수 있는 이름이 있고, 의지할 수 있는 여호와의 성전이 있고, 부를 수 있는 하나님의 이름이 있어서 우리는 행복한 그리스도인입니다.

세상 사람들은 교회를 욕할 수 있지만, 성도들은 교회를 욕해서는 안 됩니다. 교회는 하나님의 성전입니다. 교회를 높여야 복을 받습니다. 역사를 보면 교회를 박해하고 교회를 핍박한 사람 잘된 법이 없습니다. 교인 중에 조금 부족하고 믿음이 부족한 사람을 향하여서 손가락질한다 할지라도, 교회는 거룩한 곳입니다. 교회는 영원한 곳입니다. 교회는 그리스도의 몸입니다. 그리스도의 몸 된 성전을 지켜가는 것이 우리 신앙인의 삶이자 중심이 되어야 합니다.

그러면 이런 교회 안에 사는 우리, 그리스도의 생명이 무엇이겠습니까? 우리가 바쁘다는 핑계 때문에 예수님을 놓쳐 버리고, 힘든 것들 때문에 십자가 예수와 먼 거리에서 삶을 살고, 개인적인 생각 때문에 예수님 없는 삶을 산다면 우리는 정말 불행한 사람입니다. 왜냐하면, 우리는 죄인이기 때문입니다.

우리는 우리 죄를 스스로 씻을 수 없습니다. 우리는 우리를 천국으로 인도할 수 없습니다. 오직 예수뿐입니다. 우리를 구원하실 분은, 나를 사랑하시는 분은 예수님뿐입니다. 이 진리의 영을 깨달은 사도 바울이 자신은 질그릇이라고 고백하고 있습니다.

히브리 사람들은 창세기에서 가르쳐 준 대로, 우리 인생을 질그릇에 비유하고 있습니다. 그릇은 나무 그릇, 은그릇, 금으로 만든 그릇도 있습니다. 그런데 우리를 질그릇이라고 비유한 것은 무슨 뜻일까요? 그것은 약하다는 뜻입니다. 깨어지기 쉽습니다. 부서지기 쉽습니다. 가까이서 보면 흠이 많은 것이 우리의 모습입니다. 그런데 이런 질그릇 같은 우리 속에 하나님이 무엇을 담아 주셨는가? 보화를 담아 주셨다는 것입니다.

우리는 흙에서 와서 흙으로 돌아갈 존재들입니다. 창세기 3장 19절을 보면, "네가 흙으로 돌아갈 때까지 얼굴에 땀을 흘려야 먹을 것을 먹으리니 네가 그것에서 취함을 입었음이라 너는 흙이니 흙으로 돌아갈 것이니라 하시니라"라고 하였습니다.

아담이라는 말의 원래 뜻이 무엇인가요? 히브리어로 "붉은 흙"이라는 뜻입니다. 아담이라고 하면 남성 명사 붉은 흙이 됩니다. 사람은 흙으로 만들어졌고 연약합니다. 인간은 하나님 앞에 불순종함으로 인해 한계가 있습니다.

창세기 6장을 보면 하나님이 이 세상을 물로 심판하십니다. 노아 홍수 심판대에 하나님이 믿음의 백성들을 바라보셨을 때, 그들은 하나님의 영을 떠나서 살았습니다. 창세기 6장 3절 "여호와께서 이르시되 나의 영이 영원히 사람과 함께하지 아니하리니 이는 그들이 육신이 됨이라 그러나 그들의 날은 백이십 년이 되리라 하시니라"라고 말씀합니다. 여기서 인간이 육신이 되었다고 합니다. 무엇이 떠났기 때문에 그렇습니까? 영이 떠났기 때문에 그렇다고 합니다. 하나님과의 영적 교통이 끊기니 육신이 되더라는 것입니다. 다시 말하면, 흙이 되더라는 것입니다.

질그릇인 우리 안에 보배를 가졌습니다. 그 보배는 예수 그리스도 이십니다. 그 보배가 십자가 지신 예수님인 줄로 믿습니다. 어떤 주석가들은 이 보배를 성령 안에 거하는 우리의 직분, 사명이라고 해석하는 분이 있습니다. 그러면 여러분이 받은 권사, 장로, 집사, 찬양대원, 그리고 많은 주의 사역들이 있는데, 이것을 가지고 간직하게 되면 보배가 되는 것입니다. 육신적이고 제한적이고 흙이었던 우리에게 예수님의 영이 임하고, 사명이 이 속에 보배롭게 간직되면서부터 우리는 가치 있는 인생이 된 것입니다. 그러므로 여러분이 맡은 직분, 사명을 소중히 여기며 감당해야 할 것입니다.

공자는 아침에 도를 깨달으면 저녁에 죽어도 좋다고 했습니다. 하물며 참 진리인 성경 말씀을 깨닫고 나면 그렇게 좋은 것이 없습니다. 정말 알고 보면 진리의 영만큼, 예수님의 이름만큼 신비롭고 쉬운 것도 없습니다. 하나님께 고백만 하면 되고, 사람들에게 간증만 하면 됩니다. 그러면 우리는 성령 주도형의 사람이 되는 것입니다. 성령을 따라가면 육신 주도형의 사람이 아니라 성령 주도형의 사람이 되어서, 가치 있는 사람이 되어서 남들이 몰라줘도 괜찮습니다.

여러분, 남들이 여러분을 시시하게 보아도 괘념치 마십시오. 여러분은 예수님의 영이 함께하시기 때문에 진주는 땅에 떨어져도 진주고, 공중에 떠 있어도 진주입니다. 배를 타고 가도, 잠수함을 타도 진주는 진주고, 비행기를 타고 올라가도 진주는 진주이듯이 오늘 예수님의 영이 내게 임하기 때문에 하나님의 사람이 됩니다. 말씀을 따라갈 때 영 주도형의 사람, 성령 중심의 사람이 된 줄로 믿습니다. 이것에 감사하면 우리는 행복해지고, 가치 있는 삶을 사는 것입니다.

제 어머니는 저를 형들에 비해 시시한 존재로 봤습니다. 형들은 새벽같이 나가서 매일 직장생활하고 돈 버는데, 아들 이순창 목사를 보니까 일주일에 설교 한 번만 해도 먹고사는 것 같거든요. 그래서 제 형들에게는 고생한다는 말씀을 자주 하셨어요. "저는요?" 하고 어머니께 말씀드리면 "너는 일주일에 한 번만 지껄이면 밥 먹고 살지 않냐?"

저는 "아니, 어머니, 그게 아니에요. 저도 힘들어요"라고 했습니다. 그러다가 어머니께서 연로하실 때 우리 집에 모셨습니다. 돌아가셨을 때는 목동 이대병원 장례식장을 마련하고 장로님, 권사님들이 우리 교회에서 육개장을 끓여서 날라 승합차에 싣고 가지고 가서 어머니 장례를 다 돌보아 주었습니다. 그래서 장로님들과 권사님들과 교우들의 사랑을 제가 잊을 수가 없습니다.

그 어머니 돌아가시기 전에 우리 집에 오셔서 제가 사는 모습을 보셨습니다. 제가 꼴찌 아들이었는데, 목회하는 것을 보시더니 우리 어머니의 시각이 달라지신 것입니다. 우리 집안에 아들이 여섯이고 딸이 셋인데, 제가 우리 집에서 꼴찌 아들이었습니다. 그런데 꼴찌 아들이 일등 아들이 된 것입니다. 어머니가 모르실 때는 그냥 강단에 올라가서 설교만 하면 되고, 강단 올라가면 설교가 막 팡팡 나오는 줄 아셨습니다.

목사직 감당하는 것 어렵습니다. 와서 해보시겠어요? 이게 보통 어려운 게 아니에요. 누에가 입에서 실을 뿜어내듯이 절로 이루어지는

2부 설교
193

것이 아니라 하나님의 인도와 사랑을 입어야 합니다. 그 뒤로 우리 어머니가 저를 보고는 늘 일등 아들, 일등 목사라고 하셨습니다. 똑같은 모습이었지만 나를 어떻게 보느냐에 따라서 달라지는 것입니다.

똑같은 일이지만 내가 어떻게 받아들이느냐에 따라 달라지는 것입니다. 우리는 육신의 몸, 고깃덩어리가 아닙니다. 이 속에 예수님의 이름이 보배롭게 담기게 되었기 때문에 천국 백성이 되고, 영원한 생명을 얻게 된 줄로 믿습니다. 이렇게 생명을 얻은 우리는 위치가 달라지는 것입니다. 가치가 달라지는 것입니다.

사무엘하에서 므비보셋이 나옵니다. 므비보셋 이름의 뜻은 '수치를 없애는 자'입니다. 므비보셋은 사울의 손자이며, 요나단의 아들입니다. 그의 집안은 정말 어려움을 당했는데, 이웃 나라 블레셋하고 전쟁이 벌어졌을 때 길보아 전투에서 정말 힘에 밀려서 므비보셋의 할아버지 사울도 전사하고, 아버지 요나단도 전사했습니다. 그러니까 집안이 완전히 망했습니다. 옛날에 왕이 잡혀가면 밑에 자식까지 다 붙들어 갑니다. 그때 유모가 므비보셋을 안고 막 도망을 칩니다. 그러다가 그만 아기를 떨어뜨렸습니다. 그래서 므비보셋이 장애인이 된 것입니다.

므비보셋이 유모 품에 안겨서 도망가다 떨어져서 이렇게 다친 것입니다. 그때 므비보셋의 나이가 다섯 살이었습니다. 다섯 살 되는 왕의 후손이 유모 품에 안겨서 도망가서 목숨은 건졌는데, 불편한 몸을 가지고 살았습니다. 그래서 그는 요단을 건너서 로드발이라고 하는 아주 심심산골, 인적이 드문 그곳에 가서 숨어서 생명만 유지하고 있었습니다.

어느 날 다윗이 왕이 되어서 사울 왕이 나를 괴롭히기는 했지만 내 친구였던 아들 요나단은 좋은 사람이었다는 기억이 났습니다. 다윗은 부하들을 시켜서 후손을 찾으라는 명령을 내렸습니다. 그들이 요나단의 아들 므비보셋을 찾아왔습니다.

다윗은 므비보셋에게 "너는 나랑 같은 상에서 밥 먹자. 한 상에서 밥 먹자"라고 했습니다. 그랬더니 므비보셋이 사무엘하 9장 8절에서 이렇게 고백합니다. "그가 절하여 이르되 이 종이 무엇이기에 왕께서 죽은 개 같은 나를 돌아보시나이까"라고 합니다.

여러분, 감히 다윗 왕 앞에 설 수 없는 므비보셋입니다. 무엇을 보아도 설 수가 없습니다. 앞에 나타나는 것만 해도 그런데, 같은 상에서 식사를 같이하자고 합니다. 이것은 보통 어려운 일이 아닙니다. 그때 므비보셋은 자기를 낮추어서 죽은 개와 같다고 말합니다. 그 당시의 개는 불결한 짐승으로 여겨져 성전에도 들어갈 수 없는 것으로 표현됩니다.

우리가 하나님 앞에 자신을 낮추면서 "하나님, 제가 무엇이관대 죄에서 용서해주십니까?"라고 합니다. 이런 우리의 자세가 바로 겸손한 마음을 보여줍니다. 이것이 여러분의 고백이 되기를 바랍니다.

성도 여러분! 그리스도인의 고백은 정말 질그릇 같은 내 속에 예수님의 영이 임하기 때문이고, 성령이 함께하기 때문인 줄로 믿습니다. 므비보셋은 로드발이라고 하는 심심산골에 숨어서 형편없는 삶을 살았으나 다윗 임금이 불러서 만나자 그의 위치가 달라졌습니다.

우리의 모습이 그렇습니다. 본질상 진노의 자녀입니다. 우리는 멸망 받아야 합니다. 우리가 지은 죄 때문에 우리는 살길이 없습니다. 모든 사람이 죄를 범하여서 하나님의 영광에 이를 수 없는 우리를 예수 이름으로 불러 주시고, 예수 믿음 때문에 살려 주시고, 예수 품 안에 온 것 때문에 영생을 보장해 주신 줄로 믿습니다.

이런 우리는 사방으로 욱여쌈을 당한다고 할지라도 끄떡없다는 것입니다. 그리스도인에게는 이런 행복감이 있습니다. 이런 완벽한 축복이 있습니다. 이런 보장된 아름다운 은혜가 있으므로 우리는 오늘도 힘 있게 나아갈 수 있습니다.

언젠가 우리는 육체도 힘을 잃어버리고, 가지고 있던 직업도 손을 놔야 할 때가 있고, 어쩌면 내 삶도 놓아야 합니다. 그러나 우리 하나님은 영원히 우리와 함께하신다고 약속하셨습니다. 사망으로 욱여쌈을 당한다고 할지라도 하나님께서 우리를 지켜 주시고, 우리가 답답한 일을 당하여도 보호해 주실 줄로 믿습니다. 이런 예수님을 우리가 잘 믿어야 할 줄로 믿습니다. 이런 성령의 은혜에 감격, 감사해야 합니다. 나 같은 죄인을 건져 주신 주님을 찬양할 수 있기를 원합니다. 우리 같은 죄인을 건져 주신 예수님을 찬양할 수 있기를 원합니다.

영원히 우리와 함께하시면서 낮은 곳에 있는 우리를 불러 의의 자리로 세워 주시고, 영생의 자리로 불러 주신 예수님의 영, 예수님의 사랑, 그 축복 앞에 오늘도 감사하며, 강하고 담대한 믿음으로 살아가는 저와 여러분 될 수 있기를 우리 주님 이름으로 축복합니다.

14. 감사생활이 곧 축복입니다

 **출애굽기 23:14-19**

[14]너는 매년 세 번 내게 절기를 지킬지니라 [15]너는 무교병의 절기를 지키라 내가 네게 명령한 대로 아빕월의 정한 때에 이레 동안 무교병을 먹을지니 이는 그 달에 네가 애굽에서 나왔음이라 빈 손으로 내 앞에 나오지 말지니라 [16]맥추절을 지키라 이는 네가 수고하여 밭에 뿌린 것의 첫 열매를 거둠이니라 수장절을 지키라 이는 네가 수고하여 이룬 것을 연말에 밭에서부터 거두어 저장함이니라 [17]네 모든 남자는 매년 세 번씩 주 여호와께 보일지니라 [18]너는 네 제물의 피를 유교병과 함께 드리지 말며 내 절기 제물의 기름을 아침까지 남겨두지 말지니라 [19]네 토지에서 처음 거둔 열매의 가장 좋은 것을 가져다가 너의 하나님 여호와의 전에 드릴지니라 너는 염소 새끼를 그 어미의 젖으로 삶지 말지니라

우리는 행복해서 감사한 것이 아니라 감사하기 때문에 행복해집니다. 코로나로 인해서 다 어렵지만 어려움 속에도 감사는 있습니다. 눈

물 속에서도 진주 같은 감사가 있고, 한숨 속에도 보석 같은 은혜가 우리에게 주어지는 줄로 믿습니다. 늘 감사하되, 감사라고 하는 것은 생각해야 오는 게 감사입니다. 그래서 우리가 땡큐(Thank you) 하지만 땡큐는 어디에서 왔습니까? 띵크(Think) '생각한다'에서 온 거잖아요. 생각해 보면 감사, 찬양해 보면 감사, 고개를 숙여 묵상해 보면 감사, 이래도 저래도 감사, 감사가 넘치는 줄로 믿습니다.

하나님은 우리에게 여러 감사의 절기를 주셨습니다. 감사의 절기를 장소에 따라 두 종류로 나누어, 예루살렘 성전에서 드리는 감사와 자기가 사는 주거지에서 하는 감사가 있습니다. 세상에 흩어져 있는 사람들이 예루살렘 성지에 달려와서 감사하는 절기가 유월절, 오순절, 초막절입니다. 유월절에는 최하 32km 반경에 있는 사람들이 와서 하나님께 감사드립니다. 그때 오케스트라가 있겠어요, 그때 안내위원이 있겠어요, 떡을 주겠어요? 그냥 당시 유월절에 받아 가는 것은 성령의 은혜뿐이었습니다.

오순절이 되면 또 달려와서 제사 드리며 하나님께 감사를 드렸습니다. 초막절이 되면, 또 와서 제사를 드렸습니다. 그들에게는 그 절기가 생명이었고, 기쁨이었습니다. 이 세 가지는 예루살렘 성전에 들어가서 감사하는 것이었습니다. 그러나 나팔절의 경우 자기의 집, 가정, 거처에서 예배드렸습니다. 그리고 대속죄일에는 가정과 자기의 처소에서 가까운 곳에서 하나님께 영광을 올려드렸습니다.

한국교회에서도 절기를 지킵니다. 항상 하나님과 관계된 날이지만, 하나님은 따로 우리에게 날을 정해 주셨습니다. 왜 절기를 주셨을까요? 절기를 통하여 더 복을 주시려고 하나님이 지정하신 것입니다. 하나님께서 내가 늘 너희와 함께하지만, 이날을 내가 너희에게 복된 날로 지정해 준다고 하신 것입니다. 이날에 너하고 나하고 만나자, 미팅하자, 데이트하자, 우리 같이 만나서 같이 밥 먹자 하는 마음으로 여기에서 만나자 그리고 소집의 날을 만든 것입니다. 마치 여러분이 여러 형제가 있으면 장남이나 장녀가 "아버지 칠십 세 생신이니 다 모여라." 이러면 형제자매들을 모으는 것과 같습니다.

이 모든 절기를 우리에게 지정해 주시고, 만나 주시고, 소집하는데 그 중심 내용은 무엇입니까? 이것은 축제의 날이며 잔칫날입니다. 그리고 왜 이 절기를 주셨느냐 하면 모여서 하나님의 은혜를 기억하고, 하나님께 예배드리라는 것입니다. '예배를 통해서 희망을 얻자, 소망을 얻자, 믿음을 가지자, 우리 같이 잘 살자' 이런 마음으로 모여서 하나님과의 관계 회복이 이루어지는 날입니다.

도시 사람들은 배추 농사를 짓지도 않습니다. 벼농사를 짓지도 않습니다. 밀, 보리농사도 짓지를 않습니다. 그런데 왜 우리가 이러한 절기를 지켜야 하는가? 우리와는 상관이 없다고 생각하는 분이 있다면, 절기를 주셔서 우리와의 관계를 회복시키기 위한 하나님의 깊은 뜻이 있다는 것을 깨달아야 할 것입니다. 너와 나의 관계를 회복하자. 여러분, 사랑하는 사람도 자주 만나야 정이 들지, 사랑하는 사람도 안 만나면 남이 되어 버립니다. 사이가 멀어져 버립니다. 관계 회복을 위해서 이 절기를 하나님께서 지키게 해주셨습니다.

이스라엘 백성에게 무교절, 유월절은 하나님께서 그들에게 구원의 손길을 펴신 것을 기념합니다. 이스라엘이 애굽에 있던 당시, 하나님이 애굽 땅에 재앙을 내리십니다. 열 가지 재앙인 피, 개구리, 이, 파리, 돌림병, 악성종기, 우박, 메뚜기, 어둠이 내려졌습니다. 마지막 날에는 어떤 일이 있었습니까? 하나님께서 이스라엘 백성을 건져 주시기 위해서 언약을 세우십니다. "얘들아, 너희가 양을 잡아라. 한 마리를 잡아서 피를 흘려라." 그래서 문설주에 양의 피를 바르도록 하셨습니다. 그날 밤에 하나님의 심판 영이 임하시는데, 문설주에 피가 발라져 있는 집은 다 구원받았습니다. 그러나 문설주에 피가 없는 집의 장자는 다 쓰러져 죽었습니다. 이 유월절 사건을 통하여 하나님 앞에 피가 있는 가정, 피가 없는 가정으로 딱 나뉘게 됐습니다.

이 양의 피는 오늘 우리에게는 예수 그리스도의 보혈입니다. 예수의 보혈이 우리를 구원하고, 예수의 보혈이 우리에게 생명을 주시고, 예수의 보혈이 우리의 가정을 구원하셨습니다. 예수님의 부활이 우리에게 생명을 더하여 주십니다. 십자가 피로 구속하신 그리스도의 은혜를 상징하는 것입니다.

애굽 시대 이래로 많은 세월이 흘렀지만, 이 유월절에 대해서 감격, 감사하는 유대인들은 유월절이 되면 꼭 행사를 합니다. 아버지가 짐을 짊어지고 일단 밖으로 나옵니다. 그러면 아들과 딸이 "아버지, 그게 무슨 보따리에요?"라고 물으면 "애굽 속박에서 벗어나는 길이요"라고 말합니다.

옛날에 우리나라 유교 가정에서 제사를 지내면 어떻게 합니까? 제사하면 밥을 숟가락으로 떠서 물에 말아서 그 밥을 어디에 갖다 놓아요? 저 건너편 담장 위에다가 얹어놓고, 조상님이 잡수시라고 그렇게 하지 않습니까? 그리고 다 먹고 나면 온 식구들에게 나누어 줍니다. 그것을 음복이라고 합니다. 함께 나누면서 조상의 얼과 조상의 은혜를 기억하는 것입니다. 이 세상에 있는 제사 예법에도 메시지가 있고, 그 속에 유훈이 있고, 그 속에 정치적 이념뿐만 아니라 조상 적부터 내려오는 그 가문의 내용이 담겨 있습니다.

유월절에 아버지가 짐을 가지고 나오면서 애굽의 속박에서 벗어나러 가는 길이라고, 아버지가 자녀들에게 대답해 줍니다. 그리고 한참 후에, 또다시 한 번 더 밖으로 나갑니다. 그러면 아들과 딸이 "아버지, 어디 가시는 거예요?" 물으면 두 번째 대답합니다. "메시아를 기다리러 나가는 길이지. 메시아를 맞이하러 가는 길이지." 이렇게 가정마다 유월절을 기념하는 예법을 지킵니다. 오늘 우리에게 있어서 예수 그리스도의 보혈은 우리에게 구속의 은총을 보여주고, 십자가의 구속 은총이 우리를 생명길로 인도합니다.

다음으로 초실절은 하나님의 백성들, 믿음의 백성들이 하나님께 감사하는 자세를 가르쳐 주는 것으로, 첫 열매, 첫것을 가지고 하나님께 올려드리는 절기입니다. 히브리인들의 개념 속에 첫것은 전부를 의미합니다. 첫 열매, 첫것을 드린다는 것은 히브리인들에게 모두를 드린다는 뜻입니다. 첫 시간, 새벽기도 첫 시간, 가정에서의 첫 고백, 일어나서 첫 시간, 하나님께 올려드리는 것은 모두를 드린다는 것입니다.

초실절에 곡식을 드리는데, 곡식 속에 있는 생명체는 우리가 만들

수 없습니다. 곡식 속에 있는 영양분도 우리가 만들 수 없습니다. 우리가 하는 것은 고작 심는 것뿐이고, 거두고 갈아서 먹는 것뿐입니다. 초실절은 첫것, 즉 모든 것을 생명의 근원이신 하나님께 드린다는 고백이 내포된 것입니다. 출애굽기 22장 29절은 "너는 네가 추수한 것과 네가 짜낸 즙을 바치기를 더디하지 말지며 네 처음 난 아들들을 내게 줄지며"라고 합니다. 처음 것을 하나님께 올려드리는 것이 바로 초실절입니다.

다음으로 초막절은 수장절, 장막절, 오늘날의 추수감사절입니다. 이 절기에 제사를 드릴 때 떡 두 덩이로 요제를 드리거나 번제로 양 일곱 마리, 수소와 숫양 두 마리로 드릴 수 있습니다. 또, 염소 한 마리를 드릴 수도 있고, 어린 숫양 둘을 화목제물로 바칠 수 있습니다. 이 초막절은 수확에 대한 감사와 수확을 가능케 하시는 하나님의 사랑을 생각하는 것입니다.

예를 들면, 미국의 대통령 중에 루스벨트 대통령이 있습니다. 그는 휠체어를 타고 다녔습니다. 이분은 원래 건강한 분이었으나, 서른여덟 살 때 장애를 갖게 되었습니다. 아예 장애인으로 태어났으면 모를까, 서른여덟 살에 장애인이 되었으니 얼마나 불편하겠습니까? 그래서 불편한 삶을 사는데 그의 부인에게 어느 날 이런 질문을 합니다.

"여보, 내가 하체를 쓸 수 없고, 내가 이렇게 장애인이 되었는데 당신, 그래도 날 사랑해?" 물었습니다. 그때 부인 엘리나가 이런 말을 합니다. "여보, 내가 당신과 결혼할 때 나는 당신의 다리를 보고 결혼한 거 아니야. 나는 당신의 마음을 보고 결혼했고, 당신의 인격을 보고 결혼했지. 당신의 다리가 부러졌든, 장애가 됐든 나와는 상관이 없어요." 이 말에 루스벨트가 힘을 얻고 대통령이 되었습니다. 그는 한번 하기도 어려운 대통령을 네 번 하게 됩니다.

지금 남편 돈 벌어오는 것 적다고 남편 구박하는 부인이 있다면, 회개하시기 바랍니다. 돈 보고 시집오셨습니까? 물질 보고 결혼하셨습니까? 인격을 보고 결혼했고, 믿음을 보고, 사랑을 보고 결혼했으면, 다시 그 사랑을 찾는 감사절이 되기를 축복합니다.

초막절의 핵심 절기인 나팔절이 있습니다. 나팔절은 말 그대로 나팔 부는 것을 말합니다. 전국 각지에서 은으로 만든 나팔을 붑니다. 우리나라로 하면 1월 1일을 정월 초하룻날이라고 하는데, 유대인들은 7월 1일이 새해 시작입니다. 나팔을 불면서 하나님이 또 새로운 한 해를 시작하신다, 새것을 주신다는 것입니다.

우리가 월삭 예배를 드리는 것은 하나님이 새것을 주신다, 또 첫것을 주신다는 의미가 있습니다. 하나님께서 우리에게 귀한 것을 주신다고 나팔을 부는 것입니다. 어떤 나팔을 부느냐 하면, 그것은 그리스도 복음에 대해서 찬양하고, 내가 예수 잘 믿었다는 것입니다.

지금까지 이렇게 지내놓고 보니까 제 인생에 제일 잘한 것이 있다면 교회 나간 일입니다. 그리고 제일 멋진 일이 있다면 예수 믿는 일이고, 제일 복된 일이라면 오늘도 예수 이름으로 증거하는 삶이라고 고백하고 싶습니다. 나이가 들면 사람이 별 욕심이 없어집니다. 단 두 가지 바람이 있습니다.

하나는 자녀들이 잘됐으면 좋겠다. 자녀들이 나에게 잘해줘도 못

해줘도 상관이 없습니다. 잘해주면 잘해주는 대로 고맙고, 못 해주면 못 해주는 대로 사는 것이죠. 그 속의 마음은 무엇입니까? 우리 아들이 잘됐으면 좋겠다. 우리 며느리가 잘됐으면 좋겠다. 우리 딸이 잘됐으면 좋겠다. 우리 사위가 잘됐으면 좋겠다. 우리 손자 손녀가 잘됐으면 좋겠다는 고백뿐이에요.

세월이 흘러갈수록 출세하려고 노력해 봤는데 출세도 안 되고, 돈 벌려고 해봤지만 돈벌이도 마음대로 되지 않습니다. 똑똑한 아들은 국가의 아들, 돈 잘 버는 아들은 처가 아들, 빚진 새끼만 내 새끼가 되어서 속을 썩이는 것입니다. 그래도 자녀들이 잘됐으면 좋겠습니다.

여러분, 돈을 벌어서 성공했어요? 출세해서 성공했어요? 지위가 마음에 드세요? 벌어들이는 수입에 만족하세요? 그저 남는 것은 믿음 하나뿐입니다. 지금 우리 주변엔 약 처방전만 남아서, 배 아플 때 갖다 놓은 약인지, 머리 아플 때 갖다 놓은 약인지도 모를 지경입니다. 세상살이 속에 남는 건 약 처방전뿐입니다. 그러나 하늘나라에 남는 것이 있습니다.

주님 손에 남는 것은 믿음 하나인 줄로 믿습니다. 예수님 앞에 남는 것, 믿음입니다. 인간이 세상에 잘났으면 얼마나 잘났고, 못났으면 얼마나 못났습니까? 예수 잘 믿으면 됩니다. 속죄일에 하나님 앞에 모여서 나팔을 불면서 좋아라, 좋아하는 것입니다. 그리고 하나님께 감사드리는 것입니다.

초막절을 장막절이라고도 하는데, 장막절은 장막 쳤던 지난날의 삶을 생각하는 것입니다. 지난날 출애굽 해서 광야에서 그런 시절이 있었다는 것입니다.

그저께 제 친구가 카톡으로 옛 사진을 보여주었습니다. 옛날 시골 화장실에 앉아서 볼일 보는 사진이었습니다. 옛날 재래식 화장실 송판때기 위에 애가 앉아서 볼일 보는 장면입니다. 어쩌면 옛날 내 모습하고 똑같은지 모릅니다. 마치 내 어릴 때 같습니다.

그런데 그 집은 우리 집보다 부자라서 송판을 깔았더군요. 그 당시 화장실에 송판을 깐 집은 그래도 부자였습니다. 가난한 집은 산에 가서 나무 베어다가 그걸 얹어놔서 거기에 발을 디디면 달랑달랑했습니다. 자칫 실수하는 날에는 큰 통에 떨어져서 완전히 튀김이 되고, 거기에 완전히 튀김가루 바른 것보다 더 희한한 것으로 범벅이 됩니다. 그날 그 카톡 사진을 보면서 감사하자는 생각이 들었습니다.

이렇게 과거에 대해서 생각하고 오늘을 생각하며 감사하는 것이 장막절입니다. 과거를 생각해 보면 오늘은 감사 찬송뿐입니다. 이때는 너무 고마워서 번제도 드리고, 소제도 드리고, 희생 제사를 드리면서 하나님께 그 큰 은혜 감사한다고 고백하는 그런 절기가 장막절입니다.

그러면 하나님께서 왜 이런 절기를 주셨을까요? 우리와 관계 회복을 위해서입니다. 관계 회복을 통하여 하나님께 영광, 찬송, 모든 존귀 권세를 올려드리는 것입니다. 하나님의 영적 은혜를 받고, 물질적인 축복을 받고, 자녀가 형통의 복을 받아 하나님과 내가 하나 되어서 주님이 내 안에, 내가 주님 안에 있는 것을 고백하며 찬미하고 나아가는 것이 감사절입니다.

여러분, 감사 제목을 만들어 가시기를 축복합니다. 찾아가시기를 축복합니다. 감사 거리를 생각해서 아주 많이 모아서 하나님께 나아와 우리 아버지 앞에 생명, 온 정성을 다하여 예배하고, 하나님께는 기쁨 우리에게는 축복이 되는 한 주간이 되시기를 우리 주님 이름으로 축원합니다.

15. 그리스도 예수의 마음으로

 **에베소서 2:5-11**

⁵허물로 죽은 우리를 그리스도와 함께 살리셨고 (너희는 은혜로 구원을 받은 것이라) ⁶또 함께 일으키사 그리스도 예수 안에서 함께 하늘에 앉히시니 ⁷이는 그리스도 예수 안에서 우리에게 자비하심으로써 그 은혜의 지극히 풍성함을 오는 여러 세대에 나타내려 하심이라 ⁸너희는 그 은혜에 의하여 믿음으로 말미암아 구원을 받았으니 이것은 너희에게서 난 것이 아니요 하나님의 선물이라 ⁹행위에서 난 것이 아니니 이는 누구든지 자랑하지 못하게 함이라 ¹⁰우리는 그가 만드신 바라 그리스도 예수 안에서 선한 일을 위하여 지으심을 받은 자니 이 일은 하나님이 전에 예비하사 우리로 그 가운데서 행하게 하려 하심이니라 ¹¹그러므로 생각하라 너희는 그때에 육체로는 이방인이요 손으로 육체에 행한 할례를 받은 무리라 칭하는 자들로부터 할례를 받지 않은 무리라 칭함을 받는 자들이라

오늘은 맥추감사절입니다. 우리에게는 이 감사절이 정말 얼마나 소

중한지 다시 한 번 깨닫게 되는 특별한 은혜의 기회가 아닌가 생각합니다. 인격이 무엇으로 표현됩니까? 감사로 표현됩니다. 학벌이 인격을 표현하지 못합니다. 소유가 인격을 표현할 수 없습니다. 소유의 넉넉함이 인격이 아닙니다. 감사드리게 되면 이것이 인격이 되고, 하나님을 감동케 합니다. 세상에 하나님이 만들지 않으신 것이 어디에 있습니까? 들풀 하나, 공중에 나는 새, 바닷속 고기 한 마리도 하나님의 창조 섭리 속에서 살아가고 있지 않습니까? 인간은 하나님의 은혜가 아니고는 살아갈 수 없습니다. 물을 떠난 고기는 혹시 얼마간 산다고 하여도 예수님 떠난 심령은 살 수 없습니다.

하나님께서 우리에게 쌀을 수확하게 해주시고 보리와 밀을 농사하도록 해주셨기 때문에, 우리는 식탁에 앉아서 먹을 수 있습니다. 이것이 하나님의 은혜가 아니고 무엇이겠습니까? 물을 마시면서도 우리는 감격합니다. 하나님, 어떻게 이런 물을 만드셨습니까? 시골에 가서 아침에 이슬 방울만 봐도 그 영롱한 이슬에 비친 햇빛이 얼마나 오묘한지, 우리는 하나님을 찬양하고 하나님께 영광을 올리게 됩니다.

우리 모두의 속마음을 들여다봅시다. 하나님의 은혜가 아니면 우리가 어떻게 살아가겠습니까? 예수님의 대속 은혜가 아니면 어떻게 생명을 얻고, 어떻게 구원을 받으며 천국을 바라보겠습니까?

더 나아가 우리나라를 바라봅시다. 대한민국 땅덩어리를 들 수만 있다면, 그것을 들어서 캐나다에 있는 호수에다 집어넣으면 쏙 들어가 버립니다. 그런데도 이 작은 나라 대한민국에 하나님이 복음을 주시고, 은혜를 주셨습니다. 135년 전 대한민국에 복음을 전하러 선교사들이 오셨다는 것은 복 중의 복입니다.

우리 할머니 시대에는 정말 가난하게 살았습니다. 옷을 제대로 입었겠어요, 양말을 제대로 신었겠어요, 드시는 것을 제대로 드셨겠습니까? 선교사들이 한국에 와서 찍은 사진을 보면, 참으로 초라하기 그지없는 당시 상황을 그대로 전해 줍니다. 이 보잘것없는 나라, 형편없는 나라, 지구상에 가장 못사는 나라 중의 하나가 조선이었습니다. 그런 곳에 선교사들이 와서 이렇게 복음을 전해 주어서 우리가 살고 있습니다. 선교사님들이 우리나라에 왔을 때 지푸라기로 만든 초가집이었잖습니까?

나라가 힘이 없다 보니 우리나라 국모가 일본 사람의 칼에 찔리고, 기름을 부어 불을 질러서 태워 버리는 을미사변이 일어났습니다. 이런 시해 사건을 우리 선조들이 경험했던 것입니다. 힘이 없고 가진 것 없는 찢어지게 가난한 나라였습니다. 그런 나라에 복음이 들어와서 이제 먹는 것은 넉넉해졌습니다. 대한민국만큼 먹는 표현을 강하게 하는 나라도 없습니다. 우리는 배 터져 죽는다, 배 째져 죽는다, 행복한 언어를 그렇게 표현하고 살아갑니다.

선교사들이 들어와서 공부를 가르치는데, 너무나 답답하고 캄캄하였습니다. 아무리 보아도 살아갈 길이 없어 무엇을 해도 소망이 없는 나라로 보였습니다. 그래서 유진 벨 선교사가 선교 편지에 이렇게 써 보냅니다. "조선은 복음이 없으면 소망이 없습니다." 조선은 무엇을 해도 살길이 없었습니다. 그때 소녀들은 열여섯 살이면 시집을 갑니다. 열여섯 살에 시집을 가서 약 25세까지 그저 새댁, 주부로서 일하다가 아기를 낳고, 들에 가서 소처럼 일합니다. 남자보다 더 열심히 일합니다. 그런데도 집에 돌아오면 허기를 채워야 하는데 먹을 것이 없습니다. 이게 우리 조선이었습니다. 이러한 나라에 복음을 들고 온 선교사들이 예수님을 증거하고, 우상을 몰아내어 희망의 빛이 되었습니다.

당시 우리나라가 곳곳에서 우상숭배를 하며 얼마나 어리석은 일들을 저질렀습니까? 모든 것에 무당을 앞세웠습니다. 돈만 있으면 무당, 배고파도 무당을 앞세웠습니다. 연약하니까 무당을 불러서 의지했습니다. 당시 조선 땅에 국가 1년 예산이 있다면 국가 1년 예산의 두 배를 무당들에게 갖다 주었다고 전해지고 있습니다.

또 우스운 이야기도 있습니다. 흥선대원군이 외국에서 만든 배, 증기선을 보고 너무 놀랐다고 합니다. 증기선은 석탄을 원료로 해서 증기 터빈을 돌려서 배가 움직이는 것입니다. 그래서 신하들에게 어떻게 해서 저렇게 큰 배가 다니느냐고 물었습니다. 아부하는 신하들이 "전하, 저 배는 오리털을 붙여서 저렇게 가고 있습니다." "그렇다면 우리도 만들어 보아라." 그래서 신하들이 배를 만들어서 한강에다 진수식을 하기 전에 전국에 있는 오리를 잡아다가 털을 뽑아다 붙였다고 합니다. 죄 없는 오리만 죽었습니다. 배는 뜰 수도 없고, 앞으로 나아갈 수 없었습니다. 외국은 군함을 만드는 수준이었는데, 우리는 손수레 하나도 제대로 만들 수 없는 가난한 나라였습니다.

선교사들은 조선 여성이 너무나 인간 대접을 못 받는 현실을 보았습니다. 그래서 여성들을 위한 학교를 세웠습니다. 이화여자대학교,

숙명여자대학교, 나중에는 서울여자대학교를 세웠습니다. 1908년 우리나라에 소학교가 542개 있었습니다. 그 학교 전부는 교회가 세워서 아이들에게 공부를 가르친 것입니다.

더 나아가서 장애인을 돌보기 시작합니다. 1890년에 벌써 저들에게 길을 열어 주기 위해서 손끝 감각을 가지고 점자를 익히게 하였습니다. 1900년 선교사님들이 세운 학교에는 의무적으로 장애인 4명을 받게 되어 있었습니다. 제가 어릴 때 시골에서는 장애인이 있으면 재수 없다고 그랬습니다. 장애인이 얼마나 소외당하고 억울하고 인권을 짓밟혔는지 모릅니다. 우리 마을에서는 장애인을 둔 가정에 손님이 오면 그 손님이 가실 때까지 장애인을 창고에 가두어 두고 못 나오게 했습니다. 손님이 가셔야 풀어주었습니다. 정말 장애인들이 멸시받으며 서럽게 살아갔는데, 그 장애인을 인간으로 대우한 사람들이 예수 그리스도의 복음을 안고 온 선교사들이었습니다.

우리나라에 한센병 환자들이 얼마나 많았습니까? 제가 어릴 때만 하더라도 나환자를 많이 보았습니다. 나환자는 어린아이의 간을 꺼내 먹으면 고친다는 말을 들은 적이 있어서 한센인만 오면 줄행랑을 쳤습니다.

부산에 상애원이라고 하는 한센인촌이 있었습니다. '서로 상'(相), '사랑 애'(愛)자를 써서 서로 사랑하며 산다는 의미였습니다. 1909년 전후에 상애원에 많은 나환자가 있었는데, 이 나환자들 고름을 선교사들이 입으로 빨아내면서 예수님의 사랑을 증거했습니다. 광주에는 한센인을 위한 애양원이 생겼습니다. 애양원에 한센인이 얼마나 모여

오는지 광주 시민보다 더 많아서 도저히 여기에 두면 안 되겠다 해서 여수로 이사하여 지금 여수 애양원이 되었습니다.

선교사들이 예수 이름 붙들고 십자가 붙들고 이 민족을 살리려고, 이 국가를 살리려고, 영혼을 살리려고 애를 썼습니다. 대구에도 한센인을 위한 애락원을 만들었습니다. 이 애락원을 통해서 대구 지역에 많은 한센인을 돌보다가 수가 너무 많아서 1942년 소록도로 옮겼습니다. 그 외에도 한센인 마을이 84개 정도 됐습니다.

이런 곳에서 복음이 뭔지도, 예수가 뭔지도 모르는 그들에게 밤낮으로 예배, 찬송, 성경 구절 암송을 가르쳤습니다. 그래서 우리나라에서 성경 암송을 제일 많이 하는 사람이 한센인들입니다. 얼마나 그들이 예수님만 믿고 소망으로 살아왔는지 모릅니다. 그들은 축복의 말씀을 받고 영혼이 맑고 밝게 되어서, 천국을 소망하면서 이 민족의 구원을 위하여 기도했습니다.

우리나라 1919년 3·1운동을 생각해 보십시오. 파고다공원에서 일어났다고 하지만, 전국의 17곳의 3·1 운동 본거지가 어딥니까? 교회 아닙니까. 민족대표 33인이 도장을 찍습니다. 그중에 16명이 기독교인입니다. 여러분, 3·1운동 때 투옥된 사람 2,120명이 기독교인이었습니다. 예수님 이름으로 기도하며 국가를 사랑했습니다. 국가의 미래를 위해서 기도한 사람, 일제에 붙들려 가면서도 조국을 사랑하고 예수님을 사랑했던 사람이 그리스도인들이었습니다. 1911년에 있었던 데라우치 총독 암살미수사건인 105인 사건을 아실 것입니다. 일제가 조작하여 독립운동가 105인을 체포했는데, 그중에 98명이 기독교인이었습니다.

　요즘 기독교가 많이 걱정거리가 되어 있고, 대한민국 뉴스에 제일 먼저 나오는 것이 기독교이지만, 우리에게는 가슴 아프고 눈물 나는 일입니다. 예수 복음이 아니었다면 대한민국이 어찌 이만큼 살았겠고, 기독교 십자가 복음이 아니었다면 어떻게 이런 발전이 일어났겠습니까? 기독교 복음이 아니었다면, 어쩌면 서울 세브란스병원, 광주 기독병원, 전주 예수병원, 안동 성서병원, 대구 동산병원, 부산의 일신병원 같은 병원들이 생겼겠습니까? 이 모든 것은 예수 이름 때문입니다. 이 예수 때문에 오늘 우리가 이렇게 살게 된 것입니다.

　우리는 그저 감사하지 않을 수 없습니다. 할렐루야! 하나님의 이 복음이 우리 영혼을 구원하였습니다. 인권이 무시되었던 인간을 인간답게 살게 했습니다. 장애인으로서 어두운 곳에서 살아야 했던 인생들을 밝은 곳에서 살게 했습니다. 아픈 곳을 치료해 주었고, 미래가 없는 우리에게 미래를 주고 소망을 심어 준 것이 십자가 예수 그리스도의 복음입니다.

　이 복음이 얼마나 고귀하고 귀한지 바울은 이 복음이 선물이라고 했습니다. 하나님이 주신 선물이라는 거예요. 선물은 계산이 되지 않습니다. 만약 선물을 주고 무슨 계산을 한다면 뇌물이 됩니다. 선물은 조건이 없습니다. 하나님께서 우리에게 은혜를 부어 주셨고, 값없이 구원해 주시고, 믿음을 선물로 주셔서 우리는 구원받은 백성이 되었습니다.

　에베소서에 하나님께서 신령한 은혜를 풍성하게 주신다는 표현이 많이 나옵니다. '신령한 은혜'라는 단어 옆에 '풍성'이란 단어가 14번 나옵니다. '은혜'와 '풍성'이 우리를 신령한 은혜 안에 살게 하는데, 이 신령한 은혜를 받는다는 것이 무엇인가? 여기에는 나의 동작적 행위가 필요합니다.

감사할 때, 머리로 생각하는 이성적 감사가 아니라 그 감사에 대해서 찬양을 하면서 발걸음을 옮겨서 예배하러 가는 것입니다. 이스라엘 백성들이 32km 근방에서 다 달려가서 예배하듯이. 하나님께 나아와서 여호와의 성호를 찬양하는 믿음입니다. 믿음은 추상적인 것이 아닙니다. 나의 발걸음을 원합니다. 나의 땀을 원합니다. 나의 손길을 원합니다. 나의 찬양을 원합니다. 나의 헌신을 원하고, 우리에게 희생을 원합니다. 믿음은 행동으로 옮겨가야 역사가 일어납니다.

출애굽기를 보면, 모세가 손을 들고 기도할 때에 아론과 훌이 모세의 팔을 붙들어 받쳐주게 됩니다. 출애굽기 17장 11-12절에서 "모세가 손을 들면 이스라엘이 이기고 손을 내리면 아말렉이 이기더니 모세의 팔이 피곤하매 그들이 돌을 가져다가 모세의 아래에 놓아 그가 그 위에 앉게 하고 아론과 훌이 한 사람은 이쪽에서, 한 사람은 저쪽에서 모세의 손을 붙들어 올렸더니 그 손이 해가 지도록 내려오지 아니한지라"라고 합니다. 손이 올라가 있을 때 이것이 믿음의 역사를 이루게 되고, 기적을 만들게 됐습니다. 그것뿐입니까? 모세가 반석을 치매 샘물이 나옵니다.

출애굽기 17장 6절에 "내가 호렙 산에 있는 그 반석 위 거기서 네 앞에 서리니 너는 그 반석을 치라 그것에서 물이 나오리니 백성이 마시리라 모세가 이스라엘 장로들의 목전에서 그대로 행하니라"라고 합니다. 여기에서 치라는 것은 행하라는 것입니다. 감사가 생각에만 머물러 있으면, 진정한 감사가 아닙니다. 감사하기 위해서 찬양의 자리로 나와야 하고, 감사하기 위해서 예배의 자리로 나와야 하고, 감사하기 위해서 고백을 올려드려야 합니다.

이것뿐이 아닙니다. 라합을 보십시오. 여호수아 2장 18절에서 "우리가 이 땅에 들어올 때에 우리를 달아 내린 창문에 이 붉은 줄을 매고 네 부모와 형제와 네 아버지의 가족을 다 네 집에 모으라"라고 합니다. 라합이 붉은 줄을 내리고 가족을 모으는 그 행동의 실천이 그녀의 믿음을 보여준 것입니다. 오늘 우리에게도 하나님은 움직이기를 원하시는 것입니다.

이것뿐이겠습니까? 언약궤를 메고 가는 제사장의 삶이 여호수아 3장 15절에 나옵니다. "요단이 곡식 거두는 시기에는 항상 언덕에 넘치더라 궤를 멘 자들이 요단에 이르며 궤를 멘 제사장들의 발이 물가에 잠기자"라고 하였습니다. 요단 강이 저절로 열린 것이 아닙니다. 발을 요단 강에 담글 때 역사가 일어난 것입니다. 하나님의 말씀 안에 들어올 때 역사가 있고, 성전 안에 들어올 때 기적이 있고, 십자가 붙들 때 역사가 있습니다. 구리 놋뱀을 쳐다볼 때 치유가 있습니다. 복음은 참 신비롭습니다. 우리에게 보기를 원하고, 움직이기를 원하고, 따라오기를 원합니다.

여호수아 6장 11절에 "여호와의 궤가 그 성을 한 번 돌게 하고 그들이 진영으로 들어와서 진영에서 자니라"라고 했습니다. 법궤를 메고 가는 것입니다. 얼마나 수고스럽겠어요. 2천 규빗의 거리를 두고, 어깨에 무거운 짐을 지고, 하나님의 말씀에 순종하여 옮겨 가는 것입니다.

또 여호수아 8장 18절에 "여호와께서 여호수아에게 이르시되 네 손에 잡은 단창을 들어 아이를 가리키라 내가 이 성읍을 네 손에 넘겨 주리라 여호수아가 그의 손에 잡은 단창을 들어 그 성읍을 가리키니"라는 말씀이 있습니다. 그가 가리키니까 역사가 일어나 아이 성을 하나님께서 송두리째 주시는 것입니다. 하나님께서 마치 호박을 넝쿨째 주듯이 그냥 더하여 주시는 것입니다.

마가복음에 중풍병자가 나옵니다. 네 명의 친구가 그 중풍병자를 데리고 왔는데, 사람이 얼마나 많은지 도저히 예수님을 만날 길이 없었습니다. 그래서 그들이 지붕을 뚫고 중풍병자를 달아 내립니다. 마가복음 2장 4절에 "무리들 때문에 예수께 데려갈 수 없으므로 그 계신 곳의 지붕을 뜯어 구멍을 내고 중풍병자가 누운 상을 달아 내리니"라고 합니다. 하나님의 역사가 신비롭습니다. 저렇게 해서 낫기만 하면 구멍 안 뚫을 사람이 없고, 지붕 안 뚫을 사람이 없고, 침상을 안 달아 내릴 사람이 어디 있겠습니까? 그런데 남이 다 할 수 있는 쉬운 것도 순종하는 행위가 있을 때 기적이 나타나고 역사가 일어납니다.

마지막으로 혈루증 여인에 대한 말씀을 봅시다. 마태복음 9장 20-21절에 "열두 해 동안이나 혈루증으로 앓는 여자가 예수의 뒤로 와서 그 겉옷 가를 만지니 이는 제 마음에 그 겉옷만 만져도 구원을 받겠다 함이라"라는 말씀이 있습니다. 여러분, 믿음은 실천이 뒤따라야 합니다.

지금 바울은 옥에 갇혀 있습니다. 바울은 자유의 몸이 아닙니다. 그런데도 자기 속에 역사하는 이 신령한 은혜와 풍성한 복, 넘치는 은혜를 고백하면서 예수의 마음을 품고 있다고 소개하지 않습니까. 빌립보서와 에베소서를 연결해 보면 그는 위대한 인격자였습니다. 바울은 위대한 신앙자였습니다. 위대한 행복의 소유자였습니다. 그 절박한 상황 속에서도 추상적인 예수가 아니라 심령에 있는 예수를 따라 옮겨가고, 심령에 있는 예수를 높이기 시작하고, 그 예수의 이름을 붙들고 뒹굴기 시작하니 옥문이 열리고 기적의 역사가 일어났습니다. 여러분, 예수 믿는 것이 최고의 복입니다. 그 예수님이 나에게도 구주로 믿어지는 자체만으로도 축복입니다.

우리는 오늘 마음속에 "너희 안에 이 마음을 품으라"는 말씀을 듣습니다. 그것은 곧 그리스도 예수의 마음이니, 감사의 마음입니다. 온유의 마음입니다. 화평의 마음입니다. 이런 예수님의 마음을 가지고 우리가 겸손을 따라가고 온유의 삶을 따라갈 때 바로 그곳이 하나님의 나라가 됩니다. 이 좋은 감사의 계절에 역사적으로 우리 하나님께서 이 순간까지 인도해 주신 그 삶을 돌아보며 감사할 뿐입니다. 그뿐만 아니라 하나님께서 주신 말씀을 붙들고 나도 행동으로 옮겨갔을 때 거기에 기적이 있고, 열매가 있고, 하나님의 놀라운 은사를 우리가 체험하게 될 줄로 믿습니다.

이 좋으신 십자가 예수님의 사랑, 우리를 구원하기 위하여 온 정성과 온 물과 피를 쏟아 주신 예수님을 가슴에 안고, 그 예수님과 더불어 또 한 주간도 감사하는 신바람 나는 생활이 될 수 있기를 우리 주님 이름으로 축복합니다.

16. 새 언약의 하늘 밥상

 **고린도전서 11:23-29**

²³내가 너희에게 전한 것은 주께 받은 것이니 곧 주 예수께서 잡히시던 밤에 떡을 가지사 ²⁴축사하시고 떼어 이르시되 이것은 너희를 위하는 내 몸이니 이것을 행하여 나를 기념하라 하시고 ²⁵식후에 또한 그와 같이 잔을 가지시고 이르시되 이 잔은 내 피로 세운 새 언약이니 이것을 행하여 마실 때마다 나를 기념하라 하셨으니 ²⁶너희가 이 떡을 먹으며 이 잔을 마실 때마다 주의 죽으심을 그가 오실 때까지 전하는 것이니라 ²⁷그러므로 누구든지 주의 떡이나 잔을 합당하지 않게 먹고 마시는 자는 주의 몸과 피에 대하여 죄를 짓는 것이니라 ²⁸사람이 자기를 살피고 그 후에야 이 떡을 먹고 이 잔을 마실지니 ²⁹주의 몸을 분별하지 못하고 먹고 마시는 자는 자기의 죄를 먹고 마시는 것이니라

사람이 살아가는 여러 즐거움 중에 먹는 즐거움이 있습니다. 사람이 살면서 하루 삼 시 세 끼 먹을 수 있다면 행복한 것입니다. 우리가

하루 두 끼라도 식탁에 앉아 먹을 수 있다면 얼마나 행복한 삶이겠습니까? 사람이 먹는다는 것은 살아 있다는 것이고, 살아 있다는 것은 먹는다는 것입니다. 그러므로 일상 속에서 사람이 먹는다는 것은 축복입니다. 먹는 것은 너무나도 고귀한 축복입니다.

만남의 분위기에 따라 음식이 달라지고, 그 모임의 성격에 따라 음식이 달라질 수 있습니다. 부부끼리 있을 때는 대충 먹지만, 손님이 오면 달라집니다. 평소에는 집에서 된장찌개 먹다가 초등학교 졸업하는 날에는 짜장면과 탕수육을 먹습니다. 우리는 설날에는 왜 그렇게 떡국을 먹으려고 하는지 모릅니다. 탄수화물이 많아서 살찐다고 하면서도 떡국을 꼭 먹습니다. 언제부터인지 모르지만, 생일이 되면 미역국을 먹어야 생일 지낸 것 같습니다.

미역국 한 그릇 못 먹으면 생일이 그냥 지나간 것 같아 서운합니다. 추석에는 또 송편을 먹어야 합니다. 열량이 아주 많다고 하면서도 송편을 먹습니다. 동짓날이 되면 팥죽을 먹고, 팥죽 안에 있는 하얀 구슬 같은 새알심을 먹기 원합니다. 한 알 먹으면 일 년 더 산다고 해서 백 년 살려고 백 개 먹는 사람도 있고. 그러다 보니까 동짓날이 되면 평소에 찾지도 않던 팥죽 가지고 오래 살려고 발버둥 치는 사람도 있습니다.

이처럼 우리는 먹는 음식도 계절에 따라서, 분위기에 따라서, 그날의 내용에 따라서 달라집니다. 이렇게 먹는 것이 사람 사는 행복입니다.

주님께서는 우리에게 그냥 이 세상의 시시한 먹거리를 주시지 않았습니다. 하나님은 이 세상에서 먹는 것이 아니라 하늘의 신령한 것을 주십니다. 출애굽을 한 이스라엘 백성에게는 하나님께서 만나와 메추라기를 내려주셨습니다. 시편 기자는 이 만나를 뭐라고 표현했습니까? '하늘 양식'이라고 표현했습니다. 저는 '하늘 밥상'이라고 표현하고 싶습니다.

시편 78편 24절에 표현하기를, "그들에게 만나를 비같이 내려 먹이시며 하늘 양식을 그들에게 주셨나니"라고 했습니다. 하나님께서 그들에게 만나를 어떻게 내려주셨습니까? 비같이 내려주셨습니다. 하늘 양식을 비가 쏟아지는 것처럼 그냥 거저 주셨다고 성경은 소개하고 있습니다. 그러면 여러분, 하나님이 왜 만나를 주셨겠습니까? 단순하게 생명 보존을 위해서 만나를 주셨을까요? 하나님께서 만나를 주신 이유는 우리의 육신이 배고프고 굶주린 것 때문이 아닙니다.

신명기 8장 16절에 의하면, "네 조상들도 알지 못하던 만나를 광야에서 네게 먹이셨나니 이는 다 너를 낮추시며 너를 시험하사 마침내 네게 복을 주려 하심이었느니라"라고 합니다. 만나를 주신 이유는 너희를 낮추기 위해서 시험을 통과하게 하려고 주신 것입니다.

만나를 주신 궁극적인 이유는 바로 복을 주시기 위한 것입니다. 하나님께서 왜 하늘에서 만나와 메추라기를 주셨느냐? 신명기 말씀을 통해서 우리에게 말씀해 주는 것은 굶주림의 문제가 아닙니다. 그것을 해결하고자 하는 것이 아닙니다. 우리에게 복을 주시려고 하는 것입니다.

하늘에서 내리는 만나처럼 오늘 우리 주님께서 친히 제정하신 성만찬에서 우리는 영생의 떡, 생명의 떡을 먹고 잔을 마시게 됩니다. 왜 우리에게 이것을 주셨느냐? 우리에게 복을 주시려고 떡과 잔을 베풀어 주셨습니다.

엘리야가 지쳐서 살기도 귀찮고 죽기를 원했습니다. 그런데 하나님께서 그냥 포기하고 있는 엘리야에게 나타나서 떡을 주시고, 물도 주시고, 고기도 주신 것입니다. 왜 그렇습니까? 하나님이 사랑하셔서 그에게 복 주시려고, 하나님이 이런 역사를 보여주신 것입니다. 예수님께서 벳새다 들판에서 오천 명을 먹이신 사건이 나옵니다. 오병이어의 역사는 마태, 마가, 누가, 요한복음에 다 기록되어 있습니다. 예수님께서 이 벳새다 들판에서 왜 이런 역사를 보이셨을까요? 지쳐 있는 백성들에게 그냥 한 끼 식사를 위해서 주신 것이 아닙니다. 하나님께서 이 아름다운 상을 통해서 우리에게 주신 것이 있습니다. 이것이 요한복음 6장 5절부터 나오는데, 계속 35절에 "예수께서 이르시되 나는 생명의 떡이니 내게 오는 자는 결코 주리지 아니할 터이요 나를 믿는 자는 영원히 목마르지 아니하리라"라고 하였습니다. 주님이 오천 명을 먹이고도 열두 바구니를 거두도록 떡과 고기를 우리에게 주신 이유가 있습니다. 우리를 사랑해서 영원히 배부르고, 영원히 목마르지 않게 하시려고 한 것입니다.

예수님을 생명의 떡이라고 하는 것은 구약시대로부터 이어진 새 언약, 하나님의 변함없는 언약입니다.

'새'라는 말이 붙은 말은 세월이 흘러도 똑같습니다. 예를 들면, 제 어머니는 위에 큰어머니도 계시고, 그 위에 큰어머니도 계십니다. 그런데 위에 큰어머님들이 맨날 우리 어머니보고 새댁이라고 그럽니다. 우리 어머니께서 이가 다 빠져도 새댁이었고, 우리 어머니 머리가 희어 비녀를 꽂아도 새댁이었고, 우리 어머니는 이 세상 끝 날까지 새댁이었습니다. 우리 집은 헌집이었는데 새집이었습니다. 아무개 집에 가라는 것이 아니라 새집에 가라고 했습니다. 우리 집은 진짜 헌집입니다. 그런데도 우리 집은 새집입니다. 왜 그렇습니까? 상대적인 의미가 덧붙여진 것입니다.

오늘 우리 하나님과 내가 맺은 언약은 2천 년 전의 것이 아니라 오늘 성령이 역사하면서 새 은혜로 임하기 때문에 새 언약이 되고, 이 언약은 변함이 없어서 새 언약이고, 이 언약은 한번 맺은 변함없는 약속이기 때문에 새 언약이 됩니다.

오늘 본문 고린도전서 11장 24-25절에서 "축사하시고 떼어 이르시되 이것은 너희를 위하는 내 몸이니 이것을 행하여 나를 기념하라 하시고 식후에 또한 그와 같이 잔을 가지시고 이르시되 이 잔은 내 피로 세운 새 언약이니 이것을 행하여 마실 때마다 나를 기념하라 하셨으니"라고 합니다. 초대교회는 매 주일 떡과 잔을 나누었고, 고대 카타콤 신앙인들은 굴속에서 생명을 이어가는 것만 해도 위험한데 거기서도 성만찬을 했습니다. 그 속에서도 주님의 죽으심, 주님의 부활하심, 주님의 승천, 주님의 재림을 믿으면서 생명 양식, 하늘 밥상을 받으면서 지냈습니다.

오늘 우리는 이 성만찬 예식에 참여함으로 떡과 잔을 받게 됩니다. 이것은 주님을 기억하는 일입니다. 주님이 우리를 사랑하신 것에 감격해서 하는 일이고, 구원받은 것에 대한 깨달음으로 주님을 높이는 시간입니다. 그리고 주님의 죽으심과 다시 사심을 우리가 고백하면서 이 떡을 받고, 잔을 받게 됩니다. 그러므로 우리는 이 성찬에 정말 행복이 있고, 축복이 있고, 영생이 있는 것을 고백하고 받아야 할 것입니다.

예수님께서 십자가에 못 박혀 돌아가시자 제자들은 어부의 자리로 돌아갔습니다. 요한복음 21장을 보면, 그들이 물고기를 잡으려다 아무것도 얻지 못하고 지쳐 있는 모습이 나옵니다. 날이 밝았을 때 예수님께서 나타나셨으나 그들은 알아보지도 못하였습니다. 예수님께서 그물을 배 오른편에 던지라는 말씀을 따라 그물을 던졌더니 물고기가 많이 잡혔습니다.

그제야 제자들이 예수님이신 것을 알게 되었습니다. 포기하고 있는 제자들에게 부활의 주님이 나타나신 것입니다. 그리고 주님은 그들에게 생선을 구워 주시고, 떡을 구워 주셨습니다. 그때부터 제자들은 이 떡을 먹으면서 새 힘을 얻어서 세계에 나가서 그리스도를 증거하고, 자기 몸은 순교의 제물로 바치며 하나님의 나라가 이루어졌고, 세계에는 교회가 세워졌습니다.

성도 여러분, 오늘 이 떡을 받고 잔을 받는 우리는 조그만 떡, 조그만 잔이지만 주께서 우리의 영을 새롭게 해주시며, 언약을 새롭게 해주시며, 하늘 밥상으로 영원에 이르게 하실 줄로 믿습니다. 여기에 모인 모든 성도님이 감사 속에서 이 성찬 예식에 참여함으로 우리의 영이 새로워지며, 은혜로 충만해지고, 말씀 속에서 깨닫지 못한 것이 성만찬을 통해서 깨달을 수 있습니다.

그래서 성찬 예식을 보이는 설교라고 말합니다. 보이는 설교 말씀을 통해서 우리의 영과 우리의 혼과 우리의 모든 삶이 복되고 신령해지고 은혜로워지시기를 우리 주님 이름으로 축원합니다.

17. 나중까지 견디는 성도

 **마가복음 13:9-13**

⁹너희는 스스로 조심하라 사람들이 너희를 공회에 넘겨주겠고 너희를 회당에서 매질하겠으며 나로 말미암아 너희가 권력자들과 임금들 앞에 서리니 이는 그들에게 증거가 되려 함이라 ¹⁰또 복음이 먼저 만국에 전파되어야 할 것이니라 ¹¹사람들이 너희를 끌어다가 넘겨줄 때에 무슨 말을 할까 미리 염려하지 말고 무엇이든지 그 때에 너희에게 주시는 그 말을 하라 말하는 이는 너희가 아니요 성령이시니라 ¹²형제가 형제를, 아버지가 자식을 죽는 데에 내주며 자식들이 부모를 대적하여 죽게 하리라 ¹³또 너희가 내 이름으로 말미암아 모든 사람에게 미움을 받을 것이나 끝까지 견디는 자는 구원을 받으리라

저는 대한예수교장로회 연신교회 담임목사이기도 하지만 대한예수교장로회 온라인 연신교회 목사이기도 합니다. 저는 이제 두 교회를 담임하는 목사라는 마음으로 삽니다. 왜 그러느냐 하면, 우리 성도님들 중에 집에서 온라인으로 예배에 함께하시는 분이 참 많습니

다. 지난 주일 같은 경우에는 2,900명이 넘었습니다. 그래서 어렵다 어렵다 하지만 그 속에서 감사를 찾아서 두 교회를 맡게 된 것 감사하고, 온라인 연신교회 담임목사라고 하면서 저를 위로해 가고, 또 성도들의 삶을 더 축복하면서 살아가기로 하였습니다.

금주에 성경에 있는 축복이 되는 말씀 세 구절을 소개하려고 합니다. 하나는 창세기 43장 29절 말씀, "요셉이 눈을 들어 자기 어머니의 아들 자기 동생 베냐민을 보고 이르되 너희가 내게 말하던 너희 작은 동생이 이 아이냐 그가 또 이르되 소자여 하나님이 네게 은혜 베푸시기를 원하노라"입니다. 참 은혜 주시는 말씀입니다. 요셉이 베냐민에게 했던 말입니다. 하나님이 네게 은혜 베푸시기를 원한다는 귀한 말씀입니다.

또 사무엘상 25장 6절에 "그 부하게 사는 자에게 이르기를 너는 평강하라 네 집도 평강하라 네 소유의 모든 것도 평강하라"라는 말씀이 있습니다. 너는 평강하라는 말씀입니다. 평강하면 모든 것이 해결되는 것입니다. 육신적으로 강건하고 은혜가 넘치면 되는 것입니다. 그다음 한 구절만 더 소개하면 룻기 2장 4절, "마침 보아스가 베들레헴에서부터 와서 베는 자들에게 이르되 여호와께서 너희와 함께하시기를 원하노라 하니 그들이 대답하되 여호와께서 당신에게 복 주시기를 원하나이다 하니라"라는 말씀입니다. 여호와께서 당신에게 복 주시기를 원하노라는 말씀입니다.

이 시대야말로 복을 많이 빌어 주어야 할 때인 줄로 믿습니다. 왜냐하면 다 지쳐 있거든요. 모두가 예민해져 있고, 모두가 실망 속에서 살아갑니다.

심리학자 폴 투르니에(Paul Tournier)는 사람에게 '실낙원 콤플렉스'(Paradise Lost)가 있다고 했습니다. 실낙원 콤플렉스란 사람들이 정말로 살아가면서 좋은 것을 가지고 아름답게 살았는데, 하나 둘 잃어버리고 거기에 빈자리가 생기면 그로 인해 두려움이 오고 염려가 오는 것을 말합니다.

예를 들면, 제게 실낙원 콤플렉스가 무엇일까? 저는 이런 생각을 예로 들어보는 거예요. 우리 교회를 건축하고 입당하고 한창 부흥 발전될 때 여러분, 위층 아래층이 가득 차 있었습니다. 의자도 이 앞쪽까지 있었고요. 모자라서 가운데 통로에다가 보조 의자를 놓았습니다. 그 생각을 하면서 지금의 예배당을 보는 거예요. 두 주일 전 수요일 밤 예배에 이 1,100명이 앉으셔야 할 우리 교회에 그날 저녁에는 어찌하다 보니까 다 형편이 있지만 몇 분의 성도가 오셨느냐? 두 분의 성도가 오셨어요. 두 분에 대해서 감사하기는 하지만 눈물 나는 날이었죠. 가슴 아픈 날이었죠.

이렇게 넓은 예배당, 우리 교회는 또 홀이 넓잖아요. 저 뒤에, 저 홀에 보조 의자를 놓으면 1,400명은 거뜬하게 앉을 수 있어요. 오늘은 그래도 50명 이하로 대예배실에 들어올 수 있지만, 지난주까지만 해도 20명 이하니까 얼마나 마음이 아픕니까? 이러다 보니까 제 목회에서 아 그때 이 제단, 가득가득 밀어지던 제단, 또 메울 수 있고 또 가득 차서 예배할 수 있을까? 빈 자리에서 허전함과 염려가 찾아옵니다.

또 우리 어른들 같으면 거울을 봅니다. 거울을 보며 화장도 해보고, 화장을 넘어서 분장도 해보고, 분장해도 안 되니까 환장도 해봅니다. 그러면 옛날에 내 예뻤던 모습이 다시 회복될까 하는데 안 된다는 것을 느낍니다. 이런 실낙원 콤플렉스들이 우리를 살아가기에 힘들게 합니다. 왕년에는 이렇게 살았는데, 어디 가면 내가 지갑을 열어서 쓱쓱 꺼내서 남들에게 대접도 했는데, 요즘에는 어디 가자고 그러면 설렁탕 한 그릇 살 수 없는 형편, 정말로 위축된 자기의 경제력을 느낍니다. 이렇게 생각해 보면 우리 마음속에는 언제나 모자람이 있고 허전함이 있지 않겠습니까?

이러다 보니까 우리에게 고통이 옵니다. 고통은 두 가지가 합쳐진 것인데, 괴롭다고 하는 괴로움하고, 아픈 고통입니다. 괴로움은 정신적으로 힘든 것이고, 아픔은 육체적으로 아픈 것입니다. 배가 고프다. 그다음에 상처가 났다. 아픈 곳이 있다. 이것도 아픔이지요. 아픔과 괴로움이 합쳐지면 우리에게 뭐가 되느냐? 고통이 됩니다.

이 고통 속에서 살다 보니 내가 자꾸만 힘들게 되고, 지은 죄를 또 짓게 되고, 어느 순간 말씀 앞에서 이러면 안 되는데 하면서 또 어느 사이에 보면 하나님이 싫어하시는 자리에 가 있고, 내가 싫어하는 자리에 가 있고, 내가 나를 바라보아도 '내가 왜 이러지? 내가 이것밖에 안 될까?' 탄식이 나옵니다. 마치 바울처럼 "내가 원하는 바 선은 행하지 아니하고 도리어 원하지 아니하는 바 악을 행하는도다"(롬 7:19)라는 고백을 하게 됩니다.

살다 보니 악한 일이 자꾸만 생각나 나를 더 힘들게 하는 것입니다. "주님의 말씀은 진리입니다"라고 고백했지만 요즘 와서는 말씀 지키는 것이 쉽지 않구나 생각하게 됩니다. 말씀이 나에게 와 닿아야 하고 아름답게 펼쳐져 나를 행복하게 해주어야 하는데, 어떤 때는 말씀 앞에서 자신감을 잃어버릴 때가 있습니다. 더욱이 주변 상황이 나를 더 힘들게 할 때가 있습니다.

기독교인이 행하는 일이 외부에서 함부로 평가될 때가 얼마나 많습니까? 세상에 있는 친구들이 장로로 임직받은 분을 향해 이렇게 말할 때가 있습니다. 너 장로라며, 장로 땄다며, 한 달에 얼마씩 나오냐? 이러면 참 갑갑하지 않습니까?

저는 어릴 때 교회를 안 갔습니다. 교회 가는 아이들을 참 많이 놀렸어요. 예배당에 갔더니 아무 죄도 없는데 눈 감으라 해놓고 신발 훔쳐 간다고. 교회 안에서 신발이 없어질 수는 있는데, 교회가 신발 훔쳐 가는 곳은 아니잖아요. 옛날에는 연보대 헌금 주머니가 막대기 끝에 달려서 꼭 매미채 같아. 예배당에 갔더니 아무 죄도 없는데, 매미채를 들고서 돈 달라고 하더라는 말을 했습니다. 이처럼 밖에서 보는 교회, 다시 말하면 밖에서 보는 그리스도와 그리스도 안에서 보는 그리스도가 다르지 않습니까?

한국교회도 그렇지만 초기 기독교만 봐도 그렇습니다. 성찬 예식이 있었습니다. 성찬 예식에서 떡과 포도즙을 나누었습니다. 떡과 포도즙을 받는 그 교회를 바라보고 사람들이 뭐라고 했습니까? 식인종이 있다고 그랬습니다. "이것은 너희를 위한 내 몸이니", 몸을 뗀단 말입니다. 포도즙을 나누어 주면서 "이것은 너희를 위하여 흘리는 피 곧 나의 피라", 피를 마신단 말입니다. 예수님의 말씀이 증거되니까 살이 찢기고 피 흘리는 곳, 이것을 먹고 마신다고 하니 교회 안에 식인종이 있다고 한 것입니다.

또 하나, 초대교회가 어떤 것으로 비판받았느냐? 기독교인들이 불화를 일으킨다는 것이었습니다. 어떤 가정은 서로 다른 종교를 가지고 있어 한집에 살면서 너는 왜 교회에 가느냐 하는 문제가 있었습니다. 요즘 선거 때만 되면 부모님이 원하는 지도자와 자식이 원하는 지도자가 다릅니다. 부모님이 원하는 당이 있고, 자식이 원하는 당이 다릅니다. 부모가 볼 때 이 당에 표를 주면 안 된다고 하고, 꼭 내가 원하는 데에 표를 주라고 하니까 부모와 자식 사이에 싸움이 일어나는 것입니다. 그럴 때는 가족끼리 갈등 구조가 생겨나지 않습니까? 이 초대교회도 보면 예수 믿는 사람, 믿지 않는 사람이 한집에 살다 보면 가정적인 불화가 오는 거예요. 그래서 외부적인 교회, 밖에서 보는 교회는 싸움 잘하는 사람, 가정에 불화를 일으키는 사람으로 평가되었습니다.

AD 60년경 로마 시내에 불이 났습니다. 정확히는 AD 64년 7월 19일에 일어난 것인데, 그때 기름 창고에 붙은 불이 번져서 전 로마 시가지가 불타버린 것입니다. 불타고 나니까 이재민이 생기지 않겠습니까? 이재민이 어떻게 살아가요? 요즘 같으면 적십자 사람들도 달려오고, 구호센터 사람들도 달려가서 도와주는데, 이재민들이 살 곳이 없고, 먹을 것도 없고 입을 것도 없으니까 로마 황제를 향해서 욕을 합니다.

네로 황제가 화가 나서 이 불을 지른 사람은 기독교인이라고 합니다. 옛날 노아 시대 때는 물로 세상을 심판했지만 지금 이 시대는 불로 심판한다, 우리 주님께서 이 땅에 불을 던지러 왔다는 설교를 하니, 이것은 반드시 기독교인들의 잘못이라고 했습니다. 그래서 그때 예수 믿는 사람들을 모두 잡아서 처형을 시켜서 기독교 대학살이 일어나게 됩니다. 순교의 제물이 되었습니다. 교회 밖에서 교회를 바라보는 평가가 이렇게 잘못될 수가 있습니다.

우리는 오늘 이 시대에 어떻게 살아가야 할까요? 내일에 대한 희망이 있어야 오늘이 재미있잖아요. 희망이 없는 사람에게 오늘이 무슨 재미가 있겠습니까? 그런데 오늘 세상이 너무 고통스러워서 희망을 저버릴 수도 있고, 또 오늘이 너무 고통스러우니까 내일을 포기할 수도 있습니다. 힘드니까 오늘에만 빠져 있을 수도 있습니다. 힘들어서 미래를 포기하고, 희망을 던져 버리고 사는 것입니다.

오늘 이 시대에 우리는 예수 믿는 데 정말 힘든 게 많잖아요. 뉴스나 이런 거 보면 속상할 때 많아요. 뉴스만 보면 분통이 터지고 분노가 생기는 것입니다. 우리가 기독교에 대해 어떻게 생각하느냐에 따라서 달라지는데, 우리는 이래도 예수 믿고 저래도 예수 믿지만, 문제는 우리의 다음 세대가 문제입니다. 세상 앞에 비치는 기독교의 진리가 얼마나 왜곡되고 얼마나 수많은 사람들에게 잘못 전달되겠습니까?

그래서 우리가 말씀을 보니까 그래도 너희가 끝까지 견뎌라, 끝까지 견디는 자가 구원을 받는다고 합니다. 13절 말씀에 "또 너희가 내 이름으로 말미암아 모든 사람에게 미움을 받을 것이나 끝까지 견디는 자는 구원을 받으리라"라고 합니다. 여러분, 신앙의 핵심은 인내입니다. 나중까지 견디는 자에게 하나님이 복을 주시고, 은혜를 주실 줄로 믿습니다.

특별히 마태복음 13장을 보면 씨 뿌리는 비유가 나오는데, 씨앗을 뿌렸습니다. 좋은 씨를 뿌렸습니다. 좋은 곡식이 자라고 있습니다. 그런데 희한하게 가라지도 같이 자라고 있는 것입니다. "주인님, 이 가라지를 뽑아내고 잘라 버릴까요?" "놔두어라. 가라지 뽑으려고 하다가 좋은 곡식까지 버릴까 염려된다."

이 시대를 보며 우리가 어떻게 해야 할까요? 세상의 것이 완전한 것 같지만 완전하지 않잖아요. 세상의 것이 부족한 것 같지만 다 부족한 건 아니잖아요. 우리가 이 세상에서 한 가지가 좋으면 또 한 가지가 나쁘고, 하나를 해결하고 나면 또 하나가 빠져 버리고, 세상에 다 완벽하게 갖춰진 것이 없습니다. 물 좋고 정자 좋은 데가 없어요. 물 좋고 정자 좋은 데가 있기는 한데, 거기는 또 와이파이가 안 터집니다. 보면 다 완벽한 게 없습니다.

우리는 칼 마르크스 시대의 삶을 압니다. 그 당시에 구소련에 있었던 볼셰비키 혁명을 알고 있습니다. 칼 마르크스와 볼셰비키 혁명 때에 그들이 가난하고 못사는 이유가 어디에 있느냐? 부자 때문이라고 했습니다. 부자의 착취, 부자의 나쁜 그 욕심 때문에 자기들이 가난해졌다고 했습니다. 그러므로 저 부자들을 깡그리 죽여 버리면 된다고 했습니다. 부자를 다 죽이기 위해서 부자의 것을 다 약탈하고 빼앗아 버리고 감옥에 가두어 버리고 부자를 계속 괴롭혔습니다. 그러면 가난한 사람들이 다 살아날 줄 알았습니다.

그런데 웬일입니까? 가난한 자가 먼저 죽어 버렸습니다. 부자는 돈 가지고 버티다가 재판도 있고 이렇게 저렇게 손쓰다 보니까 시간을 끌었는데, 오히려 가난한 자가 죽어 버렸습니다. 그럼 부자를 죽이기 위해서 어떻게 했느냐? 부자의 무덤 속에 있는 뼈다귀까지 꺼내서 가루로 만들어 산지사방으로 흩어 버렸습니다. 그러면 이 땅에 평등과 자유와 기쁨이 올 줄 알았던 것이 구소련입니다.

하지만 그 일로 인하여 소련은 그 넓고 넓은 땅덩어리, 그 속에 있는 천연자원, 비행기를 타고 10시간은 날아야 지나갈 수 있는 땅이지만, 웅장하고 울창한 숲들 그 나무만 베서 종이만 만들어도 얼마든지 살 수 있는 그 나라가 얼마나 가난하게 사는지 모릅니다. 100년 전에 만들어진 지하철이 있습니다. 제가 한 30년 전에 모스크바에 가서 그 지하철을 탔습니다. 그러니까 모스크바는 100년 전에 지하철이 있었다는 거예요. 그렇게 좋은 시절, 좋은 나라였지만. 자기들 생각대로만 하면 완벽할 줄 알았는데, 부자의 무덤에 있는 뼈까지 꺼내서 버려 버리고 잘살려고 평등을 부르짖었지만, 지금 보통 가난한 게 아닙니다. 여러분, 이 땅에는 완벽이 없습니다. 이 땅 위에는 우리를 다 충족시킬 것이 없습니다.

예수 그리스도 복음만이 우리를 살려 주고, 영생하게 하는 예수 십자가만이 힘이요, 능력이요, 권능이 될 줄로 믿습니다. 우리는 살아도 100년을 살 것입니다. 100년 삶보다 더 귀한 것이 미래적인 영원한 삶입니다. 학생들이 왜 공부를 합니까? 미래를 보고 공부하는 거잖아요. 오늘 우리가 왜 예수를 믿습니까? 오늘도 즐겁지만, 미래를 바라보는 거잖아요. 그 미래는 하나님 앞에 서는 영원 속에서의 영생이요, 영원한 생명인 줄로 믿습니다.

이 생명의 예수님 앞에서 살아야 합니다. 예수 없이 우리가 잠깐은 즐거울 수 있습니다. 50세가 넘은 분, 잠깐 50년은 재미있게 사셨지만, 사람에게 한 번 죽는 것은 정한 것이요 그 후에는 심판이 있는데, 그때 지옥 형벌에서 영원히 영원히 고생하셔야 하지 않겠습니까?

이런 우리에게 히브리서를 통하여 오늘도 말씀을 주십니다. 히브리서 12장 2-3절에 "믿음의 주요 또 온전하게 하시는 이인 예수를 바라보자 그는 그 앞에 있는 기쁨을 위하여 십자가를 참으사 부끄러움을 개의치 아니하시더니 하나님 보좌 우편에 앉으셨느니라 너희가 피곤하여 낙심하지 않기 위하여 죄인들이 이같이 자기에게 거역한 일을 참으신 이를 생각하라"라고 합니다. 믿음의 주요, 또 온전하게 하시는 이인 예수를 바라봅시다. 오늘 우리가 힘들기는 하지만 로마서 8장 18절에 "생각하건대 현재의 고난은 장차 우리에게 나타날 영광과 비교할 수 없도다"라고 말씀합니다.

오늘 말씀에서 하나님은 끝까지 견디는 자가 구원을 받는다고 하셨습니다. 여러분, 가정에서 힘들더라도 예수 꼭 붙들고 살 수 있기를 축복합니다. 시절이 아무리 수상하여도 예수 십자가 붙들고 사시기를 원합니다. 여러분, 유튜브 예배도 좋습니다. 영상예배도 좋습니다. 그 하나라도 붙들고 살아야 합니다. 그 소망, 가냘픈 소망 하나,

예수 이름 붙들고 살면 영생하도록 우리의 생명을 보존해 주시고, 영원한 우리 주님께서 우리 손 잡아 저 천국까지 인도하고 우리를 보호해 주실 줄로 믿습니다.

끝까지 견디는 인내의 믿음으로 또 한 주간도 승리하시고 주님과 더불어 동행하시기를 우리 주님 이름으로 축복합니다.

18. 일곱 금 촛대와 교회

 **요한계시록 1:16-20**

¹⁶그의 오른손에 일곱 별이 있고 그의 입에서 좌우에 날선 검이 나오고 그 얼굴은 해가 힘있게 비치는 것 같더라 ¹⁷내가 볼 때에 그의 발 앞에 엎드러져 죽은 자같이 되매 그가 오른손을 내게 얹고 이르시되 두려워하지 말라 나는 처음이요 마지막이니 ¹⁸곧 살아 있는 자라 내가 전에 죽었었노라 볼지어다 이제 세세토록 살아 있어 사망과 음부의 열쇠를 가졌노니 ¹⁹그러므로 네가 본 것과 지금 있는 일과 장차 될 일을 기록하라 ²⁰네가 본 것은 내 오른손의 일곱 별의 비밀과 또 일곱 금 촛대라 일곱 별은 일곱 교회의 사자요 일곱 촛대는 일곱 교회니라

이 시대를 살아가는 사람들은 답답함을 느끼고 있습니다. 어떻게 살아갈까? 어쩌면 좋지? 도대체 무얼 해야 좋지? 누구랑 살아가야 하지? 뭘 먹고 살아가야 하지? 어디 가서 살아야 하지? 우리는 염려가 많은 시대를 살아가고 있습니다. 그래서 이 시대를 가리켜서 희망을

잃어버린 세대라고 합니다. 피곤이 쌓이는데도 피곤을 넘어서는 공허함으로 힘든 시대를 살아가고 있습니다. 이러다 보니까 뭔가 붙들 수 있고, 기댈 수 있는 것이 있기를 원합니다. 그러나 어느 것 하나 시원치가 않습니다. 마음이라도 어디에 두어야 하는데, 그 마음 하나 어디에 붙들어 놓을 때가 없습니다. 요즘 트로트 유행으로 아이들로부터 어르신에 이르기까지 트로트에 빠져서 얼마나 마음을 그쪽에 기울이는지 모릅니다. 트로트가 많은 감동으로 우리의 마음을 위로해 주기도 하지만, 그것도 한때일 것입니다.

성도 여러분, 오늘 이 시대에 사람들의 마음이 여러 가지로 나누어져 있습니다. 사람과 사람이 만나면 의심합니다. 교인과 교인이 만나면 예전에는 같은 그리스도인이라고 반가워했는데, 이제는 교회에 다닌다고 해도 모른 척합니다. 교회에 대한 이미지가 얼마나 많이 실추되었는지 모릅니다. 제주공항과 김포공항에는 떼를 지어 사람들이 모여들어도 걱정을 안 하는데, 교회는 10m마다 한 분씩 앉아도 문제의 근원이라고 합니다.

어떻게 해야 합니까? 대형 쇼핑몰에 가보면 사람들이 인산인해라서 위험한 사람들을 분간할 수 없는데, 어찌하여 교회는 띄엄띄엄 한 명씩 앉아도 이렇게 세상의 조롱거리가 되고, 세상 사람들에게 외면을 당해야 합니까? 하나님, 어찌하면 좋을까요? 어디 가서 위로를 받을 수 있을까요?

우리가 다시 이전의 예배를 회복하려면 얼마나 많은 시간이 흘러야 할까를 생각해 보았습니다. 2014년에 미국에서 이런 일이 있었습니다. 세계적인 패스트푸드점인 맥도날드는 많은 사람이 배고플 때마다 찾는 곳입니다. 이 맥도날드에 대한 뉴스가 퍼져 나갔습니다. 맥도날드 햄버거 안에 지렁이가 있다는 것입니다. 그래서 미국 맥도날드의 매출이 뚝뚝 떨어졌습니다. 이 소식이 한국까지 전해지자 한국의 맥도날드 햄버거도 매출이 뚝 떨어졌습니다. 여러분, 미국 지렁이가 살아서 비행기 타고 오다가 다 죽었을 건데, 그 지렁이가 한국 햄버거에 들어갈 리가 있습니까? 그런데 한국의 햄버거도 매출이 뚝 떨어졌습니다. 나중에 밝혀진 바로는 가짜 뉴스였습니다. 진짜가 아닌 가짜 뉴스였는데, 가짜 뉴스가 둔갑하여 진짜가 되어 모든 매출이 하락되었습니다. 그래서 그 유명 브랜드인 맥도날드가 다시 회복하는 데 6년 걸렸습니다.

여러분, 교회는 생명이 있습니다. 교회는 구원이 있습니다. 교회는 영생이 있습니다. 교회 안에는 빛이 있고, 하나님의 능력이 임하는 곳입니다. 그런데 세상 사람들 앞에 교회는 가서는 안 되는 곳, 교회는 가면 확진되는 곳, 직장에서도 교회만 갔다 오면 난리 나는 것입니다. 등산 갔다 오면 할렐루야인데, 교회만 갔다 오면 놀랠루야 하면서 멀리멀리 떠나 버리는 이 시대에 과연 우리가 어떻게 살아가야 하겠습니까?

그때마다 저는 스데반 같은 사람이 생각납니다. 스데반은 예수님 때문에 돌에 맞아 죽었습니다. 그런데 순교할 때 그의 얼굴은 해같이 빛났습니다. 저는 지금 교회가 이렇게 욕을 얻어먹어서 속상하여 얼굴이 펴지지 않는데, 스데반은 어떻게 얼굴이 해같이 빛났을까? 정말 하나님이 함께하시는 사람이구나 하는 생각이 듭니다. 정말 믿음의 은혜와 성령의 축복은 이렇게도 나타나는구나. 하나님의 은혜를 우리가 진정으로 체험하면 이런 영적 체험이 우리를 신비롭게 만들어 줍니다.

요한계시록은 사도 요한이 기록한 말씀입니다. 하늘의 신비의 세계를 미리 보고 주님이 주시는 말씀을 기록한 글입니다. 계시라는 것은 뚜껑을 열어서 보여준다는 뜻입니다. 하늘 세계의 뚜껑을 열어 보여주어서 이것을 받은 사도 요한이 기록한 것입니다.

사도 요한은 직업이 어부였고, 성격이 괴팍한, 다혈질의 사람이었습니다. 그가 사마리아 성에 가서 예수님을 증거하는데, 사람들이 거부하고 받아들이지 않았습니다. 그러자 그가 예수님께 하늘의 불을 내려서 저들을 박살 내주시고, 태워 주시고, 완전히 죽여 주시라는 기도를 합니다. 보통 사람 같으면 안 믿으면 그냥 지나가면 되지 않습니까? 이렇게 혈기가 대단한 다혈질의 사람이 요한이었습니다.

그런데 이런 요한이 성령 받고 변화된 것입니다. 그가 성령 받고 새 사람이 된 것입니다. 그가 하나님의 은혜로 능력을 체험하게 됩니다. 예수님 십자가에 가장 가까이 간 사람이 사도 요한입니다. 부활의 자리에 남보다 먼저 달려간 사람도 요한이지 않습니까?

이런 요한이 밧모 섬에 유배생활을 하게 됩니다. 로마제국의 박해로 외딴 섬에 유배 당합니다. 사람이 홀로 산다는 게 얼마나 어렵습니까? 우리가 이틀만 집안에서 가만히 있어도, 넋 놓고 있으면 다음에는 용기를 잃어버리고 의욕이 사라져 버립니다. 그런데 그 밧모 섬에 가서 95세까지 지내지 않습니까? 100세가 가까운 날을 외롭게 고독하게 지내다 보니까 친구가 갈매기이고 새소리였고, 바라다보이는 바위와 식물들이 자기와 함께하는 동료들이었습니다.

외딴 섬에서 기도하면서 하늘 음성을 듣고 하늘 세계를 바라보는 그에게 하나님이 너무 고귀하게 나타나셔서 힘을 주시는데, 요한계시록 1장 9절에 "나 요한은 너희 형제요 예수의 환난과 나라와 참음에 동참하는 자라 하나님의 말씀과 예수를 증언하였음으로 말미암아 밧모라 하는 섬에 있었더니"라고 기록합니다. 그는 밧모라는 섬에서 오히려 환난 속에서 고독하게 지내면서 예수님에 대한 고백이 새로워집니다.

요한계시록 1장 8절에 "주 하나님이 이르시되 나는 알파와 오메가라 이제도 있고 전에도 있었고 장차 올 자요 전능한 자라 하시더라"라고 합니다. 영어 알파벳에서 A에서 시작해서 Z까지 26글자잖아요. 그런데 헬라어는 22개의 알파벳을 가지고 있습니다. 알파, 베타, 감마, 델타…오메가 이렇게 나옵니다. 첫 글자가 알파이고 마지막 글자가 오메가입니다. 알파와 오메가는 시작과 끝, 모든 것을 다스리는 분은 하나님이라는 것입니다. 이런 좋으신 하나님, 알파와 오메가 되시는 주님이 나와 함께하시며, 알파와 오메가 되시는 하나님이 교회를 사랑하신다는 것입니다.

주님은 아시아에 있는 교회를 사랑하셨습니다. 일곱 교회의 이름은 에베소 교회, 서머나 교회, 버가모 교회, 두아디라 교회, 사데 교회, 빌라델비아 교회, 라오디게아 교회입니다. 일곱 교회는 세계에

있는 교회의 대표적인 모습입니다. 이 소아시아 일곱 교회에 대해서 편지하는 내용이 오늘의 말씀입니다.

종교개혁자 칼빈은 하나님을 아버지로 믿고, 교회를 어머니로 섬긴다고 그의 교회론에 썼습니다. 하나님을 아버지로 믿는 사람은 교회를 어머니로 섬겨야 하는데, 교회를 어머니로 섬기는 우리가 교회에 대한 생각을 어떻게 해야 하겠습니까?

요한계시록에 보면 숫자가 많이 나옵니다. 물론 성경 여러 곳에 숫자가 나옵니다. 성경에 나오는 숫자 중 1은 하나님 숫자입니다. 3은 하늘 숫자입니다. 4는 우리나라에서는 '죽을 사자'라고 하는데, 성경은 그렇지 않습니다. 땅의 숫자라고 말합니다. 하늘의 수 3, 그다음에 땅의 수 4를 더하면 7입니다. 하늘과 땅에서 완전한 교회가 일곱 개입니다. 여러분, 하늘과 땅의 수를 합친 7이 되어서 일곱 교회는 세상의 완전한 교회라는 그런 뜻입니다. 그리고 3과 4를 곱하면 얼마입니까? 12입니다. 열둘도 하나님의 수, 완전수라 합니다. 12와 12를 곱하면 뭐죠? 144입니다. 이것도 완전수입니다.

그러면 요한계시록에 144,000이라는 인 맞은 사람의 숫자가 나옵니다. 신천지에서는 요한계시록의 144,000명만 천국에 들어간다고 주장합니다. 그렇지 않습니다. 144,000명이라는 숫자는 완전수입니다.

7이 완전수이듯이 144,000도 완전수, 하나님의 수로서 하나님이 보호하시고, 하나님이 지켜 주시고, 하나님이 처음부터 마지막까지를 영원토록 다스린다는 말씀입니다.

이런 일곱 교회를 소개하면서 구약성경 성막 안에 나오는 일곱 촛대에 비유합니다. 촛대도 그냥 촛대가 아니라 금 촛대입니다. 이 촛대 모양에서 U자로 된 것이 세 가지잖아요. 가운데 1자로 내려지잖아요. 가운데 1자가 하나님이십니다. U자로 시작하는 것은 우리가 연합한다는 것입니다. 이 교회와 이 교회, 이 성도와 이 성도가 함께 연합한다는 그런 뜻입니다. 그런데 이 연합된 교회가 일곱 교회인데, 출애굽기 23-40장까지 말씀을 보면 이것은 빛을 발하게 되어 있습니다.

옛날 성막은 어두우니까 그 안에 촛대를 통해서 불을 밝히는 것입니다. 불을 밝히는 촛대에서 무엇을 말해 주느냐? 세상의 빛이신 하나님, 빛의 중심이신 하나님, 빛으로 인도하시는 하나님에 대한 소개입니다. 그러면서 사도 요한은 일곱 교회는 일곱 금 촛대라고 합니다. 일반 촛대가 아닙니다. 금 촛대입니다. 금이라고 하는 것은 영원성을 말합니다. 금은 고귀하다는 이야기입니다. 금은 가치가 있다는 뜻입니다.

종이로 된 것은 금방금방 날아가 버립니다. 여러분, 옛날 돈 쓰실 때 '환'자 써보셨죠. 이게 화폐개혁을 하니까 없어져 버리고 '원' 이렇게 쓰지 않습니까? 만약에 우리가 종이돈을 가지고 있다가 화폐개혁을 하면 종이가 되어 버립니다. 아무것도 아닙니다. 금은 세상이 바뀌어도 금, 땅에 떨어뜨려도 금, 하늘에 올라가도 금, 우리나라에서도 금, 외국에서도 금은 변함이 없다는 것입니다.

하나님의 교회는 금 촛대, 아름다운 빛을 발하는 교회로서 어디를 가도 생명이 있고, 어디를 가도 구원이 있고, 어디를 가도 영원히 있고, 어디를 가도 가치가 있는 것이 교회인 줄로 믿습니다.

여러분, 교회가 얼마나 귀합니까? 우리 교단에도 9,288개의 교회가 있는데, 다 은혜롭지는 않습니다. 어떤 교회는 A, B, C 세 분파로 나뉜 교회가 있고, 아볼로파, 게바파, 그리스도파, 바울파로 나뉜 고린도 교회처럼 같은 교회 안에서도 사람들이 갈라져 있는 교회가 많습니다. 이것을 하나로 합하고 화목하기 위해서 이편에다가 5억을 주라고 하고, 저편에다가 5억을 주라고 합니다. 왜 그러느냐? 교회를 지키려고 하는 것입니다.

신앙은 어디에서 나타나느냐? 교회를 귀하게 여길 때 신앙이 되는 것입니다. 교회를 소중하게 여길 때 믿음이 올라가는 것입니다. 교회를 우습게 보면 믿음도 떨어지고 신앙의 삶도 우습게 되는 것입니다. 교회의 금 촛대 사이에 다니시는 분이 생명의 주 예수라는 것입니다.

여러분, 우리는 세상에서 의지할 곳이 없습니다. 세상만 의지하면 불안합니다. 나폴레온 힐(Napoleon Hill)이라는 심리학자는 현대인의 불안 요소 몇 가지를 소개합니다. 왜 현대인이 불안해하는가? 내가 가난해지면 어떻게 하나? 가난에 대한 불안입니다. 내 친구들은 연금을 받아서 잘사는데 나는 자영업 하다가 조금 가지고 있는 것으로 살다가 가난해지면 어떻게 할까? 조금 있는 돈 지난번 IMF 때 다 날려 버렸는데, 이번에 코로나19 때문에 경제적 위기가 와서 가난에 대한 불안이 참 많습니다.

그다음은 실패에 대한 불안입니다. 이것 하면 될까? 내 친구는 이것 해서 실패했는데 나도 실패하면 어떻게 할까 불안해합니다. 또 내가 무슨 병에 걸리면 어떡하지 하고 불안해 합니다. 다른 분이 병원에서 건강검진 받다가 이런 병이 발견되었다는데, 나도 그러면 어떡하지? 사람들이 늙어가는데, 나도 늙으면 어떡하지? 여러분은 영적으로 절대로 늙지 않습니다. 성숙해지는 것뿐입니다. 여러분은 무르익을 뿐입니다.

내가 만약 자유가 사라지면 어떡하지? 어느 요양원에 보니까 할머니 손을 침대 이쪽저쪽 팔을 이쪽에 묶어 놓던데 나도 그렇게 자유가 없어지면 어떡하지? 어떤 공간에 내가 갇히면 어떡하지? 우리 집안에 누구누구도 죽었는데 내가 죽으면 어떡하지? 내가 나이가 드니까 전화 한 통 오는 데 없고, 선물 하나 가져다주는 이 없고, 안부 묻는 사람도 없고, 찾는 사람도 없고, 구청 직원만 가끔 들여다보고, 나는 이제 어떡하지? 내가 사랑받는 존재였는데, 나를 사랑해 줄 사람마저 다 사라져서 어떻게 하지? 가난, 실패, 병, 자유, 나이 듦, 무관심, 죽음 등 밀려오는 불안감이 있습니다.

오늘 이 시대에는 평안함이 없습니다. 모두가 걱정하며 염려하면서 살아갑니다. 표현하지 않아서 그렇지 모두가 두려움 속에서 살아갑니다. 연약한 인간은 걱정과 염려 속에서 살아갑니다.

그러나 이런 우리에게 살길이 있습니다. 생명 샘처럼 희망을 주는 교회가 있습니다. 예수님의 몸은 아름다운 생명체입니다. 교회는 그리스도의 몸입니다. 그리스도 예수는 구원의 주요, 생명의 주요, 영원한 부활의 중심이 되시기 때문입니다. 불안한 인간의 마음, 정말 여기 가도 저기 가도 걱정 많은 우리, 하나님의 거룩한 성전만이 우리에게 생명 샘을 만들어 주고, 우리를 영원한 생명 길로 인도해 줍니다.

세상에 어떤 바람과 어떤 풍파가 온다 할지라도 금 촛대 사이를 다니시는 예수 그리스도만을 붙들어야 합니다. 일곱 교회를 사랑하신 주님, 우리도 사랑하실 줄 믿습니다.

일곱 교회가 다 조건이 좋아서 사랑한 것이 아니었습니다. 부족했지만 주의 몸 된 교회였기 때문에 사랑하셨습니다. 우리의 행복은 땅의 것에 있는 것이 아닙니다. 물질에 있는 것이 아닙니다. 돈 많은 사람도 잠을 못 자서 죽으려고 합니다. 잠이 오지 않아서 수면제 털어 먹고 잡니다. 예수님 믿는 사람은 잠을 얼마나 잘 자는지요? 예배 시간에도 자다 가는 사람 얼마나 많은데, 장로님 대표기도 3분 하는 동안에 벌써 코 고는 사람도 있습니다.

여러분, 세상의 것, 별것 아닙니다. 예수님만 영원하십니다. 예수님만 생명이십니다. 예수님만 구원이십니다. 예수님만 진리요, 예수님만 영원할 줄로 믿습니다. 금 촛대 사이를 다니시는 주님, 그분이 나의 길과 진리와 생명 되십니다.

예수님과 함께 교회를 귀하게 여기면서 주님 부르시는 그 삶을 향하여 뚜벅뚜벅 걸어가는 저와 여러분의 삶 되시기를 주님의 이름으로 축복합니다.

19. 더 나은 본향을 향하여

 **히브리서 11:13-16**

¹³이 사람들은 다 믿음을 따라 죽었으며 약속을 받지 못하였으되 그것들을 멀리서 보고 환영하며 또 땅에서는 외국인과 나그네임을 증언하였으니 ¹⁴그들이 이같이 말하는 것은 자기들이 본향 찾는 자임을 나타냄이라 ¹⁵그들이 나온 바 본향을 생각하였더라면 돌아갈 기회가 있었으려니와 ¹⁶그들이 이제는 더 나은 본향을 사모하니 곧 하늘에 있는 것이라 그러므로 하나님이 그들의 하나님이라 일컬음 받으심을 부끄러워하지 아니하시고 그들을 위하여 한 성을 예비하셨느니라

명절이 다가오면 고향이 더 그리운 분이 있을 것입니다. 고향을 그리워하는 분들은 향수에 젖어서 고향 생각에 눈물을 흘리는 분도 있지 않을까 생각합니다. 간혹 고향을 생각하기조차 싫어하는 분도 있을 것입니다. 잠시 분주하고 복잡하게 살아가느라 고향을 잊어버린 분들에게 저는 고향 사진을 몇 장 보여드리려고 합니다.

　여러분, 어떻습니까? 황금 들판. 메뚜기 잡던 곳, 뛰어놀던 곳, 미꾸라지 잡던 곳 생각나지 않겠습니까? 여러분의 집은 이것보다는 더 좋은 집이었겠죠. 초가지붕으로 이루어진 시골 마을입니다. 그 집 앞의 밭에서, 배추와 무가 잘 자라고 있습니다. 저 집은 그래도 트랙터가 있으니까 잘사는 집입니다. 학교 운동장에서 운동회 했던 것도 생각납니다. 바닷가에 살았던 분은 저렇게 가을 고향 아름다운 추억들을 생각하면서 푸른 바다와 함께 푸른 꿈을 키웠던 것을 생각할 것입니다.

　이런 계절에 우리는 모두 고향에 대해서 어떤 생각을 하고 있을까요? 여러분의 고향은 여기에서 몇 킬로미터 밖에 있습니까? 옛날에는 너무너무 멀어서 나훈아의 노래 "머나먼 고향"이 있었습니다. 이제는 교통의 발달로 가까운 고향이 됐지만, 자주 못 가고 있지 않습니까?

그래도 우리가 동심의 세계로 돌아가면, 고향 생각에 마음이 짠해지는 그런 순간이 아닌가 생각합니다.

성경에도 보면 많은 믿음의 사람들이 고향을 그리워하면서 살아갔습니다. 그들이 하나님을 붙들고 산 것을 우리는 말씀 안에서 발견합니다. 아브라함, 이삭, 야곱, 그리고 요셉이 그랬습니다. 사라 그리고 리브가가 그랬습니다. 이들 모두가 고향을 향하여 걸어간 사람들이었습니다.

성경에는 2,618명의 이름이 나옵니다. 모두 다 본향을 향하여 걸어간 사람들입니다. 그들은 본향을 향하여 걸어가되 그냥 걸어간 것이 아니라 하나님을 향한 믿음으로 걸어갔던 사람들입니다.

아브라함은 아내 사라의 장례를 치르기 위해서 막벨라 굴을 은 400세겔을 주고 구매합니다. 그때 헷 족속 사람들에게 이 장지를 달라고 했을 때 그 사람들이 공짜로 그냥 가져가라고 했습니다. 그러나 아브라함은 거저 받지 않았습니다. 돈을 주고 그 땅을 준비합니다. 왜냐하면 거래하지 않으면 그 땅이, 오늘날의 말로 하면 등기부 등본이 자기에게 오지 않습니다. 필증, 등기필증을 받을 수 없습니다. 돈을 줘야 자기 소유가 되어, 다른 사람들이 손을 댈 수가 없습니다.

창세기 23장에 사라의 죽음이 나오는데, 아브라함은 삶의 고락을 함께한 아내의 죽음으로 인해 매우 슬펐을 것입니다. 조강지처를 먼저 보내니 얼마나 눈물이 났겠습니까? 아브라함이 살아온 과거를 생각해 보면, 그가 갈대아 우르에서 나온 지 62년이 흘렀습니다. 그리고 아들 이삭이 태어난 지 37년이 되었습니다. 아들 이삭을 제물로 모리아 산에서 바친 이후에 10년의 세월이 지났습니다.

그런데 성경 말씀에 보니까 아브라함이 슬퍼하는 모습은 창세기 23장 2절에 "사라가 가나안 땅 헤브론 곧 기럇아르바에서 죽으매 아브라함이 들어가서 사라를 위하여 슬퍼하며 애통하다가"라는 한 절로 나와 있습니다. 곧이어 땅을 준비하는 아브라함의 모습을 소개합니다. 왜 그랬을까요? 사라가 127세를 살고 죽었다는 것에 초점이 있는 게 아니라 아브라함은 다음 세대를 준비하는 것입니다. 자기 후손들까지 이곳에 묻혀야 한다는 것입니다. 후손들까지 이곳을 찾아와서 여기에 잠들어야 한다는 생각입니다.

아브라함은 왜 이곳에다가 후손들까지 묻어야 하고, 후손들이 이곳에 와야 한다고 생각한 것일까요? 왜냐하면 그 땅은 하나님이 약속하신 땅이기 때문입니다. 이 땅을 복낙원으로 나아가는 첫 번째 관문으로 그들은 고백하고 있는 것입니다. 그러다 보니까 자신과 아내뿐만 아니라 자기의 후손들도 이 땅에 와야 한다고 믿었습니다. 바로 이 가나안 땅을 영원한 동산으로 가는 과정으로 받아들이고 있기 때문입니다.

아브라함은 어떤 사람이었습니까? 그는 살기 위해서 비굴하게 아내를 팔아 거짓말을 한 사람이었습니다. 그는 많은 사람에게 조롱도 받았던 사람입니다. 그는 자기 아내를 누이라고 속여서 창피도 당했던 사람입니다. 그러나 신앙적으로 보면 하나님의 명령을 따라 할례를 행했던 사람이고, 브엘세바에서는 에셀 나무를 심으면서 다음 세대를 준비했던 희망의 사람이었던 것을 볼 수 있습니다.

또한 아브라함은 그 마음속에 자신이 나그네라는 의식이 있었습니다. 이 세상은 잠시 있다가 떠나는 하나의 과정이며, 정류소 역할을 하는 것으로 알고 있었습니다. 그러기 때문에 아브라함은 인생을 나그네의 여정으로 믿고 막벨라 굴을 준비하면서 잃어버린 실낙원, 다시 찾는 복낙원으로 가는 첫 관문을 미리미리 준비했습니다.

오늘날 우리는 이 세상에 살면서 예수님을 믿습니다. 예수님을 믿는 우리가 무엇을 준비합니까? 영원한 본향을 준비하는 것입니다. 이 세상에서 그냥 교회만 나오는 게 아닙니다. 이 교회에 나오면서 우리는 천국까지 보장받고, 그 천국의 삶을 이 땅에 앞당겨서 내 눈앞에 두고 미리 맛보고, 천국에서 누릴 행복을 이 세상에서 미리 아름답게 누리는 것이 바로 신앙입니다.

성경 어느 곳을 볼지라도 이런 믿음의 조상들이 천국을 향하여 걸어가되 뚜벅뚜벅 걸어간 걸음이 소개되어 있습니다. 때로는 쓰러지고 넘어지지만, 다시 오뚝이처럼 일어서서 그날을 향하여 달려간 걸음을 우리는 볼 수 있습니다. 천국은 우리의 영원한 본향입니다. 이해하기 쉽게 말하자면 영원한 본향은 우리의 본점입니다.

본점, 그러면 그다음에는 뭐가 나와야 합니까? 지점이 나와야 합니다. 이 땅에 있는 교회가 지점입니다. 우리의 영원한 본향인 천국이 본점이고, 우리 교회는 지점입니다. 우리는 지점에서 예수님을 믿고 있으며, 지점장은 이순창 목사입니다. 여러분은 이 지점에서 천국을 향하여 걸어가는 믿음의 순례자들입니다.

여러분, 절대로 헷갈리지 마십시오. 천국이 있을까? 절대로 헷갈리지 마십시오. 천국 가봐야 알지! 여러분 절대로, 긴가민가하지 마세요. 긴가민가하다가 지옥 가는 거예요. 천국은 확실히 있습니다. 예수님께서 말씀하셨습니다.

> "예수께서 이르시되 나는 곧 길이요 진리요 생명이니 나로 말미암지 않고는 아버지께로 올 자가 없느니라"(요 14:6).

> "…내가 너희를 위하여 거처를 예비하러 가노니 가서 너희를 위하여 거처를 예비하면 내가 다시 와서 너희를 내게로 영접하여 나 있는 곳에 너희도 있게 하리라"(요 14:2-3).

우리의 소망은 천국입니다. 우리의 생명은 본향에 있습니다. 우리의 생명은 영원한 하늘나라에 있는 줄로 믿습니다. 헷갈리지 마십시오. 101세의 연세대 김형석 교수가 장수비결을 이렇게 말했습니다. "내 인생길 걸어온 길, 믿음이 있어서 참 행복했습니다." 지금도 그는 글을 쓰고 열심히 문학활동을 하고 있습니다. 그는 자신의 갈 길에 믿음이 있어서 행복하다는 마음을 표현하고 있습니다.

성경에 보면 고향을 향하여 열심히 살았던 대표적인 인물이 있습니다. 야곱은 참으로 욕망 지향적인 사람입니다. 그는 자신의 욕망을 이루기 위해서 열심히 돈을 모았고, 거짓말도 하고, 속이기도 하고, 밤낮으로 일했던 사람입니다. 레아보다는 라헬을 얻기 위해서 열심히 살아온 사람입니다. 물론 고난의 과정도 있었습니다. 힘든 사건도 많았습니다. 그런데 야곱은 열심히 해서 모든 것을 모았습니다. 가족도 대가족을 이루고, 물질도 나름 축적했고, 종들도 엄청 많아졌습니다. 그리고 20년을 지내고 나니까 뭐가 그리웠을까요? 그는 고향이 그리워졌습니다.

옛날 우리 대중가요 중에 "고향이 그리워서~ 고향이 그리워서~ 밤마다 별을 보고 갈 길을 물어보네~"라는 노래가 있습니다. 고향에 관한 생각은 잊을 수가 없습니다. 요즘 트로트 최고의 시대라서 "머나먼 남쪽 하늘~ 아래~"라고 하는 고향에 대한 노래가 사람들의 심금을 울리고 삶의 의미를 부여해 주는 것을 보게 됩니다.

야곱 역시 20년 타향살이를 하고 나니 고향이 그리워서 고향을 찾아가기로 합니다. 타향살이지만 그는 굳이 고향으로 가지 않아도 됩니다. 가족 많지, 돈 많지, 안정된 생활입니다. 그런 그가 보따리 챙겨서 고향을 향하여 가는데, 그게 어디 순탄한 길입니까? 너무너무 두렵고 떨려서 얍복 강가에서 기도하기 시작합니다. 그는 하나님하고 씨름하는 것입니다. 정말 그의 환도뼈가 위골되도록 기도하는 것입니다. 기도했어도 역시 400명의 군사를 데리고 오는 형 에서를 생각하니까 두렵고 사시나무 떨듯이 벌벌 떱니다. 그래도 그 위험을 무릅쓰고 고향으로 향하는 걸 보면 그는 정말 고향에 대한 마음으로 가득했던 것입니다.

고사성어 '호사수구'(狐死首丘)는 여우가 죽을 때 자기가 살던 여우굴이 있던 구릉을 향해 머리를 둔다는 것입니다. 즉 자신의 근본을 잊지 않거나 혹은 죽어서라도 고향 땅에 묻히고 싶어 하는 마음을 비유한 것입니다. 연어는 회귀 본능이 있습니다. 연어가 강에서 태어나 바다에서 수년간 살다가 자신이 태어난 곳으로 돌아옵니다. 연어는 산란을 위해서 자신이 태어난 강으로 거슬러 옵니다. 강원도 양양에서 태어난 연어가 알래스카까지 갔다가 고향 땅 강원도 양양까지 돌아온다는 것입니다.

올해에도 우리는 고향을 생각하며 고향에 대한 노래를 부를 것입니다. "고향 생각"도 있고, "가고파"도 있고, "고향 땅이 여기서", 아니면 "고향 역", "고향 무정", "꿈에 본 내 고향" 등 많고 많은 노래를 부르면서 아마 향수에 젖어 날을 보낼 수 있습니다. 그러나 오늘 우리는 이 히브리서를 통해서 고향에 대한 가치관, 고향을 통해서 내게 주신 은혜가 뭔지를 생각해 보아야 할 것입니다.

히브리서 11장을 가리켜서 믿음장이라고 표현합니다. 여기에 보면 가인의 이야기, 아벨의 이야기도 나와서 비교해서 믿음의 삶을 소개합니다. 아브라함의 이야기, 사라의 이야기도 나오고, 많은 믿음의 사람들이 고향 찾아가는 이야기가 기록되어 있습니다. 오늘 우리는 하나님을 향하여 나아가는 믿음의 순례자들의 발걸음을 보면서 내 인생 또한 본향을 향하는 발걸음인 것을 알아야 합니다. 히브리서는 이 땅에 만족이 있는 것이 아니라 천국에 만족이 있고, 이 땅의 삶보다 하늘의 삶에 영원이 있고, 생명이 있음을 소개하고 있습니다.

오늘 본문 히브리서 11장 15-16절에 "그들이 나온 바 본향을 생각하였더라면 돌아갈 기회가 있었으려니와 그들이 이제는 더 나은 본향을 사모하니 곧 하늘에 있는 것이라 이러므로 하나님이 그들의 하나님이라 일컬음 받으심을 부끄러워하지 아니하시고 그들을 위하여 한 성을 예비하셨느니라"라는 말씀이 나옵니다. 저들이 더 나은 본향을 사모했다고 나옵니다.

더욱 나은 본향을 사모했던 믿음의 사람들의 특징이 나오는데, 그들은 인내했다는 것입니다. 그들이 순례자의 길을 걸어갈 때 얼마나 힘들었겠습니까? 힘들었던 그 길도 살아갔고, 유혹도 많았지만 유혹을 이기면서 살아갔습니다.

오늘 많은 분들이 너무 찌든 삶을 사느라 고향을 잊은 채 살아갈 수 있고, 고향에서 상처받은 것 때문에 고향 생각 하기조차 싫을 수도 있습니다. 그러나 우리는 그 고향길에 대한 추억은 잊을 수가 없습니다. 왜냐하면 우리는 나그네와 같은 삶을 살아가고 있기 때문입니다. "오늘도 걷는다마는 정처 없는 이 발길…." 모두가 다 나그네의 삶이요, 나그네의 설움으로 살아가는 우리입니다. 이런 우리에게 하나님은 천국 붙들기를 원하시고, 예수님 붙들기 원하시고, 생명의 구주와 함께 살기를 원하십니다.

우리는 예수님을 붙들고 생명길을 걸어가야 할 존재입니다. 그런데 지금 삶의 많은 방해요소 때문에 힘들어합니다. 현대의 휴대폰, 인터넷 발달로 수많은 정보가 난립 중이어서, 우리의 신앙에도 지장이 있습니다.

하버드 의과대학에서 20년 동안 강의한 에드워드 할로웰(Edward

M. Hallowell)이 현대인들이 과잉정보 속에서 살면서 한 가지 일에 집중하지 못하는 주의력결핍장애(ADD)를 앓고 있다고 보았습니다. 그는 이를 치유할 방법이 '창조적 단절'(Creative Break)이라고 했습니다.

우리가 가지고 있는 스마트폰, 이것으로 모든 것에 대해서 질문을 하기도 하고 거기서 답을 얻습니다. 길을 모를 때 구글에 물어보면 길까지 가르쳐 줍니다. 통역이 안 될 때 이 스마트폰을 통해서 이제는 통역까지, 번역까지 할 수 있습니다. 이렇게 편리한 기계가 나에게 많은 정보를 가져다줍니다.

특별히 유튜브 동영상이 우리에게 얼마나 많은 것을 줍니까? 건강식품에 대해서 한번 들어가 보십시오. 몸에 좋다는 것도 너무 많고, 몸에 나쁘다는 것도 너무 많습니다. 혈당을 낮추려면 과일을 먼저 먹으라는 정보가 있습니다. 의사는 그것이 무슨 상관이냐고 합니다. 다른 정보에는 식후에 먹어야 한다는 것입니다. 정보라고 하는 것이 사람을 헷갈리게 합니다. 사람에 따라 체질이 다르다고 하여 어떤 분은 당근이 나쁘다고 해서 안 먹었습니다. 그런데 그 사람한테 한의사가 당근을 먹으면 좋다고 하는 것입니다. 이러다 보니까 이래도 죽고 저래도 죽을 인생, 앞에도 먹고 뒤에도 먹고, 당근도 먹고 채소도 먹고 실컷 먹다 죽자는 생각이 듭니다. 정보 홍수로 인해 오히려 이제는 초월해 버립니다.

그러면 우리가 왜 헷갈렸느냐? 홍수처럼 밀려오는 정보 때문입니다. 스마트폰을 통해서 많은 정보가 쏟아지니, 경험하지 않은 것을 경험한 척, 아직 가보지 않은 곳을 가본 것처럼, 좋지도 않은 것을 좋은 것처럼, 정말 좋은 것을 나쁘게 생각하게 됩니다. 그중 하나가 뭐예요? 교회 가면 안 된다. 어머니, 교회 가지 마십시오. 아이들아, 교회 가지 말아라. 이 전염병이 지나가거들랑 교회 가거라. 뉴스가 우리 젊은이들의 생각을 빼앗아 놓고, 망가뜨려 놓습니다. 물론 참고해야 하고, 국가의 정책을 따라가야 할 것입니다. 그런데 우리가 왜 이렇게 헷갈리느냐? 주의력이 결핍되는 시대에 살아가고 있기 때문입니다.

요즘에는 SNS를 통해서 우리에게 정보가 주입되고 인지됩니다. 그러다 보니까 요즘에 아는 것이 참 많습니다. 많이들 정보를 가지고 있습니다. 아이큐도 굉장히 높아진 것 같습니다. 하지만 현대는 유별나게 서두름, 과잉정보, 걱정, 잡동사니로 주의력을 도둑맞고 있습니다.

우리는 할로웰이 말한 것처럼 산만한 세상을 단절하는 '창조적 단절'을 통해 이것을 극복해야 합니다. 창조적 단절이란, 생각하거나 유익한 상상을 하거나 생산적인 활동을 하는 데 들이는 시간입니다.

진정한 신앙생활을 하려면, 세상 정보의 홍수에 끌려가는 것이 아니라 반드시 자신에게 중요한 일을 해야 합니다. 그렇지 못할 때 생명길을 막아 버리고, 구원의 길을 막아 버리고, 천국 길을 흐트러 놓는 것입니다.

미친 듯이 바쁜 인생 속에서 빠져나와 하나님께로 나아와야 할 것입니다. 모든 정보가 다 맞는 것은 아니지 않습니까? 이런 것들로 인하여서 우리가 헷갈리면 안 됩니다. 넘치는 정보는 대부분 헛것입니다. 창조적 단절을 통해 하나님과 나의 시간을 확보하고, 바쁜 삶에 나 자신을 빼앗겨서는 안 됩니다.

우리에게는 한 길이 있습니다. 그 길은 바로 "내가 곧 길이요 진리요 생명"이라고 말씀하신 예수님을 붙드는 것입니다. 예수님이 우리의 생명이고, 예수님이 우리가 본향 가는 길의 인도자, 주인공이십니다.

이스라엘 백성들이 예루살렘 성전을 얼마나 사모했습니까? 예루살렘 성전을 그리워하면서 지내다가 절기가 되면 모여들었습니다. 예수님의 공생애 당시 유월절이 되면 예루살렘에는 120만 명가량의 군중들이 운집했다고 합니다. 그들이 모여서 절기를 지키며 여호와의 이름을 찬미하고, 예루살렘 성을 얼마나 거룩하게 지키려고 했는지 모릅니다.

마찬가지로 우리는 오늘의 성전 이곳에서 하나님을 향하여 나아가는 믿음, 더 나은 본향에 대한 믿음을 다시 한 번 확고하게 가져야 할 줄로 믿습니다.

다시 한 번 묻습니다. 교회가 어떤 곳입니까? 하늘에 영원한 고향을 둔 사람들이 살아가는 이 세상에서 잠시 쉬고 재미있게 보내는 곳이 오늘의 교회입니다. 이 교회에서 더 나은 본향을 향하여 가는데, 예수 십자가를 통해서 가야 하고, 예수 믿는 믿음 안에서 가야 하고, 예수의 말씀 안에서 우리가 살아가야 할 줄로 믿습니다. 예수님 없이는 안 됩니다.

보다 나은 본향을 사모하는 저와 여러분, 예수님과 함께 더 나은 본향을 신바람 나게 걸어가는 저와 여러분의 삶이 되시기를 우리 주님의 이름으로 축원합니다.

20. 기다림 가운데서 희망을

 **이사야 40:3-8**

³외치는 자의 소리여 이르되 너희는 광야에서 여호와의 길을 예비하라 사막에서 우리 하나님의 대로를 평탄하게 하라 ⁴골짜기마다 돋우어지며 산마다, 언덕마다 낮아지며 고르지 아니한 곳이 평탄하게 되며 험한 곳이 평지가 될 것이요 ⁵여호와의 영광이 나타나고 모든 육체가 그것을 함께 보리라 이는 여호와의 입이 말씀하셨느니라 ⁶말하는 자의 소리여 이르되 외치라 대답하되 내가 무엇이라 외치리이까 하니 이르되 모든 육체는 풀이요 그의 모든 아름다움은 들의 꽃과 같으니 ⁷풀은 마르고 꽃이 시듦은 여호와의 기운이 그 위에 붊이라 이 백성은 실로 풀이로다 ⁸풀은 마르고 꽃은 시드나 우리 하나님의 말씀은 영원히 서리라 하라

인간의 삶은 기다림의 연속입니다. 소상공인들은 경기 회복을 기다리고, 부모는 자녀가 더 잘되기를 기다리고, 기업인은 기업의 성장과 발전을 기다립니다. 특별히, 믿음의 사람은 은혜를 기다리며 축복

을 기다리고 살아갑니다.

성경에 나오는 많은 사람이 기다림의 사람이었습니다. 기다림은 힘들기도 하지만 때때로 인내심에 내공이 생기게도 합니다. 기다림은 지루하기도 하지만 기다림 끝에 열매를 얻는 기쁨의 순간이 있습니다. 기다림은 때로 하염없이 애틋하기도 하지만 그 속에는 감동으로 얼룩진 눈물을 흘리게 하는 클라이맥스가 있습니다.

여러분, "오빠 생각"이라는 동요를 기억하실 것입니다. 1925년 발표된 동시에 1930년에 곡을 붙여 발표된 한국의 대표 동요로, 우리의 가슴 속에 남아 있는 노래입니다. 우리가 동심으로 돌아가서 같이 "오빠 생각"을 불러도 좋겠습니다. 이 노래의 가사는 열두 살짜리 최순애가 오빠 최용주를 기다리면서 쓴 것입니다.

뜸북뜸북 뜸북새 논에서 울고 뻐꾹뻐꾹 뻐꾹새 숲에서 울 제
우리 오빠 말 타고 서울 가시며 비단 구두 사가지고 오신다더니
기럭기럭 기러기 북에서 오고 귀뚤귀뚤 귀뚜라미 슬피 울건만
서울 가신 오빠는 소식도 없고 나뭇잎만 우수수 떨어집니다.

가사 내용이 너무나 서정적입니다. 노래를 부르다 보면 서글픈 감정과 한 서린 감정이 가득 차 있음을 느끼게 됩니다.

이 노래의 사연인즉, 최순애라는 소녀의 오빠 최용주가 일본 유학을 떠나게 되었습니다. 당시 일본에서는 관동대지진으로 인하여 일본 사람들이 조선인을 무차별 학살했습니다. 최용주는 일본에서 더는 공

부할 수 없어서 조선으로 돌아와 자기 집 수원에 기거하고 있습니다. 그러나 일본 순사가 계속해서 집을 찾아옵니다. 최용주는 어쩔 수 없이 서울로 가서 피신 다니다가 한 달에 한 번만 순애가 있는 수원으로 왔습니다. 그 수원에서 순애는 매월 오빠가 오는 날을 기다렸습니다.

어느 날 오빠가 떠나면서 순애에게 다음에는 비단 구두 사서 오겠다고 했습니다. 그러나 오빠가 그 약속을 하고 떠난 뒤로는 더 만날 수 없었습니다. 애석하게도 오빠 최용주는 일경에게 쫓겨 다니다가 잡혀서 고문을 당하여 이 세상을 떠나고 맙니다. 순애는 정말 귀한 비단신을 기다리는 생각도 있지만, 그 속에 오빠를 기다리는 기다림이 어린 소녀의 진심이었습니다. 소녀는 어리고 순수한 마음을 가졌으니까요.

인생에는 기다림이 있습니다. 너의 기다림, 나의 기다림, 하나님의 기다림, 믿음의 사람의 하나님을 향한 기다림이 있습니다. 해마다 찾아오는 대림절과 성탄절이지만 올해의 대림절과 성탄절은 우리에게 하나님의 사랑이 더 그리워지는 때이기도 합니다. "하나님, 속히 오셔서 이 땅을 불로 심판하시든지, 성령의 불로 전염병을 종식해 주시옵소서"라는 기도가 절로 나옵니다.

우리가 모두 기다리고 있는 이 절기를 대림절(待臨節)이라고 합니다. 대림절이란 '기다린다'와 '임하다'는 뜻이 있습니다. 대(待)는 '기다릴 대'자입니다. 임(臨)은 '임한다'는 뜻입니다. 대림절을 다른 말로 강림절(降臨節)이라고 표현합니다. 강(降)은 '내리다'는 뜻입니다. 하나님께서 성육신하셔서 이 땅에 오심을 전하는 절기입니다. 대림절은 아기 예수를 맞이할 뿐만 아니라 다시 오실 주님을 기다리는 절기입니다.

대림절은 영어로 Advent라고 합니다. Advent는 '~을 향하여 접근한다'라는 뜻으로, 라틴어 아드벤투스(Adventus)에서 유래한 것입니다. 원래는 초가 불을 밝히면서 점점 타들어 가는 것을 의미합니다. 역사가 마지막을 향하여 진행하고 있습니다.

대림절은 크리스마스 전 4주간의 교회력 절기입니다. 아기 예수를 기다리며 재림의 주, 심판의 주를 기다리면서 주님 앞에 나아가는 절기이기도 합니다. 이 대림절에는 기도제목이 네 가지가 있는데 대림절 첫 번째 주일은 소망을 두고 기도해야 합니다. 두 번째 주일은 이 땅에 평화가 이루어지기를 위하여 기도하는 것입니다. 세 번째 주일은 사랑으로 가득 차기를 위해서 기도하고, 네 번째 주일은 오신 예수님을 맞이하는 기쁨을 안고 기도하는 것입니다.

다시 대림절을 정리해 보면, 예수 그리스도의 오심을 그냥 기다리는 것이 아니라 기쁨으로 기다리는 것입니다. 그분의 다시 오심을 기다리는데, 무엇을 향하여 가는 미래도 있지만 무엇인가가 오고 있는 것입니다. 내 속에 그리고 내 삶 가운데로, 내 인생의 중심부로 다가오고 있는 것을 의미하기도 합니다. 그래서 대림절은 '왔다'가 아니라 '오고 있는' 것입니다.

시간과 공간 속의 내가 중심 되어 있는 이 세상 속에서 내가 나아가는 것이 아니라, 모든 것을 지으시고 다스리시고 심판하시고 이끌어 가실 예수님께서 이 세상에 오시는, 즉 나를 향하여 오심을 말하고 있습니다. 그래서 교회가 말하는 대림은 내가 가는 것의 미래도 있지만, 주님이 내게로 오시는 것의 미래를 말하기도 합니다. 우리를 향해서 오고 계신 예수님을 좀 더 겸손한 마음, 겸허한 마음으로 우리가 기다리는 것입니다.

사회심리학자 에리히 프롬(Erich Fromm)은 인간을 한마디로 '호모 에스페란스'(Homo esperans)로 정의하였습니다. '호모'는 인간이고 '에스페란스'는 희망, 소망을 말합니다. 인간은 희망하는 존재라는 것입니다. 희망의 사람, 미래를 바라보면서 살아가는 사람이 진짜 사람이라고 말합니다. 이렇게 미래를 향하여 우리가 바라보지만, 저 미래에서 오늘로 다가오시면서 미래를 만들어 가시는 예수님을 바라봅니다. 우리는 예수님을 바라볼 때만 그 속에 소망이 생기고, 그 예수가 우리에게 기쁨을 주고, 그 예수 때문에 우리는 세상의 모든 행복을 그냥 완전히 누리게 됩니다.

제임스 심프슨(James Simpson)이라는 산부인과 의사가 있었습니다. 이분 때문에 우리가 수술해도 아프지 않습니다. 이분은 창세기 2장 21-22절 말씀에서 영감을 얻어 마취제 개발에 빠졌으며, 결국 오랜 연구 끝에 마취제를 발명했습니다. 그가 마취제를 만들어 세상에서 최고로 인기 있는 의학자가 되었을 때 어떤 사람이 와서 물었습니다. "선생님, 선생님의 생애 속에서 최고로 위대한 발견이 무엇입니까?" 당연히 마취제라고 말할 줄 알았습니다. 그렇지 않았습니다.

심프슨은 말하기를, "하늘 영광을 버리시고 이 땅에 오신 예수 그리스도를 발견한 것"이라고 대답했습니다. 그는 이 세상에서 마취제를 발견한 것이 아니라 예수를 발견한 것이 최고의 행복이요, 최고의 큰 발견이라고 고백했습니다.

여러분, 이 세상 우리에게 많은 무거운 짐도 있고, 걱정과 염려가 있습니다. 이제 제발 코로나가 끝났으면 신앙생활 하는 데 좋겠다고 합니다. 코로나가 끝나면 예수님을 잘 믿겠다가 아닙니다. 지금 예수 잘 믿어야 할 줄로 믿습니다. 코로나가 지나가면 교회생활 잘하고, 헌금생활 잘하고, 봉사생활 잘하겠다. 아닙니다. 코로나가 끝나면 보상심리가 있어서 그동안 못 다닌 것 다니느라고 교회 올 시간이 없을지도 모릅니다. 그동안 못 쓴 돈 쓰느라고 정신없을 수도 있습니다. 가지 못했던 곳 가느라고 교회 올 시간이 없을 수도 있습니다. 그동안 타지 못했던 비행기 타고 돌아다니느라고 정신없을 수도 있습니다. 코로나가 끝난 이후에 잘 믿는 것이 아니라 지금 잘 믿어야 하고, 오늘 잘 믿어야 하고, 이 시간 예수 안에 거해야 할 줄로 믿습니다.

이 세상에 예수 그리스도가 대망의 빛으로 오셨습니다. 빛으로 오신 주님이 어두운 내 심령을 밝히시니, 심령을 밝히는 예수를 붙들면 빛의 자녀가 되는 것입니다. 생명의 예수님이 오셨으므로, 예수님을 붙들면 나는 생명의 사람이 됩니다. 기다림은 때로는 짜증 나기도 합니다. 기다림이라고 하는 것이 때로는 애간장을 녹이기도 합니다. 기다린다는 것이 어떤 때 온몸을 녹아내리게 할 때도 있습니다. 기다린다는 것이 뜬눈으로 밤을 지새우게 만들기도 합니다. 그러나 기다림 속에 예수님이 중심된다면 바로 축복의 주인공이 됩니다.

오늘 본문 말씀을 보면, 사람들이 선지자들의 외침을 무시해 버렸습니다. 남유다는 세상의 권력을 의지했습니다. 그들은 권력만 가지면 될 줄로 알았습니다. 그러나 선지자의 예언대로 남유다는 BC 586년에 완전히 몰락하여 패망하게 됩니다. 이들에게는 더 이상의 희망은 없어 보입니다. 그런데 이 사람들에게 이사야는 앞으로 한 줄기의 빛이 올 것이고, 새싹 같은 연한 순이 나서 우리 생명의 구주가 될 것을 들려주었습니다.

우리는 이 기다림 속에서 공통분모를 찾아봅니다. 이 기다림 속에서 중요한 공통분모 첫 번째는 무엇인가? 무엇보다도 믿음으로 기다려야 할 줄로 믿습니다. 믿음이 우리를 완성의 자리로 이끌고, 믿음이 다가오고 계시는 예수님을 맞이하게 우리를 이끌어 줍니다. 우리의 기다림은 막연히 기다리는 것이 아니라 때를 기다리는 것입니다. 막연하게, 넋 놓고 앉아서 기다리는 게 아니라 설레는 마음으로 기다리는 것입니다. 이 기다림이라고 하는 것은 단어로 볼 때는 단수이지만, 사실 기다림은 복수가 되는 것입니다. 왜냐하면 오늘 나 혼자 기다리지만, 나 혼자 기다리는 기다림에 예수님이 오셔서 둘이 함께 있기에 복수의 삶이 되는 것입니다. 단수가 복수로 만들어지는 이 기다림, 본문 말씀에서 우리가 기다릴 것을 말씀하고 있습니다.

인간이 이 세상에서 멸망해 가는 것은 돈이 없어서 멸망하고, 병이 들어서 멸망하는 것이 아닙니다. 이 세상이 멸망하는 것은 믿음이 없기 때문입니다. 이 세상에 저주가 왜 옵니까? 믿음이 없어서 저주가 오는 것입니다. 소돔과 고모라 성이 왜 불탔습니까? 믿음의 사람이 없었기 때문입니다. 믿음의 사람이 없었기 때문에 소돔과 고모라는 멸망하게 된 것입니다.

그래서 우리 예수 믿는 사람은 성탄을 기다리는데, 막연하게 기다리는 게 아니라 나 홀로인 내가 예수를 만나서 단수인 내가 복수를 이루게 되고 이 세상에서 조건을 가지고 만나는 것이 아니라 믿음 하나 가지고 기다리고, 믿음 하나 가지고 만나게 되고, 믿음 하나가 우리를 영생의 자리로 이끌어 가게 될 줄로 믿습니다.

이제 우리는 오실 예수를 기다리면서 성탄절을 준비하는데, 아기 예수의 오심도 기쁨으로 맞이해야 합니다. 아기 예수의 오심 앞에도 엎드려 경배해야 합니다. 그리고 설렘도 있어야 하고, 준비성도 있어야 하고, 거룩한 구별도 있어야 할 줄로 믿습니다. 이런 기다림 속에 아기 예수님를 맞이하는 우리가 한 걸음만 더 나아가면 저 멀리서 다가오는 예수님의 재림도 우리는 완전한 자리에서 만나고, 완전한 자리에서 구원을 이루고, 완전한 자리에 서게 될 줄로 믿습니다.

그리고 기다림 가운데서 우리는 딱 한 가지 희망이 있으면 될 줄로 믿습니다. 소망 하나는 우리에게 꼭 있어야 할 줄로 믿습니다. 늘 강조합니다. 우리는 나이가 많아서 늙어가는 것이 아닙니다. 희망이 없어서 늙어가는 것입니다. 희망을 품을 수 있기를 축복합니다. 코로나는 끝장날 시간이 다가오고 있습니다. 중요한 것은 오늘 우리가 희망 속에서 예수님만 붙들면 살고, 예수님 안에 있으면 살고, 십자가 예수님 앞에 영생이 있을 줄로 믿습니다. 이럴 때 예수 그리스도를 다시 한 번 대망하면서 우리의 옷깃을 여미며, 다시 오실 예수님 앞에 흠도 티도 없이 서는 그 삶, 바로 그것은 믿음의 행위입니다.

성경에는 수많은 사람의 이름이 나옵니다. 그러나 똑똑한 사람을 소개하지 않습니다. 잘난 사람을 소개하지 않습니다. 이 세상에서 부를 축적한 사람을 소개하지 않습니다. 지성인을 소개하는 것이 아닙니다. 성경은 믿음의 사람을 소개합니다. 그 믿음의 대열 위에 여러분이 주인공이 되시고, 여러분도 들어가시고, 저도 들어가고, 우리가 모두 주님 앞에 설 때 흠도 티도 없는 믿음 하나 가지고 바로 설 수 있기를 원합니다. 이 믿음이 기다림 속에서 아름답게 완성되어 가는 대림절이 되시기를 주님 이름으로 축복합니다.

3부
한국교회를 위한 제언

회복이 필요한 한국교회

I. 들어가는 말

2019년 12월, 중국 우한에서 처음 발견된 코로나19는 한국은 물론 대부분의 나라에 큰 혼란과 아픔을 주고 있다. 세계보건기구(WHO)는 코로나19에 대해 최고 위험 단계인 팬데믹(Pandemic)을 선포하며 전 세계적으로 위험한 상황으로 규정하였다.[1] 이 전염병이 광범위한 지역에서 동시다발적으로 발생하고, 다수의 사망자와 강한 전파력을 가지고 있기 때문이다. 우리나라도 마찬가지로 바이러스로 인한 사회 전반에 걸친 변화를 느끼고 있다.

---

[1] WHO 팬데믹 선언 이후…정부 "상황 변화 보며 대응 강도 높일 것" http://www.hani.co.kr/arti/society/health/932377.html (2020년 8월 27일 접속)

이것이 한국의 정치, 경제, 문화, 교육, 종교 등에 영향을 끼치며 지구가 멈추는 듯한 위기를 체감하고 있다. 이제 사람들은 야외는 물론 실내 공공장소 어디든 마스크를 쓰는 것이 일상이 되면서 시대의 변화에 대응해야 할 필요성을 느끼게 된다. 팬데믹으로 인해 한국교회는 개신교 역사 약 140년 이래 처음으로 예배 중단 사태를 맞았다. 정부가 교회의 공예배 금지 조치를 내린 것이다.

우리나라 기독교인은 일본 강점기의 식민지 아래에서도 신사참배를 거부하며 하나님께 예배를 드렸고, 6·25전쟁으로 남북 경계선이 오락가락하는 피난민의 삶 속에서도 예배를 드렸다. 이런 전통을 가지고 있는 한국교회가 정부의 예배 금지 조치에 대한 거부감과 일부 교회의 집단감염 사례에 대한 사회적 책임감 사이에서 고민에 빠져 있다. 코로나가 퍼진 지역에서는 교회활동과 선교 활동에 큰 지장을 받고 있다.

한국은 방역당국이 2020년 7월 10일부터 교회 소모임 집합금지 조치를 하다가 7월 24일 명령을 해제시켰다. 이후 재확산이 되자 전국적으로 사회적 거리 두기 단계를 조정하면서 예배 인원 축소, 비대면 예배만을 허용하였다. 이에 따라 소형교회들은 재정이 평소의 70%에 그치기 때문에 교회 유지에 상당한 어려움을 겪고 있다.[2] 코로나19의 장기화에 따라 교회사역에 큰 타격을 입게 될 전망이다.

코로나19는 아직도 진행형이기 때문에 미래를 가늠할 수 없다. 이

---

2) "코로나19 장기화, 경북 교회 재정 타격" http://www.dkilbo.com/news/articleView.html?idxno=309767 (2020년 8월 27일 접속)

러한 위기 속에서 신앙공동체는 어떻게 본질을 지키며 대응해야 하는가 하는 큰 과제를 안게 되었다. 목회자들은 코로나바이러스 팬데믹이 진정되는 국면, 통제되지 않고 가속화되는 측면, 혹은 그 중간이 될 경우 어떻게 해야 할 것인가라는 여러 변수 안에서 생각해야만 한다. 그러나 동시에 예측할 수 없는 다른 경우도 염두에 두어야 한다. 그러므로 내부적으로는 신앙공동체의 정체성을 재확인하며, 외부적으로 어떠한 모습으로 사회에 드러나야 하는가에 대해 심각하게 고민을 해야 할 것이다.

II. 코로나19 사태에서의 신앙공동체

1. 신앙공동체의 예배

한국 기독교인들은 교회에서 하나님께 예배드리는 것을 첫 번째 임무로 여겨 왔다. '예배'에는 두 가지 의미와 개념이 있다.

첫째, 히브리어 '샤하아'(shachah, שחה) 문자적으로 '엎드려 절함'을 뜻하는 것으로, 하나님 앞에 이마를 땅에 대고 자신의 전 존재로 굴복해 예배 대상의 존재 가치를 인정한다는 의미이다. 이는 백성을 이끌어 하나님의 거룩함과 인간의 죄악됨을 직접 또는 심도 있게 깨닫도록 하는 데 목적이 있다.

둘째, 히브리어 '아바드'(Abadah, עבד)는 '봉사'란 뜻으로, 종이 주인을 섬기는 것처럼 예배자가 하나님을 주인으로 섬긴다는 뜻으로, 하나님의 계명에 대한 순종과 헌신이 담겨 있다. 참된 예배는 우리의 입으로 하나님께 드릴 뿐 아니라, 우리의 삶으로 그를 섬기는 것을 포함한다. 섬김은 우리 하나님의 영광스러운 본성 때문에, 그리고 자기 자식들에게 그렇게 자유로이 내리시는 그 영광스러운 은사 때문에 자유롭고도 기쁘게 드려져야 한다.[3] 예배의 어원적 의미를 통하여 예배의 대상이 하나님이심을 분명히 밝히고 있다.

성경은 예배와 관련하여서, 구약의 제사가 예배의 이미지로 여겨지고 있다. 신약성경은 성도의 삶 자체가 거룩하고 하나님께 받아들여질 수 있는 산 제물이 되어야 할 것을 강조하고 있다. 사도 바울은 로마서 12장 1절에서 "그러므로 형제들아 내가 하나님의 모든 자비하심으로 너희를 권하노니 너희 몸을 하나님이 기뻐하시는 거룩한 산 제물로 드리라 이는 너희가 드릴 영적 예배니라"라고 한다. 예배의 의미와 목적이 어떤 구별된 장소에 국한된 것이 아니라 삶의 모든 영역에서 이루어지는 것임을 강조한 것이다.

그러므로 한국교회의 예배가 의식적인 면에 치우쳐서 기독교 신앙의 정체 현상에 머무르지 않았는지 성찰해 볼 필요가 있다. 즉 예배의 범위와 목적이 외형적인 교회의 모임을 지향점으로 삼는다면 이것은 하나님이 뜻하신 신앙공동체의 존재 의미와 다르기 때문이다.

---

[3] Colin Brown ed., *The New International Dictionary of New Testament Theology*, vol.3, (Grand Rapids: Zondervan, 1978), 549-553.

2. 신앙공동체의 정체성

예배의 목적과 범위에 관하여 본래 하나님의 의도를 살펴봐야 한다. 베드로전서 2장 9절에 의하면, "그러나 너희는 택하신 족속이요 왕 같은 제사장들이요 거룩한 나라요 그의 소유가 된 백성이니 이는 너희를 어두운 데서 불러내어 그의 기이한 빛에 들어가게 하신 이의 아름다운 덕을 선포하게 하려 하심이라"라고 한다. 하나님의 자녀들로 이루어진 신앙공동체의 목적은 아름다운 덕을 전하는 존재로 만들기 위함인 것이다.

그런데 구약 이스라엘의 잘못은 하나님께 제사를 드리는 데서 더는 나아가지 않았다. 이스라엘이 예배자의 위치에 머물러서 하나님이 원하시는 이방 가운데 빛의 존재가 되지 못하였다. 예배자들은 제사장적 존재가 되는 것이고, 예배자들이 있는 곳에서 증인의 삶으로 열매 맺는 것이다.

'교회'의 헬라어 에클레시아(ἐκκλησία)는 '~로부터'와 '부르심을 입은'의 두 단어에서 왔다. 고대 아테네에서 '에클레시아'란 백성들의 모임을 뜻하는 것으로, 시민권을 갖는 모든 시민으로 구성되어 국가의 법률에 따라 모든 사람이 동일한 의무를 지니고 참가하는 것이었다.[4] 신약성경에서 에클레시아는 세상으로부터 부르심을 받은 모임을 뜻하게 되었으며, 구약의 하나님의 백성이라는 것이다.

---

4) Kevin Giles, *What on Earth Is the Church?* 《신약성경의 교회론》, 홍성희 역 (서울: CLC, 2007), 47-48.

종교개혁자들은 중세의 타락한 지상교회의 현실적인 모습에서 사도시대 교회의 순수성을 회복하고자 노력하였다. 루터가 참된 교회를 회복하고자 한 것은 건물이나 외형적인 면보다는 하나님의 백성으로서의 정체성을 지닌 성도들의 모임으로서의 교회관을 가지고 있었기 때문이었다. 칼빈은 교회가 존재하는 목적으로서 "오직 하나님의 나라와 그리스도의 다스림과 성령의 새로 지으시는 권능이 확장되는 일, 그것을 위해 존재한다"[5]라고 하면서 교회의 적극적인 실천적인 면을 주장하였다.

III. 신앙공동체 회복을 위하여 주목해야 할 것들

성경과 종교개혁자들의 사상 속에 나타난 신앙공동체로서 교회의 본질을 회복하기 위한 제언을 하고자 한다. 마리아 해리스(Maria Harris)는 교회를 신앙공동체로 이해하고, 신앙공동체의 필수요소로서 예배(λειτουργια 레이투르기아), 선포(κήρυγμα 케리그마), 가르침(διδαχή 디다케), 봉사(διακονια 디아코니아), 교제(κοινωνία 코이노니아)를 언급한다.[6] 이것들은 오늘날 교회에서도 놓치지 말아야 할 필수적인 요소이다.

---

5) Otto Weber, *Die Treue Gottes in der Geschichte der Kirche*, 《칼빈의 교회관》, 김영재 역 (서울: 이레서원, 2001), 40.
6) Maria Harris, *Fashion Me A People Curriculum in the Church*, 《회중형성과 변형을 위한 교육목회 커리큘럼》, 고용수 역 (서울: 한국장로교출판사, 1997), 7-8.

한국교회는 성육신하신 주님을 본받아 모든 초월적이며 상관문화적 상황(cross and inter-cultural context) 속에서 하나님의 말씀을 따라 사람과 환경을 변화시켜 코로나 이후(Post-Corona)와 코로나 공존(With-corona)을 대비해야 할 것이다.

1. 코로나19가 끝나면 예배는 이전으로 회복될 것이다

코로나19로 한국교회는 다양한 경험을 하면서 예배가 붕괴되고 새로운 예배, 온라인 예배가 거세질 것이라고 한다. 하지만 비대면 예배도 일시적이고 한시적 차원으로 생각해야 한다. 교회가 온라인 예배를 드렸던 것은 온라인 예배의 예배적 가능성과 유효성, 그리고 의미성과 편의성 때문에 시작된 것이 아니다. 어쩔 수 없는 비자발적 환경에 의해 진행되었다. 그 결과 불편하지만 다른 대안이 없었기 때문에 온라인 예배를 지속했다. 온라인으로 예배를 드릴 수는 있어도 봉사와 섬김이 불가능했고, 무엇보다 성도의 교제는 전혀 할 수 없었다. 교회는 예배를 드리는 것이 가장 중요하지만 섬김과 헌신, 교제가 없이는 안 된다.

온라인 예배를 드릴 수 있지만, 오프라인 예배에서 경험하는 현장성은 아직 극복 불가능하다. 뜨겁게 기도할 수 없고, 찬양을 열정적으로 부를 수 없다. 현장에서 느낄 수 있는 말씀의 울림도 온라인에서는 뛰어넘을 수 없다. 성도들은 영적 갈증을 호소한다. 예배의 현장으로 달려가 같이 찬양하고 싶고, 기도하고 싶고, 말씀을 들으며 호흡하고 아멘으로 화답하고 싶어 한다. 그때가 오기만을 기다리고 있을 것이다.

오프라인 예배는 다시 리바운드되어 돌아갈 것이다. 그때까지 교회가 할 수 있는 일은 끊임없이 해야 한다. 이를 위하여 연신교회는 성도들의 신앙과 성전 예배의 회복을 위해 기도하며 몇 가지 노력을 하고 있다.

1) 코로나19의 상황 속에서도 주의 성전을 지키기 위한 '주의 궁정에서의 한 시간'

정부의 비대면 예배 조치로 인해, 오늘날 우리 한국교회의 예배당은 갑자기 텅텅 비게 되었다. 그렇지만 주의 성전을 무한정 비워둘 수만은 없다는 것이 연신교회 당회와 성도들의 공통된 마음이었다. 그래서 주일을 제외한 매일 오전 9시-오후 5시까지 1시간에 1명씩 성도의 자원을 받아 대예배실에서 릴레이 개인 기도를 이어가는 것이다. 1,100석 규모의 큰 예배실 면적을 생각해 보면 시간당 참여 인원을 더 늘릴 수도 있지만, 사회적 거리 두기를 요청하는 정부의 방역조치에 적극적으로 협조하고, 혹시라도 일어날 수 있는 참여자들 간의 접촉을 최소화하기 위해 시간당 1명으로 참여 인원을 제한했다. 성전에서 공예배를 진행할 수 없는 상황임에도 불구하고, 성전에 나와 예배의 자리를 지키기 원하며, 현재도 많은 성도가 자발적으로 참여하여 은혜롭고 거룩한 '주의 궁정에서의 한 시간(시편 84:10-12)'을 누리고 있다.

2) '온라인'(On-Line) 예배, '올라인'(All-Line) 성경퀴즈

연신교회의 모든 영상예배는 실시간 중계를 원칙으로 한다. 매 예배 때마다 실시간으로 성전 예배(교역자 중심)를 진행하고 그 실황을 생중계하는 것이다. 그러다 보니 성전 예배(Off-Line)와 영상예배(On-Line)가 함께 소통하며 이루어지는 올라인(All-Line) 예배가 가능해진 것이다. 올라인 예배의 효과를 극대화하기 위해, 성전 예배를 인도하는 목회자와 영상예배를 시청하는 성도들 간에 소통의 매개로 '올라인 성경퀴즈'를 진행한다. 성전 예배를 인도하는 목회자가 당일 선포한 말씀 중에서 문제를 내면, 영상예배에 참여한 성도들은 문자나 카카오톡으로 답을 보내고, 그중 몇 명의 정답자에게는 소정의 모바일 상품을 발송하는 것이다.

3) 따로 또 같이 드리는 '함께 예배해요'

코로나19로 인해 영상예배가 진행되면서 많은 성도가 '함께하는 예배'를 잃고 '홀로 하는 예배'를 드리게 되었다. 그러나 떨어져 있지만 함께 예배드리는 공동체를 느끼고 나누기 위하여 온 성도들이 함께 예배한다는 의미에서 '함께 예배해요' 캠페인을 진행하고 있다. 예배 시간마다 실시간으로 생중계되는 영상예배에 참여하고 있는 각자의 모습을 인증사진으로 찍어 공유하는 것이다. 사진을 찍어 담당교구나 교회학교의 교역자들에게 보내면, 교역자들은 이 사진을 취합하여 방송실에 넘기고, 그러면 해당 예배 중 광고시간을 활용해, 오늘 이 시간에 영상으로 함께 예배하고 있는 성도들을 잠시나마 소개하는 시간을 갖는 것이다.

4) '흩어지는 교회'를 온전히 세워 가도록 하기 위한 '릴레이 성경필사' 프로젝트

성도들이 각 가정에서 예배하며 성전으로 모이기 힘든 이 시기에, 연신교회는 하나님과 교회로 신앙의 중심을 맞추고 그곳에 끊임없이 소통의 선을 연결하기 위해 '릴레이 성경필사'를 진행할 예정이다. 먼저, 유선상으로 신청자를 받고, 신청 인원에 맞게 필사할 성경의 권수와 개별 필사 분량을 정한 다음, 필사 용지, 안내문(필사 범위 표기), 볼펜 등을 서류봉투에 담아 각 성도의 가정으로 배송한다. 필사를 마친 성도들은 추후 성전 예배가 회복될 때 교회로 가져와 제출하며, 성전 예배 회복의 날에 필사 성경의 봉헌식을 거행할 예정이다.

2. 신중년 심방의 요구는 계속될 것이다

코로나19로 심방이 어려워졌다. 코로나19로 갑작스럽게 교회마다 계획된 심방을 할 수 없는 정지상태가 되었지만, 상황과 환경이 조성되면 다시 시작될 것이다. 지금 당장은 무리가 있다. 코로나19 사태

도 완벽하게 제압되지 않았고, 백신과 치료제가 나오기 전까지 성도들은 자발적으로 심방을 원하지 않을 것이다. 백신이 개발되어 접종할 수 있는 2021년 중반까지 당분간 정상적인 심방사역은 불가능할 것으로 보인다.

젊은 세대의 심방은 좀 다르다. 청년층, 젊은 가정은 더욱 심방사역이 단절될 것이다. 특히 어린 자녀가 있는 가정은 집으로 초대하는 심방이 부담스러울 수 있다. 맞벌이로 바쁘다. 육아를 같이하는 것도 쉽지 않고, 쉬는 날이 있다면 아이와 함께 시간을 보내거나 쉬고 싶은 마음이 간절하다. 부모들은 이래저래 위험을 무릅쓰고 싶지 않을 것이다.

심방사역의 핵심은 타이밍이다. 코로나19 바이러스가 종식될 때까지 시간이 필요하다. 우리의 고민은 '심방사역을 어떻게 대처할 것인가?'이다. 심방사역은 어렵더라도 6-8월까지 상담사역은 가능하다. 분명 영적으로, 정신적으로 지쳐 있고 힘든 성도들이 있다. 환경 때문에 그들을 외면하지 말고 세워 갈 수 있는 사역을 이어가길 바란다.

교회는 성도의 마음의 손을 잡아 줘야 한다. 그래서 사역자들은 좀 더 민감하게 주위를 볼 필요가 있다. 세심하게 주위를 돌아보고 주어진 시간을 효과적으로 잘 사용하는 의사결정이 있어야 한다. 시간의 긴급성을 이해하고 가장 효과적인 선별작업이 이루어지기 위해 평신도 사역자와의 긴밀한 의견 교환이 이루어져야 한다.

3. 언택트(untact), 온택트(ontact), 그리고 웰택트(welltact) 사역

코로나19는 사회뿐만 아니라 교회 공동체도 언택트(untact)로 만들어 버렸다. 대면이 어려워진 요즘 비대면으로 빠르게 전환하고 있다. 일부에서는 모든 것이 비대면, 언택트 될 것이란 극단적 예측을 하지만 극단적 가능성으로 사회가 전개될 가능성은 크지 않다.

중요한 것은 앞으로도 언택트 기반 서비스가 지속적 힘으로 작용할 것이란 사실이다. 대면, 컨택트(contact)를 완벽히 극복하기에는 한계가 있다. 완벽한 기술로 언택트 사회가 가능하다 하더라도 인간은 100% 언택트 사회를 원하지 않을 것이다. 일부 기업은 비대면 재택근무를 유지할 가능성도 있지만, 거의 대부분은 대면으로 돌아가고 실험적 차원과 비용(사무실) 절감 차원의 보조적 기능으로 머물 것이다. 언택트를 공감했고, 시간과 기술의 변화에 따라 언택트 사회로 갈 것이며, 교회도 언택트 변화를 공감하고 수용할 필요가 있다는 것이다.

결국, 언택트 관련 사역은 현재 전부가 될 수 없지만, 사역의 일부로서 접근하고 받아들여야 한다. 그러기 위해서 성도들의 성장을 위한다면, 목회와 목양적 차원의 언택트 사역이라면 그에 맞는 지속 가능한 콘텐츠를 준비해야 할 것이다. 무조건 안 만나는 것이 아니라 어떻게 하면 잘 만날 수 있을까를 고민해야 한다.

4. 교회학교 교육 전환이 필요하다

한국교회 교회학교는 지난 1년 넘게 영적 손실이 발생했다. 일부 교회는 성경학교와 수련회를 했지만, 대다수 교회들은 할 수 없었다. 가정에서 신앙교육이 이루어질 수 있는 훈련과 제도가 준비되어 있지 않았기 때문에 사태는 더 심각했다. 일반교육은 EBS, 학원, 개인과외 등 다양한 방식으로 공교육의 공백을 메웠지만, 교회교육은 무방비 상태로 정지되었다. 그럼에도 교회교육은 진행되어야 하기에 반드시 우선순위를 세워 두어 당장 해야 할 사역과 코로나19 종식이 선언된 뒤 해야 할 사역을 분류해야 한다.

팬데믹이 끝나고 당장 시작해야 할 사역은 교회학교 교육사역이다. 코로나19가 조정기에 들어가 교회학교 사역을 시작한다 하더라도 좀 더 예민하게 최선을 다해 방역에 신경을 써야 한다.

교회학교는 이번 코로나19로 상당한 충격이 있었다. 이런 시기에 가장 중요한 두 가지 사역은 본질과 관계다. 본질이 무너지면 다 무너진다. 쉽지 않겠지만 본질을 다시 세우는 데 전념해야 한다. 그리고 아이들 스스로가 성경을 보고 묵상하는 훈련과 방식을 훈련시킬 수 있어야 한다. 자기주도학습이 학생 성적 향상에 중요한 것처럼 신앙훈련도 자기주도 성경학습 접근이 필요한 때가 되었다.

대유행이 다시 올 경우 다시 셧다운 되면 오프라인 예배는 다시 온라인으로 전환될 가능성이 크다. 이때 스스로 말씀을 보고 기도할 수 있는 자기주도 역량이 준비되기만 해도 2021년은 2020년과는 다를 것이다.

 교회학교는 학교다. 그들이 성장할 수 있도록 독려하고 관심을 갖고 서로 성장해 가야 한다. 그러려면 내버려 둘 수 없다. 때로는 관리하고 위로하고 격려해야 한다. 매일 할 수 있다면 가장 좋겠지만, 교회상황에 맞게 시스템을 구축하도록 교사들과 지혜를 모을 수 있었으면 한다.

 코로나19 완전 종식 이후 회복해야 할 사역은 제자훈련, 전도훈련, 선교훈련 등 다양한 신앙 성장 프로그램이다. 이러한 훈련은 밀폐된 공간에 다수의 사람이 모여서 이루어지는 훈련이라서 완전 종식 이후에 하는 것도 나쁘지 않다.

5. 부모는 아이들이 만나는 첫 번째 교사다

 부모가 자녀의 신앙교육 최종 책임자가 되어야 한다. 가정이 신앙적으로 살아나고 세워지도록 지원하는 교회가 되어야 한다. 교회와 부모의 언택트 환경도 중요해지고 있다. 자녀의 신앙교육을 위해 언택트를 적극적으로 활용했으면 한다. 부모가 자녀의 신앙교육을 책임질 수 있도록 자녀를 위한 부모성경공부도 가능하다. 주중 성경 언택트 교육 가능성도 열려 있다. 지금이 도전과 실험이 필요한 때라고 생각한다면 시도해 볼 만할 것이다. 단기적으로 먼저 고민해야 할 것은 부모가 자녀의 신앙교육 최종 책임자가 되어야 한다는 점이다.

 자녀 신앙교육의 최종 책임자는 교회학교 교사가 아니다. 지금까지 한국교회는 자녀의 신앙교육을 교회에 위탁했다. 일부 부모를 제외하고 대다수 부모들은 주일에 한번 드리는 예배와 잠깐의 성경공부로 자녀의 신앙 의무를 끝냈고, 자녀의 성적에 더 민감하게 반응했다. 이런 누적의 결과가 이번 코로나19로 확실히 드러났다. 3, 4차 대유행이 올 경우, 그리고 언젠가 다시 바이러스 유행이 올 경우 똑같은 실수를 하면 안 된다. 지금부터라도 신앙의 최종 책임자는 부모가 될 수 있도록 체질을 개선하는 노력을 해야 한다.

6. 에듀테크(EduTech): 교육 시스템이 변하고 있다

'에듀테크'는 '교육'(Education)과 '기술'(Technology)의 합성어로, 기술과의 결합을 통해 교육의 문제점을 해결하기 위한 모델로 등장, 교육과 기술이 결합하여 새로운 패러다임의 교육을 창출해 내는 것을 의미한다.[7] 교회교육의 핵심은 이제 어디에서 배웠느냐보다 무엇을 배웠느냐를 더 중요하게 생각하는 인식의 변화를 받아들여야 한다.

에듀테크는 교육의 방법론에서도 큰 영향을 미쳤다. 학습효과를 극대화하기 위하여 칵테일처럼 온라인활동과 오프라인 학습의 장점을 적절히 병행, 혼합(blended)하는 블렌디드 교육방법, 학생들이 학교에서 교사와 함께 수업하는 전통적인 강의 중심에서 벗어나서 학생들에게 미리 교사가 제공한 동영상, 강의 자료를 학생들이 학습하고, 그 내용을 토대로 학교에서 토론, 문제풀이 등의 과제를 수행하는 거

---

7) 홍정민, 《4차 산업혁명 시대의 미래교육 에듀테크》, (서울: 책밥, 2017), 21.

꾸로 교육(Flipped Learning)이다.

교육의 도구에도 영향을 주었는데 이러닝(E-Learning)에서 모바일러닝(Mobile Learning)8)으로 변화되고 있다. 이러닝은 학습자가 컴퓨터가 있는 곳에서 진행해야 하는 제약이 있었지만, 모바일은 언제 어디서나 학습이 가능하다. 공간의 제약이 없다. 기독교육도 다양한 툴을 사용하여 삶을 변화시키는 교육으로의 전환이 필요하다.

7. '와 보라'가 아닌 '그곳으로' 들어가는 교회

코로나19 바이러스로 전도방식의 다변화가 필요하다. 불특정 다수를 대상으로 한 노방전도도 단계적 변화가 필요하다. 코로나19 이전부터 이단들의 활개로 노방전도 혐오 현상이 발생했던 부분이 있고, 비대면을 원하는 사회로 움직이는 힘이 있기 때문이다. 코로나19 이후 눈에 띄게 변화된 모습 중 하나가 전단지 배포가 상당히 사라졌다는 것이다. 셧다운 되었으니 무리한 홍보를 자제한 측면도 있겠지만, 접촉 자체를 꺼리는 상황이 작용됐을 것 같다. 코로나19가 해결되는 2021년 이후 일부는 다시 전단지 홍보를 할 것이다. 그러나 상당수는 비대면 홍보에 더욱 집중할 것이다.

교단과 선교단체는 노방전도를 대체할 다른 수단을 연구해야 한다. 일부 개인과 교회 중심으로 개선될 수 있겠지만, 단체들의 노력과 연구를 통한 대안과 개선이 있어야 한다.

---

8) 위의 책, 198-199.

그동안 교회는 성장을 위한 프로그램을 준비하고 세상 밖의 사람들을 교회로 오게 하는 '와 보라'가 대세였다. 이제는 코로나19로 확인된 바와 같이 와서 모여서 행사를 한다는 것은 큰 위험부담이 아닐 수 없다. 이제 교회는 본질로 돌아가야 한다. '와 보라' 외치는 교회가 아니라 사회 '그곳으로' 들어가는 교회로 전환해야 한다. 수많은 교회 절기가 우리끼리에서 세상 속의 사람들과 함께할 수 있는 것으로 변화되어야 한다.

8. 가치 있게 여기는 것을 전면에 내세우는 교회

코로나19 이후 성도들의 환경과 역량, 교회 구성원의 성별과 연령대, 재정적 역량과 미래 기대지수 등 변수가 많아질 것이다. 목회자는 이런 상황을 인지하여 무엇을 이전으로 돌릴 것인가? 무엇을 버리고 무엇에 집중할 것인가? 무엇을 지키고, 무엇을 변화시킬 것인가? 어떤 사역을 남겨 둘 것인지 의사결정을 해야 한다.

2021년에는 모든 역량을 동원해 가치 있고 의미 있으면서 반드시 해야 할 사역을 선별할 필요가 있다. 시대적 요구라도 성경적 관점에서 틀렸다면 과감히 쳐내고 버리는 결정을 내릴 수도 있다. 성도들이 적응하지 못하고 외면한다 하더라도 성경적 원리에서 맞고 시대적 변화의 파도를 타야 하는 사역이라면 과감하게 시작하고, 교회가 가치 있게 여기는 것이라면 전면에 내세워 코로나19가 종식될 때까지 이어가야 할 것이다.

IV. 한국교회의 회복을 위한 자세

코로나19는 남녀노소, 부자와 가난한 사람 가리지 않고 닥쳤다. 다음번 위기가 발생한다면 똑같다. 피할 수 없다. 나는 괜찮다고 생각하는 것은 오만이다. 젊은 사람은 걸리지 않을 것이란 안일함이 틀렸다는 것이 입증되었다. 위기 앞에 모든 존재는 평등하다. 하지만 예측하고 준비하고 대응하면 피해 규모는 줄일 수 있다.

코로나 시대에 신앙공동체는 창조주 하나님 앞에서 회개와 겸손의 자세를 가지고 하나님을 향한 영원한 소망을 두고, 현실 속에서 헌신과 사랑과 돌봄을 통하여 하나님의 뜻을 이루어 갈 사명이 있다. 건강한 신앙공동체는 성경에 기초하여 교제와 예배, 가르침과 선포, 그리고 섬김의 정신이 고르게 실현될 수 있도록 지향해야 한다. 이 땅은 하나님 나라와 세상 나라의 갈등 속에 있다는 사실을 인지시키고, 하나님 나라, 정의와 평화의 나라 실현을 위하여 성도와 교회가 어떻게 살 것인가에 대해 사려 깊은 행동이 요구된다.

갈등과 대립을 넘어,
'화해와 회복'을 지향하는 교육목회

1. 서론

우리 한국사회의 행복도나 만족도는 경제력과 비교하면 역설적으로 낮아지고 있음을 볼 수 있다. 우리나라는 OECD 35개 국가 중에서 경제력은 11위, 행복순위는 29위로 나타났으며, 청년 행복순위는 OECD 국가 중 최하위를 기록하고 있다. 이처럼 경제력과 행복감이 상당한 불일치를 보이는 가장 큰 요인은 '갈등과 대립'이라는 부정적 요인 때문이다. 우리나라의 갈등지수는 0.71로 OECD 평균인 0.44를 훨씬 넘어서고 있으며, OECD 회원국 중에서 네 번째로 사회갈등이 심각한 국가이다.

그렇다면 이처럼 갈등과 대립이 빚어내는 경제적 비용은 얼마나 될까? 우리 사회의 갈등 비용은 최대 246조 원에 달하며, 이는 국민총생산(GDP)의 26%에 해당하는 금액이다. 단순 방식으로 계산해 보아도 각 개인이 사회갈등으로 지출하는 비용만 해도 일 년에 1,000만 원이 넘는 것을 볼 수 있다.

한국사회의 갈등은 과거 그 어느 때보다 점점 더 치열해지고 그 도가 점점 심해져 가는 것을 볼 수 있다. 노사 간, 정당 간, 지역 간, 계급 간의 갈등은 말할 것도 없고, 이러한 갈등은 기초공동체인 가정, 학교, 교회에까지 여과 없이 흘러들어와 다양한 형태로 표출되고 있다. 이쯤 되면 갈등과 대립의 문제는 망국병에 가까울 정도로 심각해져 가고 있다.

이처럼 갈등과 대립의 벼랑 끝을 향해 치닫는 한국사회를 바라보며, 오늘의 교회와 목회자는 어떠한 책임적 역할과 대응을 할 수 있는가를 살펴보는 것은 대단히 중요한 과제이다.

그리스도 예수가 인류와 역사의 희망인 것은, 그리스도의 대속적 죽음과 희생을 통해 나타난 사랑과 화해가 파국을 향해 나아가는 사람들에게 참된 생명과 살길이 무엇인지를 분명히 보여주셨기 때문이다. 그렇다면 그리스도 예수를 따라 살기로 결단한 크리스천과 목회자는 이러한 사랑과 화해, 그리고 치유의 목회를 통해 가정, 교회, 사회를 치유하고 회복하는 일에 앞장설 수 있어야 할 것이다.

따라서 '화해와 회복을 지향하는 교육목회'야말로 시대적, 사회적 책임을 감당하는 교회의 길잡이가 될 수 있다.

먼저 '화해'에 대한 성경적, 신학적 의미를 살펴본 후에, 이러한 화해를 가능케 한 교육학자요 목회자로서 레티 러셀(Letty Russell)의 '화해와 회복의 교육목회'를 성찰하고자 한다. 그 후에 러셀의 통찰을 목회현장에서 어떻게 응용하고 활용할 수 있는가를 논함으로써, '갈등과 대립을 넘어, 화해와 회복을 지향하는 교육목회' 방안을 제시하게 될 것이다.

2. 화해의 성경적, 신학적 의미

화해란 '다툼을 넘어 서로 막힌 것을 풀어냄'이란 사전적 의미를 지니고 있다. 이러한 화해에 대한 구약적 의미는 '카파르'(kaphar)로서 하나님과 인간을 서로 원수 되게 하는 '죄를 씻어내고 덮어준다'는 의미를 지니고 있다. 구약에 있어서 '속죄'의 의미는 하나님의 은혜와 사랑으로 말미암아 죄 사함을 받게 되는 것을 나타낸다.

창세기 3장에 나타나는 최초의 타락 기사에도 이러한 개념이 등장한다. 아담과 하와는 죄를 범한 후에 하나님을 두려워하며 스스로 분리되어 숨고 있음을 볼 수 있다. 하지만 하나님은 여전히 아담과 하와 뿐 아니라 피조 세계를 돌보시고 새로운 생명의 기회를 허락하신다. 하나님의 이러한 사랑과 은혜, 관심과 돌봄이야말로 인간, 공동체, 피조 세계가 지향할 수 있는 소망의 근원이 된다.

신약성경에 등장하는 '화해'는 '카타라세인'(katalassein)이다. 이는 곧 적대관계에서 평화로운 관계로의 변화를 의미한다. 이러한 변화는 하나님과 인간을 중보하는 그리스도 예수의 대속적 희생과 사랑에 기초한다. 신약에 나타나는 화해는 하나님-인간-세상의 깨어진 관계를 회복시키시는 그리스도의 대속적 화해이며, 우리 모두를 이러한 화해의 수혜자인 동시에 화해를 위한 사역자로 초대하고 계심을 보여준다.

신학적 관점에서 볼 때 화해는 다음과 같은 세 차원을 그 속에 지니고 있다. 곧 예배적 화해, 법적 화해, 사회적 화해인 것이다. 이는 그리스도 예수를 통한 하나님과의 화해, 법적 정의 및 질서를 회복하는 화해, 그리고 인간과 세계 속에서 상호 간의 공존과 공생을 가능케 하는 관계적 화해를 의미한다.

신학적 관점에서 바라본 화해는 구원과도 깊은 관계가 있다. 통전적 구원이 가능하려면 초월과 내재 차원이 함께 이루어져야 하는 것처럼, 통전적 화해가 가능하려면 역시 하나님과의 화해뿐 아니라 이웃, 사회, 피조세계 및 생태계와의 화해가 함께 이루어져야 한다. 이러한 통전적 화해, 즉 초월적, 내재적 화해가 지향하는 지향점은 다음과 같다. 구원받은 자가 구원의 통로로 부름을 받는 것처럼, 화해를 이룬 사람은 화해의 통로로 부름 받게 된다는 것이다. 이러한 화해는 '회복과 치유'라는 중요한 주제를 그 속에 함께 포괄한다.

3. 러셀의 화해와 회복의 교육목회

이러한 '회복과 치유'를 향한 교육 선교를 주창한 학자요 사역자 중에 레티 러셀이라는 걸출한 학자가 있다. 러셀은 기본적으로 교육목회를 "하나님의 화해사역에로의 초대와 참여"로 제시하고 있다. "기독교 교육은 하나님 사랑의 선물에 참여하는 것이며, 하나님의 선교에 동참하도록 모두를 향한 그리스도의 초청에 참여하는 것이다…. 이는 곧 인간을 자신뿐 아니라 서로에게 화해시킴으로써 참된 인간성을 회복시키고자 하는 하나님의 사역인 것이다."

사랑과 은총의 하나님은 범죄한 아담과 하와를 책망하시는 동시에 그들에게 가죽옷을 지어 입히신다. 그리고 그들이 다시 일어나 하나님의 계속적 창조사역에 동참할 수 있도록 새로운 기회를 제공하신다. 하나님은 범죄와 파괴, 갈등과 대립의 현장 속에 임재하셔서 하나님의 정의를 분명히 세우시고 책망과 훈계를 통해 회개할 기회를 제공하신다. 그리고 그들을 완전히 멸절하시기보다는 회개한 자들에게 다시 일어서서 하나님의 뜻과 소명을 수행할 수 있는 은혜와 사랑을 베푸시며 그들을 역동화시키시는 것이다.

러셀은 선교교육론을 통해 모든 교회는 하나님의 선교를 해야 하며, 하나님의 선교는 사회와 세계 속에 화해를 이루는 일에 동참하는 것임을 분명히 한다. 러셀의 이러한 치유와 화해를 위한 교육론은 뉴욕 할렘가에서 직접 수행했던 치유와 회복 목회의 경험으로부터 가능하게 된 것이다. 러셀의 이러한 치유와 화해교육론은 바르트(Karl Barth)로부터 받은 신학적 영향력을 반영하고 있다. 러셀은 바르트가 우리에게 다음과 같은 사실을 제시해 주었다고 강조한다.

하나님은 인간과 비교할 수 없을 만큼 엄위하고 절대적인 분임에도 불구하고 인간의 몸을 입으시고 인간과 함께 활동하셨을 뿐 아니라 인간을 부르시고 훈련시키셔서 하나님의 사역의 동반자로 부르고 계시다는 것이다. 이처럼 하나님은 전적 타자로서의 하나님, 초월하신 하나님일 뿐 아니라 우리 안에 계신 하나님, 내재하시는 하나님, 즉 '우리와 함께하시는 하나님'이라는 것이다.

러셀은 교회와 사회, 교회교육과 사회교육이 이분법적으로 분리되지 않도록 통합적, 통전적 시각을 놓치지 않아야 함을 강조한다. "기독교 교육은 기본적으로 교회의 전체적 삶과 통합되어야 한다…. 교회 행정상 편의를 위해 전도, 해외 선교, 가정 사역, 상담, 기독교 교육 등으로 나누어 사역을 수행한다. 하지만 이러한 분리와 단절이 계속되면 그것은 마치 하나님의 은혜가 작은 단위로 나뉘는 것 같은 착시현상을 겪게 된다. 전체적이고 통전적인 인간이 되고자 하는 사람들에게 하나님의 은총과 사랑을 조각조각 나누어 주는 우를 범해서는 안 된다."

4. 화해와 회복을 위한 교육목회의 장

러셀에게 있어서 기독교 교육의 장은 증인공동체요, 선교공동체이다. 증인공동체는 예수 그리스도 이름으로 모인 사람들의 모임이다. 이들은 곧 그리스도의 사랑공동체요, 그 사랑을 삶으로 보이며 실천하는 공동체이다. 이러한 사랑의 삶 자체가 증인의 삶이요, 그 사랑의 실천 자체가 선교이다. 증인공동체의 대표적인 기관이 교회이지만, 증인공동체는 교회에 국한되어서는 안 된다. 이러한 증인적 삶과 선교적 삶은 가정, 학교, 사회 속에서도 나타나야 하기 때문이다. 교회는 이러한 증인적 삶, 선교적 삶의 중심축 곧 허브(Hub)가 되어야 한다. 교회는 총체적 치유와 화해를 위한 중심센터가 되어야 한다는 것이다.

이를 위해 교회는 다음과 같은 다양한 창조적 사역을 위한 촉매제, 견인차, 중심센터의 역할을 할 수 있다.

1) 독서 치유, 우울증 치유, 중독 치유 등을 통한 치유선교
2) 소년원, 구치소, 교도소 재소자들을 위한 교정선교
3) 방과후교실, 독서실, 작은 도서관, 아버지 교실, 어머니 교실, 임산부 교실 등을 통한 교육선교
4) 조손가정, 독거노인, 소년소녀가장, 역기능가정, 미혼모, 노숙자 등을 위한 사회선교
5) 카페, 바리스타 레슨, 음악, 연주, 미술, 전시, 무용 등을 통한 문화선교 등

5. 화해와 회복의 교육목회를 위한 구조

치유와 화해를 위한 교육목회의 기본구조는 '대화와 소통'이다. 성경 말씀은 창조주이신 하나님과 그의 형상대로 지음 받은 인간, 그리고 피조 세계 사이의 끊임없는 대화와 소통을 보여준다. 관계의 단절이 대화와 소통의 단절을 초래하기도 하지만, 사실은 그 이전에 대화

와 소통의 단절이 관계의 단절을 초래한다. 인간 사이의 최초의 범죄라 할 수 있는 가인이 아벨을 죽이는 사건에서 그 대표적 예를 찾아볼 수 있다. '하나님이 왜 아벨의 제사를 흠향하시고 가인의 제사를 물리치셨을까'에 대해 대화할 수 있고 소통할 수 있었다면, 형이 아우를 죽이는 끔찍한 일을 막을 수 있었을 것이다.

오늘날 가정, 학교, 교회, 사회 속에 일어나는 많은 사건과 사고들은 결국 대화와 소통의 부재에서 기인한다. "불통하면 고통이 오고, 소통하면 형통이 온다"는 말처럼 소통은 대단히 중요하다. 원활한 대화와 소통을 위해서는 이것을 위한 훈련과 노력이 있어야 한다. 하나님과 인간, 인간과 인간, 인간과 세계의 관계 회복을 통한 하나님 나라 구현을 지향하는 교회가 수행해야 할 가장 중요한 사명 중 하나는 대화와 소통을 위한 통로 역할을 담당하는 일이다.

이를 위해 교회는 다음과 같은 대화와 소통을 위한 교육목회를 수행할 수 있다.

1) 부부간 대화와 소통 세미나
2) 부모-자녀 사이의 대화 및 소통 훈련
3) 교사-학생의 대화 및 소통 교실
4) 교역자-평신도 사이의 열린 대화와 나눔
5) 교회-사회의 대화, 소통, 나눔 프로그램 및 프로젝트 등

6. 화해와 회복의 교육목회 방법

화해와 회복의 교육목회 방법 중 가장 중요한 것은 곧 '참여'이다. 참된 화해와 회복이 일어나려면 참여하는 교육, 참여하는 목회와 함께 참여하는 교육목회가 될 수 있어야 한다. 여기에서 참여는 곧 전체 구성원의 참여를 의미한다. 부모-자녀, 교사-학생, 교역자-평신도, 선배-후배-또래 그룹 전체의 자발적 참여가 일어날 때, 그러한 교육과 목회는 그 자체가 화해와 회복이 일어나는 교육목회가 될 수밖에 없다.

이를 위해서 교회는 다음과 같은 참여의 교육목회를 수행할 수 있다.

1) 부부들을 위한 부부 회복 프로그램
2) 부모와 자녀가 함께하는 가족 수련회
3) 교사와 학생이 함께 만드는 음악 및 찬양 집회
4) 교역자와 평신도가 함께하는 체육 및 봉사활동
5) 선배-후배-또래가 함께하는 자선 음악회 및 전시회 등

7. 화해와 회복의 교육목회와 하나님 나라 구현

화해와 회복의 교육목회를 통해 지향하는 궁극적 목적은 곧 '하나님 나라 확장과 축하'이다. 주님이 가르쳐 주신 주기도문의 핵심은

"아버지의 뜻이 하늘에서와 같이 땅에서도 이루어지는 것"이다. 이는 곧 하나님 나라 확장과 실현을 위한 기도인 것이다. 이 기도가 실현되도록 "아버지께서 일하시니 나도 일한다"라고 하신 예수님처럼, 우리는 아버지의 뜻을 이 땅에 실현하기 위해 일하도록 부름을 받고 있다. 이러한 거룩한 일의 주체는 물론 삼위일체 하나님이시다. 오늘도 변함없는 "하나님의 열심"이 쉬지 않고 이 일을 이루어 가고 있다.

하나님 나라 구원의 모습을 요한계시록은 이렇게 기록하고 있다. "강 좌우에 생명나무가 있어 열두 가지 열매를 맺되 달마다 그 열매를 맺고 그 나무 잎사귀들은 만국을 치료하기 위하여 있더라…다시 밤이 없겠고 등불과 햇빛이 쓸데없으니 이는 주 하나님이 그들에게 비치심이라"(계 22:2, 5).

요한계시록 기자는 하나님 나라의 종말론적 완성의 때에 하나님의 모든 피조물이 할 수 있는 최상의 행위는 삼위일체 하나님을 찬양하고 존귀와 영광을 하나님께 올려드리는 것임을 분명히 한다(계 4:8, 11). 그렇다면 모든 화해와 회복을 위한 사역의 궁극적 목적은 하나님의 구원을 선포하고, 하나님 나라의 확장과 구현을 축하하는 것이다. 이는 하나님 구원의 완성을 미리 바라보며 종말론적 축하에 선취적으로 참여하는 것을 의미한다.

이러한 종말론적 축하에 참여하는 교육목회를 위해 우리는 다음과 같은 것을 통해 하나님께 대한 감사와 영광, 그리고 기쁨을 함께 나눌 수 있다.

1) 말씀 묵상과 렉시오 디비나
   2) 다양한 기도회 및 중보모임
   3) 교회 연합 경배와 찬양 집회
   4) 신앙사경회 및 부흥회
   5) 교회 절기에 따른 연합대성회 등

8. 결론

　2020년의 세계는 코로나 확진자가 6천만 명을 넘어설 만큼 미증유의 팬데믹, 코로나19(COVID-19)로 인해 엄청난 고통을 당하고 있다. 코로나19 극복을 위해 하나님의 은총과 긍휼을 위해 기도하는 동시에, 하나님이 주신 선물로서의 의학, 과학, 방역도 함께 소중히 하며 인류의 지혜를 모으며 연대와 협력을 함께해 나가야 한다. 사회 방역과 육체 방역의 중요성은 아무리 강조해도 지나치지 않다.
　하지만 사회 방역과 육체 방역 이상으로 중요한 것은 심리 방역과 영성 방역이다. 아무리 사회환경과 육체적 여건이 훌륭해도 심리적 갈등, 영적 갈등이 심화, 증폭되면 더 큰 파장이 일고, 파국에 이르게 되기 때문이다. 육체적으로는 흩어져야 살지 몰라도 정신적, 영적으로는 모여야만 살길을 함께 모색해 나갈 수 있기 때문이다.
　눈에 보이지 않는 코로나바이러스가 인간의 생명을 위협하는 것 이상으로, 눈에 보이지 않는 갈등과 대립의 심리적, 영적 바이러스는 인간뿐 아니라 전체 피조세계의 존립을 위태롭게 한다. 현재 한국사회의 갈등과 대립의 정도가 과거 어느 때보다 첨예해지는 이때, 코로나바이러스 대처 이상으로 갈등 및 대립 바이러스에 대한 대처가 필요하다. 오늘의 한국교회는 코로나바이러스뿐 아니라 갈등 및 대립 바이러스에 대한 현명한 대처방안을 모색해야 한다. 그러한 대처방안은 성경과 바른 신학에 기초한 것이어야 할 것이다.

'갈등과 대립을 넘어선, 화해와 회복을 지향하는 교육목회'를 통해, 한국교회가 한국사회에 새로운 방향과 가능성을 제시하는 선구적 임무를 수행할 수 있기를 소망한다. 이를 위해 그 어느 기관보다 교회가, 그 누구보다 목회자가, 어느 목회자보다 필자 자신이 모범을 보이며 앞장서 나가도록 최선을 다할 것을 다짐하며 논의를 마치고자 한다.

땅에서 먹는
하늘 밥상

1판 1쇄 인쇄 _ 2021년 1월 25일
1판 1쇄 발행 _ 2021년 1월 30일

지은이 _ 이순창
펴낸이 _ 이형규
펴낸곳 _ 쿰란출판사

주소 _ 서울특별시 종로구 이화장길 6
편집부 _ 745-1007, 745-1301~2, 747-1212, 743-1300
영업부 _ 747-1004, FAX 745-8490
본사평생전화번호 _ 0502-756-1004
홈페이지 _ http://www.qumran.co.kr
E-mail _ qrbooks@daum.net / qrbooks@gmail.com
한글인터넷주소 _ 쿰란, 쿰란출판사
페이스북 _ www.facebook.com/qumranpeople
인스타그램 _ www.instagram.com/qrbooks
등록 _ 제1-670호(1988.2.27)
책임교열 _ 박은아·오완

© 이순창 2021 ISBN 979-11-6143-511-4 93230

책값은 뒤표지에 있습니다.
이 출판물은 저작권법에 의해 보호를 받는 저작물이므로 무단 복제할 수 없습니다.
파본(破本)은 구입처에서 교환해 드립니다.